中国青少年足球运动员心理智能训练

李春满　主编

北京体育大学出版社

策划编辑：吴　珂
责任编辑：吴　珂
责任校对：田　露
版式设计：李　鹤

图书在版编目（CIP）数据

中国青少年足球运动员心理智能训练 / 李春满主编
. -- 北京 : 北京体育大学出版社, 2022.10
ISBN 978-7-5644-3408-3

Ⅰ. ①中… Ⅱ. ①李… Ⅲ. ①青少年 - 足球运动 - 运动员 - 心理健康 - 健康教育 - 中国 Ⅳ. ①G843.25

中国版本图书馆CIP数据核字(2020)第258775号

中国青少年足球运动员心理智能训练　　**李春满　主编**

出版发行：北京体育大学出版社
地　　址：北京海淀区农大南路1号院2号楼2层办公B-212
邮　　编：100084
网　　址：http://cbs.bsu.edu.cn
发 行 部：010-62989320
邮 购 部：北京体育大学出版社读者服务部 010-62989432
印　　刷：北京瑞禾彩色印刷有限公司
开　　本：710mm × 1000mm　1/16
成品尺寸：170mm × 240mm
印　　张：16
字　　数：294千字
版　　次：2022年10月第1版
印　　次：2022年10月第1次印刷
定　　价：80.00元

编委会

前 言

随着《中国足球改革发展总体方案》和《关于印发〈中国足球中长期发展规划（2016—2050年）〉的通知》等重要文件的出台，中国足球得到了前所未有的政策支持与社会关注，青少年足球作为足球运动发展的基石，受到了高度重视。同时随着经济的发展与文化交流的日益频繁，青少年足球训练逐渐与国际接轨，先进的训练理念被引入，新的训练方法层出不穷，青少年训练日益多样化与科学化。

训练手段的多样化与科学化推动了青少年足球训练的进步，但在青少年足球训练和比赛中，作为竞技能力的重要构成因素，心理和智能往往被忽视，从而造成运动员成年后，心理及智能发展滞后，严重影响他们的竞技表现，出现竞技能力“高原现象”，而这种影响在我国“国字号”足球队中表现得非常明显。同时，青少年正处于心理发展快、变化大、影响深的时期，其心理发展具有特殊性和阶段性，因此，对青少年足球运动员心理及智能进行长期训练和跟踪研究是非常必要的。

本书旨在通过大面积的调研及心理实验，在探索运动竞赛中青少年存在的心理问题的基础上，为青少年足球教练员及运动队管理人员提供行之有效的足球心理训练方法与模式，从而建立科学、系统的心理智能训练指导体系，为我国青少年足球队提供心理训练依据。

根据调研与实验的结果，大量足球专业人员及运动心理专业人员参与，创编了这本《中国青少年足球运动员心理智能训练》。本书共分四部分：青少年心理智能训练基础、青少年足球运动员心理训练方法、影响青少年足球运动员心理的外在因素及附件部分。

第一部分为理论部分，主要阐述了青少年心理发展特点及发展目标，以“文字+表格”的形式展示了心理训练的通识知识，为读者开展心理智能训练提供理论依据。

第二部分为实操部分，展示了激发动机、强化意志品质、提高注意力、增强自信心、提高抗应激能力、提高目标设置能力、提高唤醒与放松能力、提高团队合作能力及表象训练的方法，并向读者阐述了损伤预防与促进伤后恢复、减少运动中的伤害性攻击行为的理论与心理训练方法。每项指标都以“是什么、为什么、怎么做及如何创编提高该能力的练习与进行该能力心理训练时的指导注意事项”这一思路进行编写，并提供了训练方法的示例，在示例中明确告知读者此项训练方法的原理、组织方法、变化及注意事项。期望读者不只能使用现有的训练方法，还能够根据所带队伍实际情况自行创编心理训练方法。本部分结构清晰、明确，语言通俗易懂。在训练方法中，除提供了在训练场地使用的结合球的训练方法外，还补充了游戏的内容，供教练员根据实际情况灵活选择。

第三部分主要向读者普及了影响青少年足球运动员心理的家庭、运动队及学校因素，使读者能从多个角度了解青少年运动员的心理发展。

第四部分主要为读者提供了青少年足球运动员心理训练问卷及心理技能训练计划。训练问卷为评价与监控部分，分别提供了赛前、赛后检查，心理训练的问卷及心理训练日记，便于及时监控与评价心理训练的效果，以便根据实际情况进行调整。训练计划则以表格的形式提供了一个周期内的心理技能训练安排示例，为读者提供参考。

目 录

青少年心理智能训练基础

一、青少年各年龄段心理发展特征

6～8岁队员的心理发展特征

6～8岁的队员，脑发育处于“飞跃”发展的阶段，大脑神经活动的兴奋水平很高，表现为爱说爱动，注意力一般只维持20～30分钟；形象思维仍占主导，逻辑思维很不发达，很难理解抽象的概念；独立性和自觉性较差，在生活、学习、游戏活动等方面都需要成年人的监督和具体指导，几乎无条件地信任教练员。6～8岁队员的关键性心理特征详见表1。

处于该年龄段的队员不具备很强的理解能力，但可以接受和理解简单的技战术讲解；开始与同伴合作，偶尔会寻找队友，有意识地为其传球，但仍然不知道如何融入整体战术中。

表1　6～8岁队员的关键性心理特征

注意力有了一定的稳定性和自觉性，注意力集中时间开始变长。
能根据事物的本质属性进行初步的概括、分类。
观察的目的性有所提高，能主动观察周围感兴趣的事物。
能主动记忆所学的内容或成年人布置的任务。
对教练员言听计从。
独立性和自觉性较差。
需要成年人的监护和具体指导。
自律意识增强。
表现出一定的责任感和坚持性。
喜欢动脑筋和富有创造性的活动。
求知欲和探索欲强，常常会提出“这是什么”“为什么”“怎么做”等问题。
自我评价能力初步发展，当别人的评价与自己的感觉不相符时，会表示反对和进行争辩。

9～10岁队员的心理发展特征

9～10岁的队员，大脑神经的机能得到进一步加强，心理活动更趋稳定，更容易集中注意力，注意力集中时间一般可以达到20～25分钟。但这个年龄段的队员个性差别最大，开始意识到“自己”，心理发育也逐渐进入“难以引导期”。这个年龄段的一部分队员不愿意把在外面发生的事讲述给家长，有时自己经历的事也不告诉家长，显示出独立的个性，由对教练员、家长的心理依赖，向以自我为中心、独立意识增强转变。9～10岁队员的关键性心理特征详见表2。

9～10岁的队员，开始学会自主判断，具备一定的控制能力，想象力提升，但同时也开始学会欺骗。在该年龄阶段，队员开始初步具备社交能力，具有强烈的获取他人尊重的意识，荣誉感开始萌芽，但意志薄弱，辨别是非能力较差。

表2　9～10岁队员的关键性心理特征

注意力更容易集中。
难以引导期：这个年龄段队员的个性差别最大。
队员的自我意识有了发展，尝试自己做判断，但他们只是单一地评价事物的一面。
集体意识增强。
感情容易爆发，不考虑行为后果。
意志薄弱，常常表现为做事虎头蛇尾，坚持不下来。
自觉性、主动性、持久性较差。
不会自觉遵守纪律。
良好的道德品质正在形成，但不稳固。
辨别是非的能力不强，很容易受到外界的影响。
独立意识开始增强。

11～12岁队员的心理发展特征

11～12岁的队员，身体逐渐发育，身高明显增长，协调性、灵敏性、注意力都逐步提高，但是他们的思维能力还没有成熟。在具备前一阶段所掌握的各种技术的同时，随着年龄增长，可以逐步开始学习小组的攻防练习等。11～12岁队员的关键性心理特征详见表3。

表3　11～12岁队员的关键性心理特征

注意力集中时间会更长。
创造性思维有很大发展：对新奇的事物充满好奇心。
12岁儿童的独立意识和“成人感”增强，但还很不成熟。
独立意识进一步发展：爱自作主张，会顶撞老师和家长。
能认识和掌握一定的道理观念，能进行简单评价，但具有片面性。
接触社会的面比以前广，选择和处理信息的能力不强，不善于正确地做出判断。

13～15岁队员的心理发展特征

十三四岁是少年向青年初期过渡的阶段。此时的队员活泼好动，好奇心强；渴望被关心；自尊心、荣誉感、表现欲迅速增强；独立意识、成人感迅速增强，但情绪易变，自我控制能力相对较弱。队员思想单纯、敢于尝试、渴望成功，交往能力与兴趣迅速增强，但易受外界环境影响，自制力不足，同时认识能力显著落后于行动能力；在挫折和失败面前容易动摇。

15岁时，队员的各种心理品质开始逐步向稳定的方向发展，认知水平和能力迅速提高；理智感、自我控制和调节能力，以及抽象逻辑思维能力提高；社会意识与参与意识快速提高；思想活跃，思考问题广泛，有一定的分析能力，但思想方法仍简单，行为易走极端；情绪波动较大，缺乏持之以恒的精神。13～15岁队员的关键性心理特征详见表4。

表4　13～15岁队员的关键性心理特征

心理还不完全成熟。
意志力还不是很强。
自律性比较差。
产生了鲜明的“成人感”，但理智往往控制不住情感。
反抗性是普遍存在的一种突出的个性特点。
自我意识有了新的发展，开始关注自我，并开始出现自我反思。
该阶段是思维最为活跃的时期，但思维具有片面性，无法把握事物的真实现象和本质。
善于思考，想象力丰富，有利于创造力的发展。

续表

观察的目的性和自觉性有所提高。
有意记忆有了较明显的发展。
抽象逻辑思维的发展逐渐占主要地位。
自我控制能力有所发展，独立性增强。
活动的主动性和自觉性有所提高。

16～18岁队员的心理发展特征

随着文化学习的深入，知识结构的丰富，社会交往的扩大，16～18岁队员的独立思考能力和自主意识逐步增强，争强好胜，渴望认同与成功；但同时，逆反心理也较强，承受失败、抗挫折的能力弱，易冲动，自控能力不足。16～18岁队员的关键性心理特征详见表5。

表5　16～18岁队员的关键性心理特征

思维发达，好奇心强，求知欲强。
感知和观察方面逐渐具有目的性、系统性、全面性和深刻性。
逻辑思维开始发展，具有较强的独立思考和分析能力。
自尊心的发展，表现为感情逐渐稳定而深厚，并且不易外露。
意志表现出明显的目的性和自觉性。
能够对自我、外界事物进行比较正确的评价。
易出现自我评价偏高的倾向，表现出自负。
创造力和领导力较差。
关心自己个性的成长，十分关心自己个性特点方面的优缺点。

二、青少年各年龄段心理发展目标

6~8岁队员的心理发展目标

随着年龄的增长，这一年龄段的队员对足球的喜爱与兴趣有所增强，想获得成功的经验，同时可以承受困难与失败，有取胜的欲望，应着重发展队员的注意力、思考能力与创造力，提高求知欲，以及培养坚忍不拔的意志。6~8岁队员的关键性心理发展目标详见表6。

表6　6~8岁队员的关键性心理发展目标

提升注意力。
培养初步对事物的本质进行概括、分类的能力。
提高对训练观察的目的性。
提升主动观察周围感兴趣的事物的能力。
提升主动记忆所学的内容或教练员布置的任务的能力。
提高团队意识，能听从和记住教练员的话语。
培养独立性和自觉性。
培养训练与学习的良好意识。
培养自律意识。
培养自身的责任感和坚忍不拔的意志。
培养思考能力和创造力。
提升自身的求知欲和探索欲的能力。
培养自我评价能力及自我认知的能力。

9~10岁队员的心理发展目标

随着身体逐渐发育，这一年龄段的队员身高明显增长，协调性、灵敏性、注意力都逐步提高，应着重发展队员的专注力、责任心、求胜欲、意志力，培养集体意识、自觉遵守纪律的意识。9~10岁队员的关键性心理发展目标详见表7。

表7　9～10岁队员的关键性心理发展目标

进一步提升注意力。
减少这个年龄段孩子的个性差别。
培养自我意识及自我评价能力。
提升集体意识。
提升自我控制情绪的能力。
提升意志力及毅力。
提升自觉性、主动性、持久性。
培养自觉遵守纪律的意识。
培养良好的道德品质。
提升辨别是非的能力。
提升独立意识。

11～12岁队员的心理发展目标

这一年龄段的队员在身体机能及心理方面会有进一步提升，场景识别能力、快速决策能力、逻辑思维能力等应得到快速发展，同时要注意自控能力、自我认知能力和独立意识的培养。11～12岁队员的关键性心理发展目标详见表8。

表8　11～12岁队员的关键性心理发展目标

更进一步提升注意力。
提升创造性思维及树立面对新事物的自信心。
提升独立意识，不断完善自我认知的能力。
提升自我控制能力。
提升对事物认识及掌控的能力。
提升选择和处理信息并进行正确判断的能力。

13～15岁队员的心理发展目标

这一年龄段的队员，各种身体以及心理品质开始逐步向稳定的方向发展，认识水平和能力迅速提升，应把提高队员的意志力、自我反思、思考能力、想象能力以及创造力作为重点。13～15岁队员的关键性心理发展目标详见表9。

表9 13～15岁队员的关键性心理发展目标

培养自我心智。
进一步提升意志力。
进一步提升自律性。
提升理智以及控制情感的能力。
减少自身的反抗性。
培养自我意识、自我关注及自我反思的能力。
提升思维意识及把握事物的真实现象和本质的能力。
培养思考能力、想象力、创造力。
培养感知觉的精确性和概括性。
培养观察的目的性和自觉性。
培养有意记忆的能力。
培养抽象逻辑思维的能力。
培养自我控制能力，提升独立性。
培养活动的主动性和自觉性。

16～18岁队员的心理发展目标

该年龄段的队员，身心发展逐渐成熟，各项机能发展指标趋于成年人水平。随着自我意识的逐渐加强，争强好胜的心理表现得尤为突出，逆反心理也较强。应重点提高队员对外界事物进行正确评价的能力，培养创造力及领导能力，提升逻辑思维及分析问题的能力。16～18岁队员的关键性心理发展目标详见表10。

表10 16～18岁队员的关键性心理发展目标

提升思维意识及求知欲。
提升感知和观察的目的性、系统性、全面性和深刻性。
提升逻辑思维、独立思考、分析问题的能力。
培养自尊心。

续表

提升意志的目的性和自觉性。
提升自我意识发展及自我教育的自觉性。
提升对自我、对外界事物进行正确评价的能力。
减少自我评价偏高的倾向。
培养创造力和领导力。

青少年足球运动员心理训练方法

一、激发动机

动机是什么？

动机是推动一个人进行活动的心理动因或内部动力。它的基本含义是能引起并维持人的活动，将该活动导向一定目标，以满足个体的念头、愿望或理想等。

动机具有三大作用：

——始发作用：动机可引起和发动个体的活动。

——指向或选择作用：动机可指引活动向某一目标进行或选择活动的方向。

——动机是维持、增加或减弱、制止某一活动的力量。

在训练中如何培养和激发队员的动机？

1.满足队员的各种需求

满足队员的需要，是有效激发动机的关键。

（1）满足队员追求乐趣的需要。足球运动的魅力之一就是具有鲜明的挑战性和趣味性，但同时也具有艰辛性。如果训练安排枯燥无味，就剥夺了队员训练的乐趣，导致运动动机下降。满足队员追求乐趣的需要，需做到以下几点：

——练习的难度适合队员能力提高的需要，促使队员得到成功的体验。

——训练方法和手段多样化。

——让所有人都积极参与。

——在练习中根据队员的特点提出不同的任务要求，使他们有机会在完成任务的过程中享受乐趣。

（2）满足队员归属集体的需要。足球运动作为集体项目，教练员可以将集体成员的资格作为一种奖励，也可以用集体的行为规范、集体的目标、集体的荣誉感来激发队员的动机。

（3）满足队员在训练、比赛中展示自我的需要。感到自己有价值的需要是体育运动中最普遍、最强烈的需要。教练员要尽可能地保护队员的自我价值感，同时设法通过成功的体验来满足他们表现才能与实现自我价值的需要，有效激发和培养他们的动机。

2.合理运用强化手段

强化是指队员出现可接受的行为时，给予奖励或者撤销惩罚的过程。进行强化时应注意以下原则：

（1）明确规定应获奖励的行为、奖励的条件以及奖励的标准。例如在训练比赛中，谁如果完成规定数量的断球，谁就可以免收训练器材。

（2）最好对达到标准的良好表现进行没有规律的强化（奖励）。

（3）鼓励队员之间相互强化，如在练习中采用两人比赛的形式。

3.改变训练环境，间接激发动机

改变训练环境是培养与激发队员动机的间接方法，教练员应当精心安排每一次训练，使练习具有趣味性和启发性，以满足队员接受刺激、追求乐趣的需要，进而培养和激发动机。

4.给予自主权，培养责任心

教练员要根据队员的能力和水平，在一定范围内下放权力，让队员学会如何自己制订训练计划，掌握做出正确决策的方法，培养队员的责任心、自觉性以及在有限条件下做出正确决策的能力，激发队员的动机。

在下放自主权的过程中要注意以下问题：

（1）根据队员的能力和水平，有选择地下放自主权。

（2）放权后耐心帮助队员进行决策，不要急于求成、过分指导。

（3）教练员要学会换位思考，站在队员的角度思考问题。

教练员要在训练中做到因材施教、区别对待，以激发队员动机。

教练员如何创编培养和激发队员训练动机的练习？

（1）教练员确定明确的练习主题。

（2）根据队员能力确定并调整练习内容。

（3）难度的确定标准是让队员经过努力才能够达到目标。

（4）保证练习内容具有一定的趣味性和竞争性。

（5）可以有个人目标，也可有团队目标，或两者兼顾。

（6）确定特殊规则来实现目标。

（7）运用变化为队员增加或降低难度。

教练员在练习过程中应注意的事项

（1）合理安排场区，控制练习强度，同时保证练习在自己的可控范围。

（2）在练习过程中，要讲解清晰、示范明确，同时让队员明确目标。

（3）在练习过程中，要不断激励队员，让他们更加努力地练习，对队员的表现做出提醒，可根据实际练习内容与目标采用适当的具有激励性的语言。

（4）当队员经过努力取得成功或者向成功的方向接近、改变时，要积极进行表扬（无论是老队员还是初学者）。

（5）要根据队员的训练状态做出调整，调整的原则是逐渐增加难度。

（6）在练习间歇，教练员要总结之前的训练，并对接下来的训练提出新的要求并充分示范讲解。

（7）练习结束后，要对队员的表现进行表扬与鼓励，对个别优秀的表现提出表扬，鼓励队员下次做得更好。可以采取击掌、撞拳等方式进行鼓励。

（8）教练员要着重注意训练中未达到目标或表现较差的队员，多给予其鼓励或对其个人目标（符合该队员实际水平）进行训练，使其在实现目标的过程中激发训练动机。

激发动机练习示例

1.激发动机练习方法1

<table>
<tr><td>适宜年龄：6~8岁。</td></tr>
<tr><td>图示：
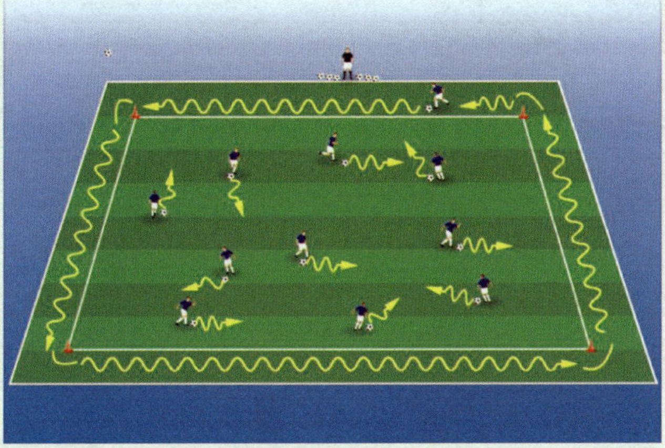</td></tr>
<tr><td>练习器材：足球若干，标志服若干，标志桶若干。
练习人数：12人。
练习时间：6～8分钟；每练习2分钟后间歇至少1分钟。
练习场地：20米×20米的区域（可根据实际情况进行调整）。</td></tr>
<tr><td>目标：利用合理的目标设置，强化队员在训练中的动机，激发队员练习的积极性。
组织方法：
（1）如图示摆放标志桶，队员每人一球。
（2）练习开始后，队员自由运球，听到教练员的哨声后，保护好自己的球，同时去破坏别人的球。
规则：球被破坏出区域后，队员要立刻去捡球，并快速运球绕场地一周后回到区域继续练习。
变化：教练员挑选一人作为“破坏者”，不拿球，在区域内破坏其他队员的球，球被破坏的队员捡球并快速运球绕场一周后回到场地。破坏者要在2分钟内破坏10次，持球队员被破坏3次后不得进入场地，在场地外做颠球练习。</td></tr>
<tr><td>教练员指导注意事项：
（1）教练员在设置场区时注意控制区域大小，不宜太大，并控制练习强度。
（2）教练员在练习过程中要组织有序，讲解清晰，要求队员控制好球的同时抬头观察，快速反应。
（3）教练员在练习过程中要不断激励队员，当发现队员只在固定区域活动时，要大声提醒。同时，对于技术相对较差的队员，除及时鼓励外，还可以挑选其作为“破坏者”；对于队员的突出表现要及时大声表扬。
（4）教练员发现练习强度下降时，可通过改变游戏规则、挑选“破坏者”、制订个人目标等方式来激发队员练习的积极性。</td></tr>
</table>

2. 激发动机练习方法2

适宜年龄：6～8岁。
图示： 
练习器材：足球若干，标志服若干，标志盘若干。 **练习人数**：12人。 **练习时间**：6～8分钟；每练习2分钟后间歇至少1分钟。 **练习场地**：20米×20米的区域（可根据实际情况进行调整）。
目标：利用队员之间相互强化及目标设置，强化队员在训练中的动机，激发队员练习的积极性。 **组织方法**： （1）队员分为2组，分别穿红、蓝标志服，每人一球，场地中分别有15个正放的红色标志盘和15个倒置的蓝色标志盘，如图所示摆放。 （2）练习开始后，红队队员负责将倒置标志盘放正，蓝队队员负责将正放标志盘倒置。 （3）一组练习结束后两组交换任务。 **规则**：队员在触球3次后才可翻标志盘；完成的队员加1分。任务量可根据队员实际水平调整。 **变化**：将每个队员的任务变为每组的任务，增加标志盘数量。 **胜负方式**：在每组练习结束后，比较正放与倒置的标志盘数量，若正放标志盘数量大于倒置标志盘数量，则负责将标志盘放正的队伍获胜，反之亦然。
教练员指导注意事项： （1）教练员在设置场区时注意控制区域大小，不宜太大，并控制练习强度。 （2）教练员在练习过程中要组织有序，讲解清晰，要求队员在控制好球的同时注意抬头观察。 （3）教练员在练习过程中要不断激励队员，当发现队员只在固定区域活动时，要大声提醒。同时，在练习过程中不断鼓励表现优秀的队员，并且要求队员在练习过程中大声计数。 （4）教练员可通过将个人目标变换为小组目标的形式来激发队员的练习动力。

3.激发动机练习方法3

适宜年龄：9~10岁。
图示： 
练习器材：足球若干，标志服若干，标志桶若干，标志杆若干。 **练习人数：**12人。 **练习时间：**6~8分钟；每练习2分钟后间歇至少1分钟。 **练习场地：**15米×15米的区域（可根据实际情况进行调整）。
目标：利用队员之间相互强化及目标设置，强化队员在训练中的动机，激发队员练习的积极性。 **组织方法：** （1）队员分为2组，如图示布置场地，场地中间有红、蓝两色标志桶，队员在各自起点处排队站立。 （2）练习开始后，两组第一名队员同时运球出发，运球绕杆后迅速踢球击桶。 **规则：**不可以踢被击倒的标志桶。 **得分方式：**击倒标志桶得1分。 **胜负方式：**一轮练习结束后比较两组的总得分。 **变化：**教练员手持红、蓝标志盘，队员运球后看教练员手中的标志盘。若教练员举蓝色，则队员踢球击打蓝色标志桶；若教练员举红色，则队员踢球击打红色标志桶。规则同上。
教练员指导注意事项： （1）标志杆间的距离与击打标志桶的距离根据队员水平而定。 （2）教练员在练习过程中要组织有序，讲解清晰，要求队员运球迅速，同时快速踢球，注意准确性。 （3）当教练员发现练习强度下降时，通过增加视觉信号和击打标志桶的难度来激发队员的积极性。

4.激发动机练习方法4

适宜年龄：9~10岁。

图示：

练习器材：足球若干，标志服若干，标志桶若干。

练习人数：12人。

练习时间：10～12分钟；每练习2分钟后间歇至少1分钟。

练习场地：15米×15米的区域（可根据实际情况进行调整）。

目标：利用队员之间相互强化及目标设置，强化队员在训练中的动机，激发队员练习的积极性。

组织方法：

（1）队员分为进攻与防守两组，两组分别穿红、蓝标志服，进攻组拿球，防守组不拿球。如图示摆放标志桶，即2个标志桶间隔3～5米摆放作为球门，共摆7个球门。

（2）练习开始后，防守组防守球门，进攻组持球穿过球门。

（3）一组练习结束后，两队交换角色。

变化：

（1）规则中加入得分：进攻队员穿越1个球门得1分，练习结束后比较两组总得分。

（2）每组练习加入时间限制，要求进攻队员在规定时间内必须穿越规定数量的球门。

（3）将队员分为2人一组，每组固定一个球门，一人进攻，一人防守，规则同上，相同时间内比较两人的得分。

教练员指导注意事项：

（1）教练员在练习过程中要组织有序，讲解清晰，要求队员运球时将球控制在脚下，同时注意穿越球门时技术动作的运用及时机。

（2）教练员在练习过程中要不断激励队员，并要求进攻队员每得1分都要大声喊出来，同时要去引导防守队员注意观察进攻队员的位置与进攻方向，跑动积极，相互呼应。

（3）当教练员发现队员练习速度与强度下降时，要立刻变换练习要求，可采用加入得分、时间限制，由小组竞争变为两人比赛等方式激发队员练习的积极性。

5.激发动机练习方法5

适宜年龄：13~15岁。

图示：

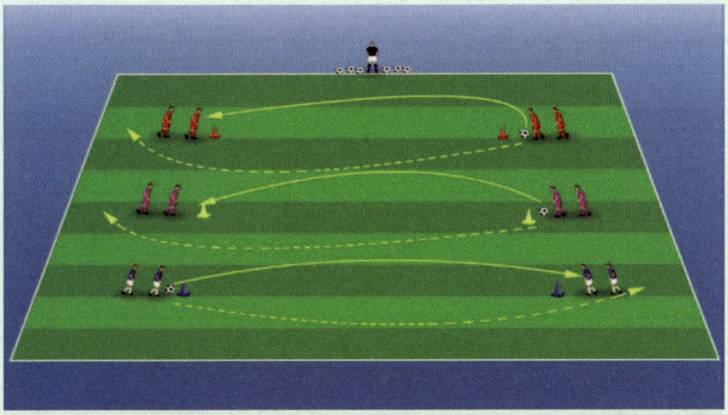

练习器材：足球若干，标志服若干，标志桶若干。

练习人数：12人。

练习时间：6～8分钟；每练习1分钟间歇至少30秒。

练习场地：每组10米×10米的区域（可根据实际情况进行调整）。

目标：利用组间竞争及增加练习的趣味性，强化队员在训练中的动机，激发队员练习的积极性。

组织方法：

（1）队员分为3组，每组4人，每组一块练习区域，队员如图示站立。

（2）练习开始后，每组第一名队员用颠球的形式（不限部位）将球运到对侧。

（3）到对侧后将球交给下一人，下一人继续颠球至其对侧。

规则：颠球过程中如有失误，需从起点重新开始。

胜负方式：4人一个循环，用时最少的队伍获胜。

变化：

（1）由不限部位颠球过渡到指定部位（大腿正面、头部等）颠球（教练员要根据队员实际情况确定）。

（2）限制队员在颠球过程中的触球次数（根据队员实际情况而定）。

（3）将练习形式变化为：队员向对侧手抛球，同时跑向对侧队尾，对侧队员接球后控制好球将球回传，同时跑向对侧队尾，依次循环（此过程中球不可以落地）。比较在规定时间内每组连续传球的次数，次数最多的小组获胜。变换练习形式之后教练员可通过限制队员触球次数来增加难度。

教练员指导注意事项：

（1）教练员要注意练习区域不要太大，控制队员之间的传球距离。

（2）教练员在练习过程中要组织有序，讲解清晰，要求队员注意颠球动作的规范性及传球的准确性。

（3）教练员在练习过程中要不断激励队员，并要求队员相互鼓励，每传球成功一次都要大声喊出来。

（4）当教练员发现队员练习速度与强度下降时，要立刻变换练习形式，并通过逐渐增加难度来调动队员练习的积极性。

6.激发动机练习方法6

适宜年龄：16~18岁。

图示：

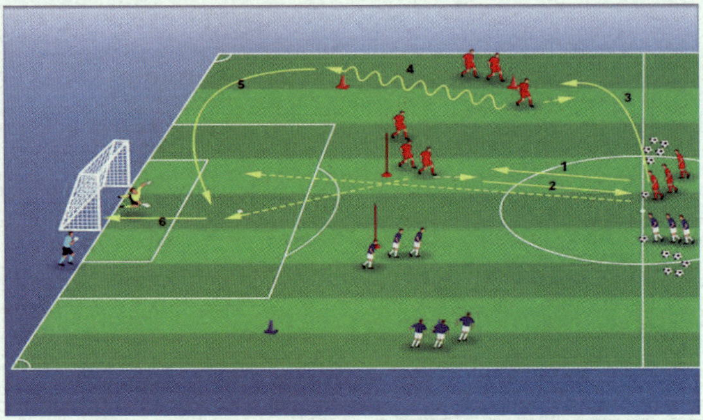

练习器材：足球若干，标志服若干，标志桶若干，标志杆若干。

练习人数：18名队员，2名守门员。

练习时间：12～15分钟；练习4分钟间歇1分钟。

练习场地：半场。

目标：利用组间竞争及合理的目标设置，强化队员在训练中的动机，激发队员练习的积极性。

组织方法：

（1）队员分为2组，用半场区域训练，每组中场区域安排队员（前腰），禁区前标志杆处安排队员（前锋），边路标志桶处安排队员（边锋），每组各有1名守门员。

（2）练习开始后，红队前腰队员向前锋传球，前锋接球，做背身护球动作后回传球给前腰队员，前腰队员接球后长传球至边路，边路队员接球，快速运球至底线标志桶后传中，边路队员运球同时前腰队员迅速向禁区内冲刺包前点，前锋队员迅速包后点，形成射门。

（3）红队做完一次蓝队接着进行，依次循环，本队守门员随队伍轮换，做完一组练习后两队交换位置。

得分方式：进球得1分。

胜负方式：一轮练习结束后比较两队的总得分，得分多的队伍获胜。

变化：

（1）教练员可安排每组出1名防守队员到禁区内防守，在对手进攻时进行干扰，同时规定2名进攻队员可传球一次。

（2）设置每队必须打进5球的目标（根据队员实际情况而定）。

教练员指导注意事项：

（1）教练员在练习过程中要组织有序，讲解清晰，要求队员之间相互呼应，注意传球的准确性，同时注意传中球的高度与速度，传中的位置在点球点附近，打门要打进。

（2）当教练员发现队员练习速度与强度下降时，可通过加入防守队员来给进攻队员增加难度，从而激发队员练习的积极性。

7.激发动机练习方法7

适宜年龄：9~10岁。

图示：

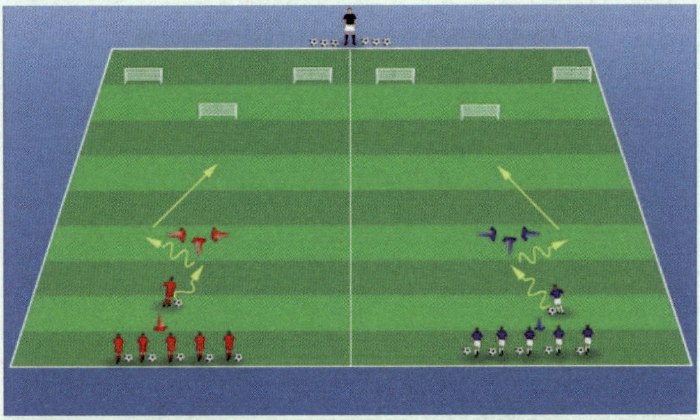

练习器材：足球若干，标志服若干，标志桶若干。

练习人数：12人。

练习时间：6~8分钟；每练习2分钟后间歇至少1分钟。

练习场地：20米×15米的区域（可根据实际情况进行调整），传球距离为6~8米。

目标：通过给个人设置目标， 强化队员在训练中的动机，激发队员练习的积极性。

组织方法：

（1）队员分为2组，分别穿红、蓝标志服，每人一球，每组区域各放3个小球门（可用标志桶代替），如图排列，区域中间各放3个向前、左、右倒放的标志桶。

（2）练习开始后，第一名队员快速运球，在中间障碍物处变向后快速向小球门传球。

（3）传球后捡球，跑回队伍最后面等待下一次练习，当前一人传球后下一人立即出发。

得分方式：传进中间球门得1分，传进两侧球门得2分。

胜负方式：每组练习每人需得10分，未达标的队员须运球折返1次（10米）。

变化：

（1）增加传球的距离或变化3个球门的排列形式，设置一个3分的球门，增加难度的同时给队员更多的得分选择。

（2）将胜负方式修改为每组练习结束后比较两队的总得分，得分多的队伍获胜。

（3）增加一条规则：使用弱势脚传球得分可额外获得1分。

教练员指导注意事项：

（1）教练员在摆放球门时要注意两侧球门的角度，不宜太小，保证练习具有一定挑战性。

（2）教练员在练习过程中要组织有序，讲解清晰，要求队员运好球，同时注意传球的准确性。

（3）在练习过程中当教练员发现队员达成目标或有突出表现时，要及时表扬，当发现队员未达成目标时要及时提醒要点并鼓励，同时多利用个人目标来激发队员的积极性。

（4）教练员可通过将个人目标转化为小组目标来激发队员练习的积极性，同时可通过改变规则来鼓励队员用弱势脚传球。

（5）教练员可让表现优秀的队员进行示范，同时要让做得不好的队员体会达到目标的快乐。

8.激发动机练习方法8

适宜年龄： 13~15岁。

图示：

练习器材： 足球若干，标志服若干，标志桶若干。

练习人数： 12名队员，2名守门员。

练习时间： 10～12分钟；每组练习2分钟间歇1分钟左右。

练习场地： 20米×15米的区域（可根据实际情况进行调整）。

目标： 通过组间竞争，强化队员在训练中的动机，激发队员练习的积极性。

组织方法：

（1）队员分为2组 ，如图示布置练习区域，每组3人在区域内。

（2）练习开始后，一组守门员先发球，队员在区域内进行3对3射门练习。

规则： 进球后，进球方守门员发球，继续进攻；球出界交换球权；被进球方换3人进入区域防守。

得分方式： 进球得1分，连续打进3球得5分。

胜负方式： 每组练习结束后比较两组的总得分，得分多的队伍获胜。

变化：

（1）限制队员的触球次数（教练员根据队员实际情况而定）。

（2）增加射门的距离。

教练员指导注意事项：

（1）教练员要求队员多射门，同时注意射门的准确性，防守队员要积极。

（2）教练员在练习过程中要不断激励队员，让队员产生紧迫感从而增加竞争性，激发队员练习的积极性。

（3）当教练员发现队员练习速度与强度下降时，要立刻变换练习要求，可以通过限制队员触球次数与增加射门距离来提升练习难度，以调动队员情绪。

9.激发动机练习方法9

适宜年龄：11~12岁。

图示：

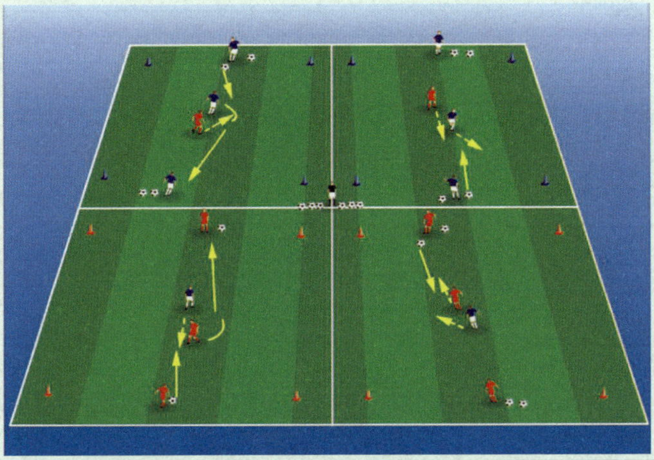

练习器材：足球若干，标志服若干，标志桶若干。

练习人数：16人。

练习时间：10~12分钟；每组练习1分钟后间歇至少30秒。

练习场地：每块区域10米×10米（可根据实际情况进行调整）。

目标：通过组间竞争与个人强化，强化队员在训练中的动机，激发队员练习的积极性。

组织方法：

（1）队员分为2组，如图示布置场地，每组各2块区域，区域两侧各2人，区域内各1人，每组派2名队员到对手区域内防守。

（2）练习开始后，进攻队员摆脱防守向区域外围队员要球，拿球后将球传给另一侧队员。

（3）一组练习结束后防守队员进行轮换。

得分方式：将球成功转移到另一侧得1分。

胜负方式：在一轮练习结束后比较两组总得分，得分多的队伍获胜。

变化：

（1）限制进攻队员触球次数。

（2）适当缩小场地宽度。

（3）加入“若一组练习中防守队员将进攻队员的得分限制在5分以内，则防守队员得2分”或“若一组练习中防守队员将进攻队员的得分限制在5分以内，则该进攻队员多进行一组防守”的规则。

教练员指导注意事项：

（1）教练员在练习过程中要组织有序，讲解清晰，要求队员无球摆脱，接球前观察，接球后传好球。

（2）当教练员发现练习强度下降时，通过限制进攻队员触球次数、缩小场地宽度、增加规则来增加难度，以调动队员练习的积极性。

10.激发动机练习方法10

适宜年龄：9~10岁。

图示：

练习器材：足球若干，标志服若干，标志桶若干，标志物若干。

练习人数：12人。

练习时间：8～10分钟；每练习2分钟后间歇至少1分钟

练习场地：30米×20米的区域（可根据实际情况进行调整）。

目标：为队员设置合理的个人目标，强化队员在训练中的动机，激发队员练习的积极性。

组织方法：

（1）队员分为4组，每组3人，2人射门，1人守门，如图示布置训练场地，每组场地中间用标志桶组成1个球门，球门宽度5～7米，射门距离10～15米，可根据实际情况进行调整。

（2）练习开始，每组1人开始射门，守门员守门，射完门后守门员变换身体朝向，下一人射门。

（3）每人射门2次后守门员按顺时针方向轮换。

胜负方式：进球得1分，每组练习结束后，射门队员得5分及以上则为胜利。

变化：

（1）改变球门大小与射门距离。

（2）增加胜利所需分数。

（3）胜负方式变化：进球得1分，每组练习结束后，比较3人的得分，得分多者获胜。

教练员指导注意事项：

（1）教练员需为每组多准备一些球，防止捡球耽误训练时间。

（2）教练员在练习过程中要组织有序，讲解清晰，要求队员注意射门的准确性。

（3）教练员在练习过程中要不断激励队员，当发现队员射门不进时，要提醒队员动作要点并鼓励队员，对于漂亮的射门要及时加以表扬，同时提醒队员注意分数。

（4）教练员可通过改变场区、规则、将个人目标变换为竞赛来激发队员练习的积极性。

11.激发动机练习方法11

适宜年龄：9~10岁。
图示： 
练习器材：足球若干，标志服若干，标志桶若干，球门2个。 练习人数：12人。 练习时间：8～10分钟；每练习2分钟后间歇至少1分钟。 练习场地：20米×10米的区域（可根据实际情况进行调整）。
目标：通过设置个人与团队目标及组间竞争， 强化队员在训练中的动机，激发队员练习的积极性。 组织方法： （1）队员分为2组，分别穿红、蓝标志服，每人一球，如图示布置场地。 （2）队员分别从各自起点开始，第一名队员快速运球到标志桶处，变向绕过标志桶后射门。 （3）射完门后捡球，跑回队尾等待下一次练习，当前一人完成射门下一人立即出发。 胜负方式：进球得1分，率先得到3分的队员获胜。 变化： （1）将胜负方式变为：率先得到10分的组获胜。 （2）加入时间限制，胜负方式变为比较两组在规定时间内得分的多少，得分多的队伍获胜。
教练员指导注意事项： （1）教练员要注意场区不要太大，控制队员快速运球跑动的强度。 （2）教练员在练习过程中要组织有序，讲解清晰，要求队员快速运球，同时注意射门的准确性。 （3）教练员在练习过程中要不断激励队员。 （4）当教练员发现队员练习速度与强度下降时，要立刻变换练习要求，将个人目标变换为团队目标或改变胜负方式来激发队员练习的积极性。

12.激发动机练习方法12

适宜年龄： 13~15岁。

图示：

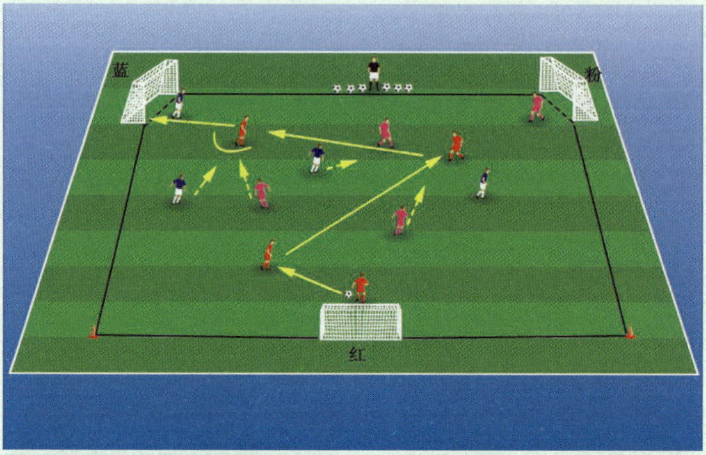

练习器材： 足球若干，标志服若干，标志桶若干，球门3个。

练习人数： 12人。

练习时间： 8~10分钟；每练习2分钟后间歇至少1分钟。

练习场地： 25米×20米的区域（可根据实际情况进行调整）。

目标： 通过组间相互竞争及增加练习难度，强化队员在训练中的动机，激发队员练习的积极性。

组织方法：

（1）队员分为3组，每组4人，如图示布置场地，场地内有3个球门，每队守1个球门。

（2）练习开始后，教练员规定一组先发球，可进攻其他2个球门，球权转换后攻防转换。

（3）一轮练习结束后各组按顺时针方向交换球门。

规则： 球出界后由教练员发球。

胜负方式： 进球得1分，一轮练习结束后比较各组得分，得分多的队伍获胜。

变化：

（1）在场地内增加1个足球，变为2个足球。

（2）限制进攻队员的触球次数（根据队员实际情况而定）。

教练员指导注意事项：

（1）教练员在练习过程中要组织有序，讲解清晰，要求队员注意观察，快速射门，注意射门的准确性。

（2）当教练员发现队员练习速度与强度下降时，可在场地内加一个足球以增加队员射门的次数或者限制队员的触球次数来增加难度，激发队员练习的积极性。

13. 激发动机练习方法13

适宜年龄： 11~12岁。

图示：

练习器材： 足球若干，标志服若干，标志物若干，标志桶若干，球门2个。

练习人数： 12人。

练习时间： 6~8分钟；每练习2分钟后间歇至少1分钟。

练习场地： 25米×15米（可根据实际情况进行调整）的场地分成2块，2个标志桶间隔6米（可根据实际情况进行调整），射门线距离球门10~12米（可根据实际情况进行调整）。

目标： 通过组间竞争及设置合理团队目标，强化队员在训练中的动机，激发队员练习的积极性。

组织方法：

（1）队员分为2组，分别穿红、蓝标志服，每人一球，如图示布置场地，场地中间用标志桶组成一条射门线，每队派2名防守队员到对方练习区域，一人防守，另一人守门。

（2）第一名队员运球进入场地，与防守队员1对1，试图运球穿过射门线并射门得分。

（3）前一名队员完成射门后下一名队员立即出发，一组练习结束后防守队员轮换。

得分方式： 进球得1分。

胜负方式： 一组练习结束后比较两组总得分，得分多的队伍获胜。

变化： 胜负方式可变为先拿到10分的组获胜。

教练员指导注意事项：

（1）教练员在练习过程中要组织有序，讲解清晰，要求队员1对1时大胆运用技术动作，同时注意射门的准确性，进攻队员之间的衔接要迅速，不给防守队员太多准备时间。

（2）当教练员发现队员练习速度与强度下降时，要立刻变换练习要求，可通过改变胜负方式、限制队员进攻时间的规则来激发队员练习的积极性。

14. 激发动机练习方法14

适宜年龄： 11~12岁。

图示：

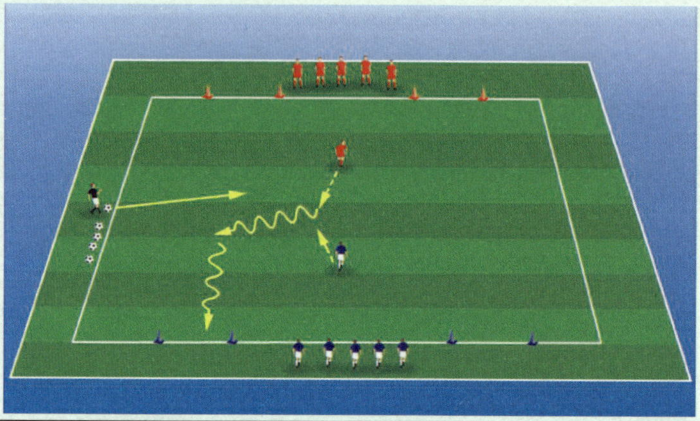

练习器材： 足球若干，标志服若干，标志桶若干。

练习人数： 12人。

练习时间： 8～10分钟；每练习3分钟后间歇至少1分钟。

练习场地： 15米×15米的区域（可根据实际情况进行调整）。

目标： 通过队员之间相互竞争，强化队员在训练中的动机，激发队员练习的积极性。

组织方法：

（1）队员分为2组，每组6人，为队员编号，如图示布置训练场地，场地内有4个球门（用标志桶摆放），每组进攻防守2个球门。

（2）练习开始后，教练员向区域内传球，各组1号队员迅速跑进区域争球，先夺得球权的队员进攻，试图1对1运球穿过球门，防守队员夺得球权后攻防转换。

规则： 运球穿越球门得1分；球出界后转换球权。

胜负方式： 一轮练习结束后比较两组得分，得分多的组获胜。

变化：

（1）得分方式由运球穿过球门变化为将球踩在球门线上。

（2）由固定队员1对1变为教练员随机喊号，如蓝色3号和红色5号，两人进入区域1对1。

教练员指导注意事项：

（1）教练员练习过程中要组织有序，讲解清晰，要求队员敢于做动作，同时注意合理选择进攻球门。

（2）教练员在练习过程中要不断激励队员，当发现队员进攻困难或射门不进时，要提醒队员动作要点同时鼓励队员，当发现队员体力下降时要激励队员。

（3）教练员随机喊号的目的是根据队员的练习情况选择适当的对手，如队员进攻长时间未得分，教练员可给其安排一个防守较弱的对手，在发球时进行适当控制，反之亦然。

（4）教练员改变得分方式的目的是增加练习的难度，激发队员练习的积极性。

15. 激发动机练习方法15

适宜年龄：11~12岁。

图示：

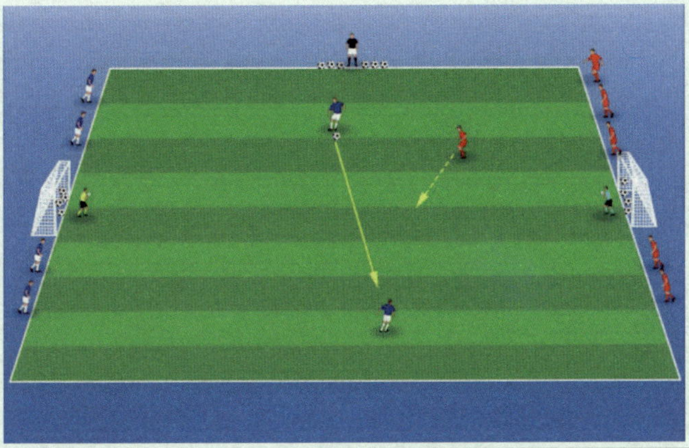

练习器材：足球若干，标志服若干，标志物若干，标志桶若干，球门2个。

练习人数：12名队员，2名守门员。

练习时间：10~12分钟；每练习2分钟后间歇至少1分钟。

练习场地：20米×10米的区域（可根据实际情况进行调整）。

目标：通过为队员及团队设置目标，强化队员在训练中的动机，激发队员练习的积极性。

组织方法：

（1）队员分为2组，分别穿红、蓝标志服，如图示布置场地，球都放在球门里，各组队员分别在各自底线后等待练习。

（2）练习开始后，蓝队守门员发球，2名队员进入区域进攻，红队1名队员进入区域防守，形成1防2的局面，蓝队试图破门得分。

（3）进攻成功或防守成功后换下一组进行练习。

得分方式：进攻队员进球得1分，防守队员断球后打进对方球门得2分。

胜负方式：一组练习结束后比较两组总得分，得分多的队伍获胜。

变化：2名进攻队员进入区域进攻，2名防守队员进入区域防守，其中一人需冲刺到对面底线并折返回来继续防守，得分方式、胜负方式不变。

教练员指导注意事项：

（1）教练员在练习过程中要组织有序，要求防守队员占住位置，延缓进攻，同时注意抢球时机，形成反击破门得分。

（2）教练员在练习过程中要不断激励队员，当防守队员体力下降时，要大声提醒并给予鼓励。

（3）当教练员发现队员练习速度与强度下降时，要立刻变换练习要求，可通过改变练习形式、加入回追防守的防守队员来激发队员练习的积极性。

16.激发动机练习方法16

适宜年龄： 11~12岁。

图示：

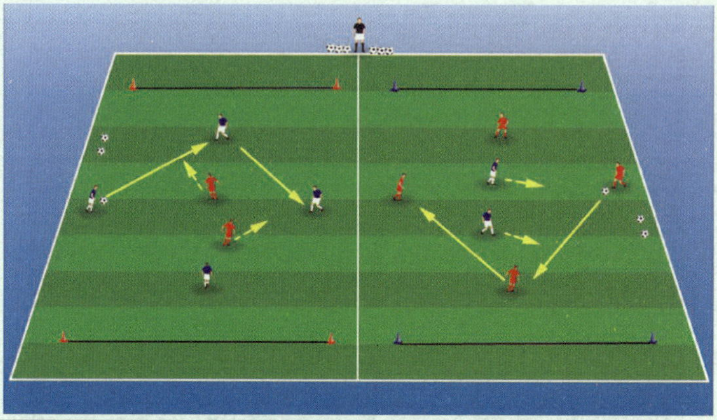

练习器材： 足球若干，标志服若干，标志桶若干。

练习人数： 12人。

练习时间： 10～12分钟；每练习2分钟后间歇至少1分钟。

练习场地： 每块区域15米×10米（可根据实际情况进行调整）。

目标： 通过组间竞争及设置团队目标，强化队员在训练中的动机，激发队员练习的积极性。

组织方法：

（1）队员分为2组，分别穿红、蓝标志服，每组一球，如图示布置场地。

（2）练习开始后，4名队员在自己区域内进攻，2名队员在对方区域内防守。

（3）一组练习结束后换2名进攻队员到对方区域防守。

规则： 进攻队员连续传球10次得1分，防守队员断球后运球过线得2分。

胜负方式： 一组练习结束后比较两组的得分，得分多的队伍获胜。

变化：

（1）增加或减少队员得分的连续传球次数（视队员实际情况而定）。

（2）教练员可限制进攻队员触球次数（视队员实际情况而定）。

（3）将胜负方式变为：当所有人都参与进攻与防守后，比较两组的总得分，得分多的队伍获胜。

教练员指导注意事项：

（1）教练员在练习过程中要组织有序，讲解清晰，要求队员传球的准确性，注意队员的无球接应及防守积极性。

（2）在练习过程中，当教练员发现队伍达成目标，或有突出表现时，要及时表扬；当发现队员未达成目标时，要及时提醒要点并给予鼓励，同时多利用两组的竞争来激发队员的积极性。

（3）教练员通过变化胜负方式利用队员的集体荣誉感（团队目标）激发队员练习的积极性，同时根据队员情况调整目标。

17. 激发动机练习方法17

适宜年龄： 13~15岁。
图示： 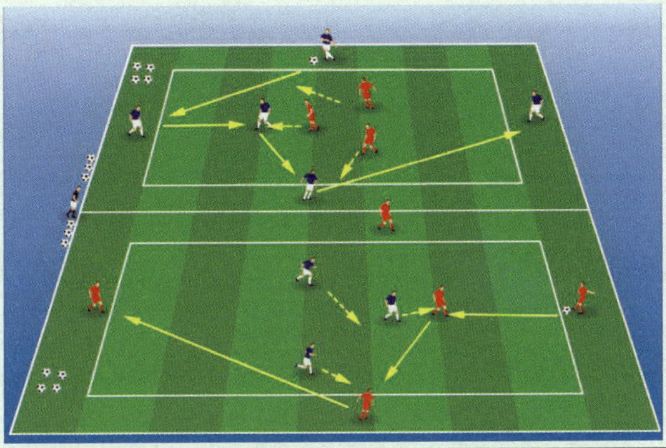
练习器材： 足球若干，标志服若干，标志桶若干。 **练习人数：** 16人。 **练习时间：** 8~10分钟；每练习2分钟后间歇至少1分钟。 **练习场地：** 每组区域20米×15米（可根据实际情况进行调整）。
目标： 通过组间相互竞争，强化队员在训练中的动机，激发队员练习的积极性。 **组织方法：** （1）队员分为2组，如图示布置练习区域，每组派3名队员到对方区域防守。 （2）练习开始后，进攻队员需从一侧发起进攻，试图将球传到另一侧（横向）。 （3）练习时间为2分钟，结束后组内交换防守队员。 **得分方式：** 进攻方从一侧传球到另一侧得1分，防守队员断球连续传球3次得1分。 **胜负方式：** 一组练习结束后比较两组总得分，得分多的队伍获胜。 **变化：** （1）限制进攻队员触球次数，增加难度。 （2）限制进攻队员得分的传球次数。 （3）要求每组在规定时间内必须得5分（根据队员实际水平而定）。
教练员指导注意事项： （1）教练员在练习过程中要组织有序，讲解清晰，要求队员相互呼应、接应，注意传球准确性。 （2）当教练员发现队员练习速度与强度下降时，要立刻加入触球次数限制或得分传球次数限制，增加练习难度，同时给两组设定目标，激发队员练习的积极性。 （3）教练员要明确告知队员进攻可以得分，防守也可以得分，激发防守队员的积极性，同时要赏罚分明，练习结束后要与每个人击掌。

18. 激发动机练习方法18

适宜年龄： 11~12岁。

图示：

练习器材： 足球若干，标志服若干，标志桶若干。
练习人数： 12人。
练习时间： 10~12分钟；每练习2分钟后间歇至少1分钟。
练习场地： 每块区域6米×6米（可根据实际情况进行调整）。

目标： 通过提高练习趣味性及组间竞争，强化队员在训练中的动机，激发队员练习的积极性。
组织方法：
（1）队员分为6组，2人一组，每2组一块区域，区域内2人穿红色标志服、2人穿蓝色标志服，如图示布置场地，球门由标志桶组成，宽度4~6米。
（2）练习开始后，4名队员在自己区域内进行头球2对2比赛。
（3）一组比赛结束后红色队员不动，蓝色队员按顺时针方向交换场地。
规则： 进攻传球均为手传球，最后射门必须为头球，可接队友传球，也可自抛自头球。
得分方式： 进球得1分。
胜负方式： 胜一场计3分，平一场计1分，负一场不计分，循环结束后比较每组得分，进行排名。
变化：
（1）得分方式中增加连续头球4次多得1分。
（2）设置最佳进球与最佳射手奖。

教练员指导注意事项：
（1）教练员要注意每组场区不要太大，以保证头球射门次数。
（2）教练员在练习过程中要组织有序，讲解清晰，要求队员间配合默契，注意头球射门的准确性。
（3）在练习过程中，教练员要不断激励队员，对于获胜的队伍及时表扬，同时及时鼓励失败的队伍。
（4）当教练员发现练习强度下降时，通过增加得分与增设奖项的形式调动队员的积极性。
（5）教练员要控制好每次练习的时间，并在间歇期间总结之前练习情况并提出下一次练习的要求或示范讲解。
（6）练习结束后，教练员要与每名队员进行击掌，鼓励队员并对其闪光点进行表扬。

19.激发动机练习方法19

适宜年龄： 9~10岁。

图示：

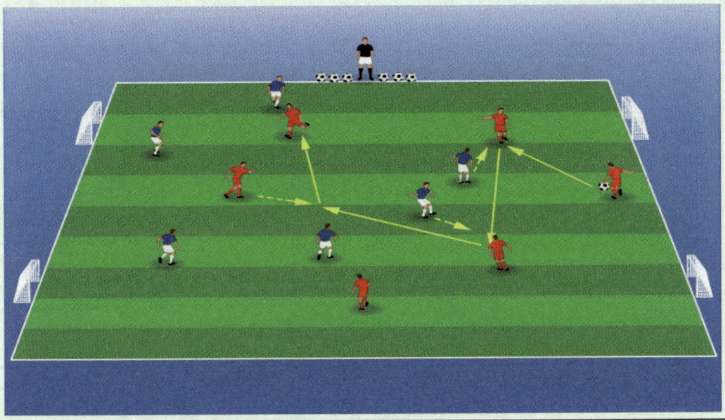

练习器材： 足球若干，标志服若干，球门若干。
练习人数： 12人。
练习时间： 20分钟；半场9分钟，休息2分钟。
练习场地： 30米×20米的区域（可根据实际情况进行调整）。

目标： 通过不同阶段的目标设置，强化队员在训练中的动机，激发队员练习的积极性。
组织方法：
（1）队员分为2组，如图示布置练习区域，两侧底线各有2个小球门。
（2）队员在区域内进行6对6比赛，每队进攻、防守2个球门。
（3）按照小场地比赛规则进行。
得分方式： 每半场前3分钟进球得1分，中间3分钟进球得2分，后3分钟进球得3分。
胜负方式： 比赛结束后比较两组总得分，得分多的队伍获胜。
变化： 加入每队连续传球10次得1分的规则（根据队员实际水平而定）。

教练员指导注意事项：
（1）教练员鼓励队员在比赛中大胆运用技术动作，积极拼抢。
（2）教练员在比赛过程中要不断提醒队员，鼓励落后队伍。
（3）教练员在比赛过程中要根据时间节点提醒队员得分规则，着重对落后队伍进行提醒及鼓励。
（4）教练员发现队员迟迟不能得分时，可迅速加入连续传球得分规则，重新调动队员练习的积极性。
（5）教练员要求队员得分后必须庆祝，同时与得分队员进行击掌、拥抱。

20.激发动机练习方法20

适宜年龄：11~12岁。

图示：

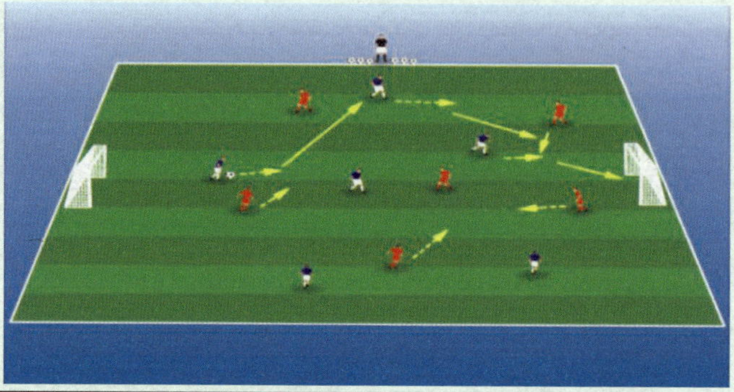

练习器材：足球若干，标志服若干，标志桶若干。

练习人数：12人。

练习时间：15~20分钟；每练习4分钟后间歇至少2分钟。

练习场地：20米×15米的区域（可根据实际情况进行调整）。

目标：通过变换练习内容，提高趣味性，强化队员在训练中的动机，激发队员练习的积极性。

组织方法：

（1）队员分为2队，在区域内进行6对6手球比赛，无守门员。

（2）除附加规则外，其他规则按小场地比赛规则进行。

附加规则：

（1）队员可持球跑，但最多不超过5步。

（2）防守队员可阻挡进攻队员，但不可以拉拽、抱摔，可用手拦截足球。

（3）射门必须采用半高球，可自抛自踢，也可接队友传的半高球。

得分方式：进球得1分。

胜负方式：比赛结束后得分多的队伍获胜。

变化：

（1）由5步限制改为3步限制，但每组连续传球10次后组内每人可加1步。

（2）增加头球射门方式，头球进球得2分。

教练员指导注意事项：

（1）教练员要注意每组区域不要太大，考虑队员手传球的距离。

（2）教练员在练习过程中要组织有序，讲解清晰，要求队员相互呼应，配合默契。

（3）教练员要不断激励队员，对队员的优异表现要及时表扬，要求队员进球后做庆祝动作。

（4）教练员发现练习强度下降时，可通过设置新的目标以增加游戏难度和增加得分方式的方式调动队员的积极性。

（5）教练员要控制练习时间，并在间歇时总结之前练习情况、提出下一次练习的要求或示范讲解。

（6）练习结束后，教练员要与每名队员击掌，给予鼓励，同时对其闪光点进行表扬。

激发动机游戏——神奇的鞋子

游戏器材：拖鞋若干双。

游戏人数：10～20人。

游戏时间：20～30分钟。

游戏场地：室内室外皆可。

目标：通过比赛的方式，激发运动员对胜利的渴望。

组织方法：

（1）教练员按队员人数均匀分成若干小组，每组提供一双拖鞋，或者每个小组之中的一位队员提供自己的鞋子。

（2）教练员根据具体情况预先在场地内设置起始线和终点线，两线之间的空间称为“硫酸河”。

（3）每队的全部队员必须设法从起始线到终点线，但只有穿上指定鞋子的队员（“渡河使者”）才能在“硫酸河”上奔走，没有穿指定鞋子的队员需要依靠穿鞋的队员才能过河。

（4）这双指定的鞋子不能任意替换，也不能直接把鞋子丢到河对面。

（5）若在这个过程中未穿指定鞋子的队员双脚踩到硫酸河上，教练员可视具体情况选择让这名队员重来或者整个队伍重来。

（6）率先完成全部队员过河的小组获胜，或者计时排列出名次。

变化：可以利用交接棒的规则，“渡河使者”在终点，听到开始口令后，迅速到起始线接人再返回终点线，交接鞋子，完成身份互换，依次完成渡河任务。这样可以使每名队员都担任“渡河使者”。

二、强化意志品质

专栏小故事

1999年欧洲冠军联赛中，英格兰曼彻斯特联队（以下简称“曼联队”）与欧洲另一支劲旅意大利尤文图斯队争夺半决赛权。在英国国内同对手战成1比1平后，曼联队远赴意大利进行第二轮比赛。电视评论员提示观众，尤文图斯队14年来从未在家门口输过欧洲冠军联赛的比赛，而对于曼联队而言，这次比赛距他们上一次夺得欧洲冠军已有31年之久了。在紧张和充满威胁的气氛中，尤文图斯队在开场12分钟就攻入2个球，所有的英格兰人都感到脸上无光——除了场上穿红色球衣的11名队员。他们显示了坚忍的意志品质和积极面对逆境的态度，后来曼联队以3比2取得了最终的胜利。

是什么让曼联在如此逆境下反败为胜呢？

如果你观察过曼联队的训练，那么对其队员表现出来的坚忍品质就不会感到吃惊。曼联队在训练中，每名队员都要面对一系列障碍，队员们会从中认识到只有坚韧不拔才能保证他们坚持到最后。

障碍1：球队招募队员只要最好的——心理最坚忍的才能留下。

障碍2：在47个专业队员中只有18人可以作为一线队的队员。

障碍3：练习的标准非常高，且非常具有竞争性，以至于技术上和态度上任何的懦弱都会在比赛中暴露无遗，同时会受到同伴的严厉责备。

障碍4：场上队员只有11人，而在决定谁上场时教练员则有许多选择。

障碍5：几万名现场观众和全世界的电视观众都期待曼联队获胜，因此表现不佳的队员随时都可能被开除。

障碍6：换人的可能性随时会出现，因此，队员们必须不断地关注这种机会，为自己赢得场上的一个位置。

意志品质是什么？

意志品质指构成人意志的诸因素的总和，主要包括自觉性（独立性）、果断性、自制性与坚忍性。

自觉性：指对行动目的有明确的认识，能主动进行目的调节并支配行动的意志品质。自觉性是意志的首要品质，贯穿于意志行动的始终。

果断性：指一个人善于明辨是非，迅速而合理地采取决定和执行决定的意志品质。

自制性：指善于控制和支配自己行动的意志品质。

坚忍性：指在意志行动中能坚持决定，百折不挠地克服困难和障碍，完成既定目标的意志品质。

在训练和比赛中意志品质指什么？

在体能达到极限程度、处于不利局面、身心状态无法承受的情况下继续坚持。

意志品质强的队员会有哪些表现?

（1）意志品质强的队员，能够广泛地听取别人的意见并进行取舍，吸收有益的成分，独立自主地确立合乎实际的目标，自觉地克服困难，执行决定，对行动过程及结果进行自觉反思和评价。在行动中能积极主动地完成符合球队需要的任务，并能自觉调整个人利益与集体利益之间的关系，不为物质诱惑而动心。

（2）意志品质强的队员，当需要立即行动时，能迅速地做出决断，使行动顺利进行；而当情况发生新的变化，需要改变行动时，能够随机应变，毫不犹豫地做出新的决定，以便更加有效地完成行动。

（3）意志品质强的队员，在训练和比赛中，不受无关诱因的干扰，能控制自己的情绪，坚持完成训练和比赛。

（4）意志品质强的队员能根据训练、比赛的目的要求，长时间毫不松懈地保持身心的紧张状态，在任何情况下，都坚持不变，直至达到目的。在遇到困难时，它能激励自己树立起克服困难的信心，始终如一地完成训练和比赛。

意志品质较差的队员会有哪些表现?

（1）意志品质较差的队员，在训练与比赛中需要做出决策时缺乏主见，没有信心。容易受别人左右，因而会随便改变自己原来的决定。

（2）意志品质较差的队员，盲目自信，拒绝他人的合理意见和劝告，一意孤行，固执己见。

（3）意志品质较差的队员，遇事犹豫不决，患得患失，顾虑重重，即使执行决定也是三心二意。

（4）意志品质较差的队员，在没有辨明是非之前，有可能不负责任地做出决断，凭一时冲动，不考虑主、客观条件和行动的后果。

（5）意志品质较差的队员，不能有效地调节自己的言论和行动，不能控制自己的情绪，行为常常为情绪所支配，还会表现出胆小怕事，遇到困难或情况突变时惊慌失措，畏缩不前。

（6）意志品质较差的队员，行为和思想缺乏坚定性，容易动摇，随意更改目标和行动方向。

教练员应如何开展锻炼意志品质的练习？

（1）确定明确的练习主题。

（2）根据队员的实际情况确定所创造的极限条件，目的是让队员感到“难受”（如无球或结合球的体能训练），让队员达到生理或心理的极限。

（3）极限条件不局限于体能训练，也可以选择在恶劣天气条件下进行训练，如高温、寒冷、下雨等（高强度的体能训练不适合15岁以下的队员）。

（4）根据队员的实际情况创造挫折条件（裁判员误判、裁判员罚下其中某一方队员、比分变化、时间限制、连续遭遇挫折，如输球后进行额外练习），这些挫折条件可根据队员情况自由组合。

（5）练习不宜太枯燥，竞争性练习更加适宜。

（6）确定规则来激发队员在极限或挫折条件下完成练习的动力。

（7）运用变化为队员提升或降低训练难度。

教练员在练习过程中应注意哪些事项？

（1）在进行身体极限练习时，区域及强度的安排要符合队员的身体情况。

（2）在练习过程中要讲解清晰、示范明确，让队员明确规则。

（3）在练习过程中要不断激励队员，尤其是队员即将达到极限或正在遭遇挫折时，注意语言要极富感染力与刺激性。

（4）当队员在极限条件或挫折条件下高质量完成练习时，要及时鼓励与表扬，并适当引导。

（5）要根据队员的训练状态进行调整与变化，变化的原则是逐渐增加难度。

（6）在练习间歇时，教练员要总结之前的训练情况，并对接下来的训练提出新的要求并充分示范讲解。

（7）教练员要把握好练习的进行时间与间歇时间，保证练习的强度与质量。

（8）练习结束后充分地放松及场景的还原非常关键。

（9）教练员要着重注意训练中未达到目标或表现较差的队员，一定要让其完成练习并获得成功，尽量不要采取降低目标或难度的方式，可适当给予帮助，让队员体会成功。

> 有了坚定的意志，就等于给双脚添了一双翅膀。
>
> ——乔·贝利

强化意志品质练习示例

1.强化意志品质练习方法1

适宜年龄：13~15岁。

图示：

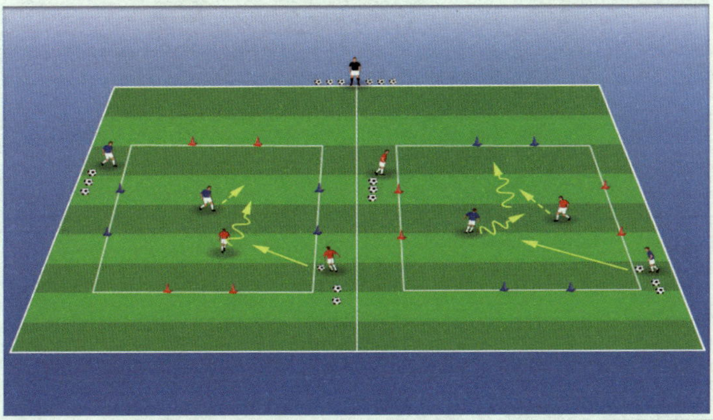

练习器材：足球若干，标志服若干，标志桶若干。

练习人数：8人。

练习时间：10~12分钟；每练习30秒后间歇90秒。

练习场地：15米×15米的区域（可根据实际情况进行调整）。

目标：通过长时间连续练习锻炼队员的意志品质。

组织方法：

（1）队员分为2组，每组8人，分别穿红、蓝标志服，将队员进行编号，如图示布置训练场地，场地内用标志桶摆出4个小球门，2名队员在区域内进行练习，区域外2名队员负责传球。

（2）练习开始后，各组1号队员迅速跑进区域，蓝队队员向区域内同队队员传球，蓝队队员进攻，试图1对1运球穿过蓝色球门，防守队员夺得球权后攻防转换。

（3）练习30秒后换下一组队员进行练习。

规则：进球得1分；球出界转换球权；进球后本方传球队员发球继续进攻，球权不转换。

胜负方式：一组练习结束后比较两组总得分，得分多的组获胜。

变化：

（1）增加每组练习的时间，由30秒变为50秒（根据队员实际情况而定）。

（2）由固定队员1对1变为教练员随机喊号，如：蓝色3号和红色5号，两人1对1。

教练员指导注意事项：

（1）教练员在练习过程中要组织有序，讲解清晰，要求队员大胆做动作，同时快速反应。

（2）教练员在练习过程中要不断鼓励队员，尤其是每组练习的最后阶段，此时可随机改变规则，如最后阶段双倍得分。

（3）教练员要控制好每次练习与间歇的时间，练习时间不宜太短，如出现队员等待时间过长的问题，可两块场地同时开始。

2.强化意志品质练习方法2

适宜年龄： 13~15岁。

图示：

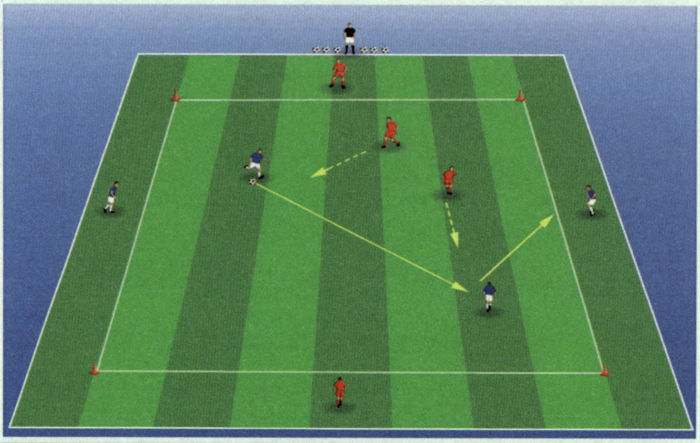

练习器材： 足球若干，标志服若干，标志桶若干。

练习人数： 16人。

练习时间： 8～10分钟；每练习2分钟后间歇至少2分钟。

练习场地： 15米×15米的区域（可根据实际情况进行调整）。

目标： 通过高强度、快节奏的练习，锻炼队员的意志品质。

组织方法：

（1）队员分为2组，每组8人，按图示布置训练场地，每块场地每组各4人，2人在区域内，2人在区域外。

（2）练习开始后，区域内2人进行2对2传抢练习，可借助外围接应队员进行传球。

（3）练习2分钟后内外交换。

规则： 接应队员两脚触球；球权交换后立刻攻防转换。

得分方式： 连续传球8次得1分（根据队员实际情况而定）。

胜负方式： 一轮练习结束后比较两组总得分，得分多的队伍获胜。

变化：

（1）外围接应队员一脚触球（根据队员实际情况而定）。

（2）增加得分所需的传球次数（根据队员实际情况而定）。

教练员指导注意事项：

（1）教练员在练习过程中要组织有序，讲解清晰，要求队员无球接应，注意传球的准确性。

（2）教练员可要求队员进行人盯人防守。

（3）每组练习最后阶段教练员可采用得分翻倍的方式激发队员练习的积极性。

3.强化意志品质练习方法3

适宜年龄：13~15岁。

图示：

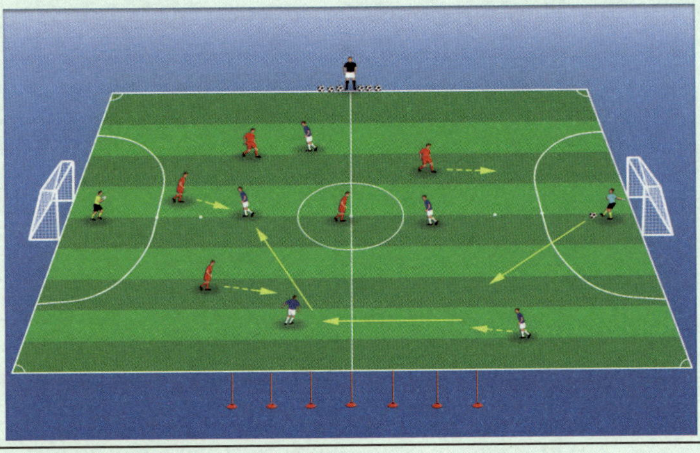

练习器材：足球若干，标志服若干，球门2个。

练习人数：10名队员，2名守门员。

练习时间：15～20分钟；每练习5分钟后间歇至少2分钟。

练习场地：40米×20米的区域（可根据实际情况进行调整）。

目标：通过制造进攻中以少打多的不利局面，锻炼队员的意志品质。

组织方法：

（1）队员分为2组，每组6人，一组进攻，一组防守。

（2）练习开始后，进行6对6攻防练习。

（3）按照小场地比赛规则进行。

得分方式：进球得1分；连续传球5次得1分。

附加规则：根据比分的差异进行人员的调整，如："红队与蓝队比分为1：0"，则蓝队需要有一名队员到场下进行运球绕杆练习，若红队与蓝队比分变为"1：1"，则蓝队场下队员回到场地继续比赛。

变化：限制进攻队员的触球次数。

教练员指导注意事项：

（1）教练员要在比赛过程中鼓励队员大胆运用技术动作。

（2）教练员要提示队员在以少打多的情况下不要着急，不能放弃，积极寻求解决问题的办法。

（3）当练习完成较好时，教练员可限制进攻队员触球次数，给队员更大的压力。

4.强化意志品质练习方法4

适宜年龄： 11~12岁。
图示： 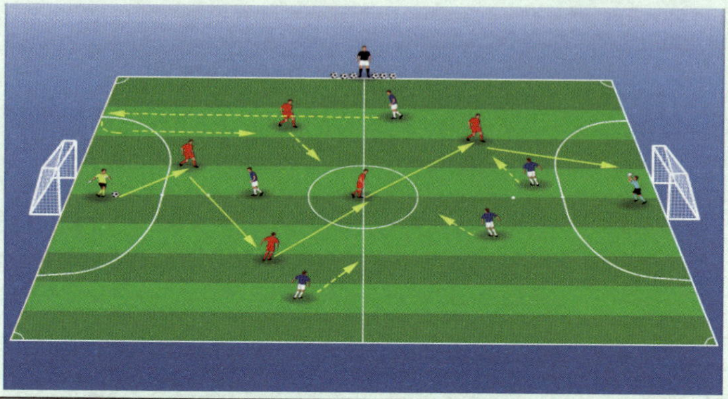
练习器材： 足球若干，标志服若干，球门2个。 **练习人数：** 12人。 **练习时间：** 15～20分钟；每练习5分钟后间歇至少2分钟。 **练习场地：** 40米×20米的区域（可根据实际情况进行调整）。
目标： 通过制造比赛中以少打多的不利局面，同时穿插体能练习，锻炼队员的意志品质。 **组织方法：** （1）队员分为2组，每组6人，在场地内进行6对6练习比赛（每组1名守门员）。 （2）按照小场地比赛规则进行。 **规则：** 教练员给两组队员分别进行1~5的编号（守门员无须编号），比赛开始后，教练员先规定一组队员在比赛过程中按照编号依次冲刺到对手底线再折返回场内继续比赛。 **得分方式：** 进球得1分。 **变化：** （1）将队员依次冲刺折返变为教练员喊号，喊到几号，几号冲刺折返，教练员控制间隔时间。 （2）规则中加入：得分后1分钟之内无须冲刺折返。
教练员指导注意事项： （1）教练员要在比赛过程中鼓励队员大胆运用技术动作。 （2）当队员集中注意力比赛时，教练员要大声提醒需冲刺折返的队员，并不断给予鼓励。 （3）教练员提醒队员在以多打少的情况下要冷静，同时寻求对球的控制，寻找机会。 （4）当队员逐渐熟悉规则并能较好地完成后，教练员通过叫号来控制运动强度和比赛节奏，并通过灵活的控制给队员制造不同的挫折条件。 （5）当比赛强度下降时，加入得分后1分钟之内无须折返冲刺的规则，重新激发队员练习的积极性。

5.强化意志品质练习方法5

适宜年龄：6~8岁。

图示：

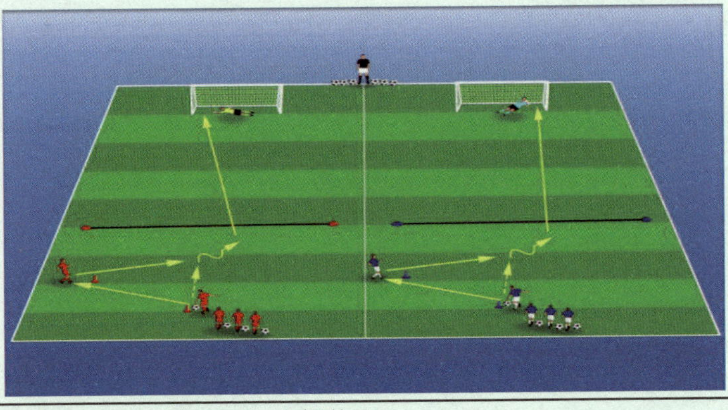

练习器材：足球若干，标志服若干，标志桶若干。

练习人数：10名队员，2名守门员。

练习时间：6～8分钟；每练习2分钟后间歇至少1分钟。

练习场地：每块区域20米×10米，射门线距离球门12米（均可根据实际情况进行调整）。

目标：通过练习中规则的设置，让队员体会连续的挫折，来锻炼队员的意志品质。

组织方法：

（1）队员分为2组，每组5人，每组一块训练场地，每人一球，在各自起点处站好，左侧标志桶处安排一名传球队员。

（2）练习开始后，每组第一人将球传给左侧接球人，两人做一个墙式配合后射门。

（3）射门后，射门队员变为左侧传球人，传球人捡球回到队伍最后面等待练习。

得分方式：打进一球得1分，打不进扣1分。

变化：

（1）给每组加入时间限制，比较两组在规定时间内的总得分。

（2）限制队员射门前的触球次数。

教练员指导注意事项：

（1）教练员在练习过程中要组织有序，讲解清晰，要求队员注意射门的准确性。

（2）教练员在练习过程中不断提醒队员速度要快，衔接要迅速，当队员射门未进时要大声喊出“扣1分”等，给队员一些压力，同时对于队员的优秀表现要及时鼓励。

（3）当初始练习完成较好时，要迅速进行变化，加入时间限制让队员更有紧迫感，限制触球次数来增加难度，从而锻炼队员的意志品质。

6.强化意志品质练习方法6

适宜年龄：6~8岁。

图示：

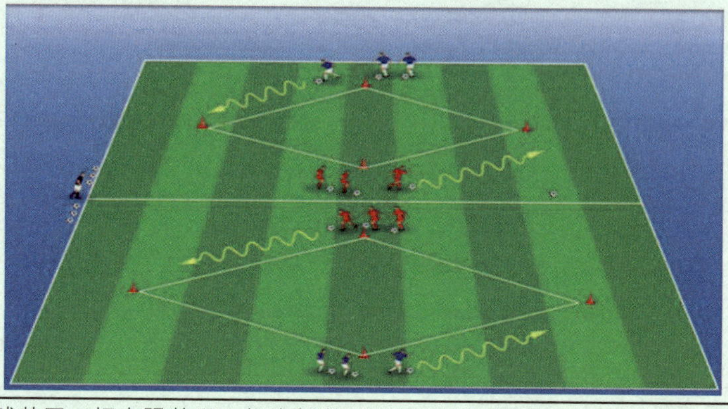

练习器材：足球若干，标志服若干，标志桶若干。

练习人数：12人。

练习时间：6~8分钟；每练习2分钟后间歇至少1分钟。

练习场地：边长约为5米的菱形区域（可根据实际情况进行调整）。

目标：通过练习让队员在高强度、间歇时间短的情况下运用技术，锻炼队员的意志品质。

组织方法：

（1）队员分为2大组，每组6人，如图示布置两块训练场地，每组1块场地，再分成3人一小组，在各自起点处排队站好。

（2）练习开始前，教练员规定“追逐组”与“逃跑组”。

（3）练习开始后，两组第一名队员同时开始，一人运球逃跑，一人运球追逐，运球一圈回到各自起点，下一人继续。

规则：被触碰到则为被抓到，追逐组每抓到一次得1分；未被抓到，逃跑组得1分。

胜负方式：一轮练习结束后比较两组总得分，得分多的组获胜。

变化：

（1）教练员根据练习情况，可将规则变为：逃跑组的队员全部被抓到一次则练习结束，比较两组所用的时间。

（2）适当扩大或缩小训练区域（追逐距离）。

教练员指导注意事项：

（1）注意练习区域不要太大，保证队员可以抓到对手，同时保证队员每次运球时间为3~5秒。

（2）教练员在练习过程中要组织有序，讲解清晰，要求队员保证运球速度的同时将球控制好。

（3）教练员在练习过程中要不断鼓励队员，尤其是当逃跑队员体能下降时，要进行提醒，使其产生紧迫感，同时提醒技术动作。

（4）教练员要控制好每次练习与间歇时间，练习时间不宜太短，间歇期间总结之前练习情况并提出下一次练习的要求。

（5）练习结束后教练员要让队员充分恢复，总结训练，对队员的表现提出表扬。

7.强化意志品质练习方法7

适宜年龄： 11~12岁。

图示：

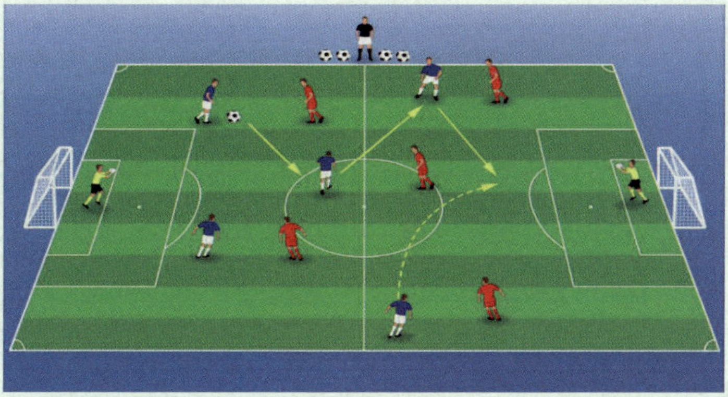

练习器材： 足球若干，标志服若干，标志桶若干。

练习人数： 12人。

练习时间： 20分钟，4分钟一组，间歇1分钟。

练习场地： 五人制全场（可根据实际情况进行调整）。

目标： 提高队员在训练中的体能，调动比赛的积极性，锻炼队员的意志品质。

组织方法：

（1）队员分为2组，分别穿红、蓝标志服，如图示布置场地。

（2）在五人制球场进行6对6练习（每组1名守门员），开始阶段按正常规则进行，进球得1分。

（3）教练根据比赛情况，改变得分设置，如进球得2分，或者用脚进球得1分、头球得2分等。

得分方式： 进球得1分，然后改变得分方式。

变化：

（1）得分设置：进第一球得1分，进第二球得2分，进第三球得3分，依此类推。

（2）进第一球，被进球的一方做1次俯卧撑，进第二球做2次，进第三球做3次，依此类推。

教练员指导注意事项：

（1）教练员要根据场上局势调整得分设置，增加比赛的激烈程度和趣味性。

（2）教练员要求队员在传接球时相互呼应，并在移动中传接球。

8.强化意志品质练习方法8

适宜年龄：16~18岁。

图示：

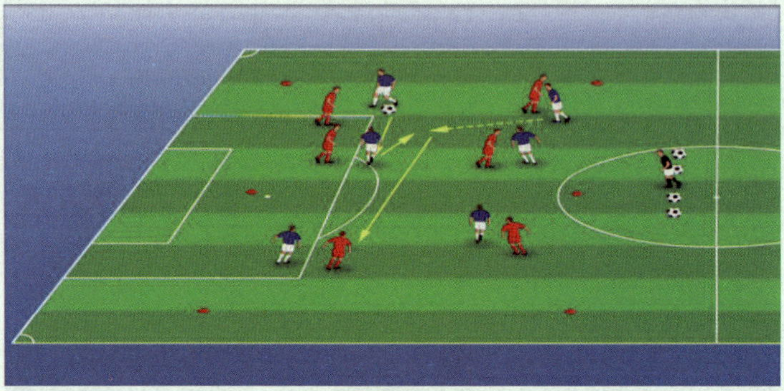

练习器材：足球若干，标志物若干，标志服若干。

练习人数：12人。

练习时间：20分钟，3分钟一组，共做4组，间歇2分钟。

练习场地：20米×40米的区域。

目标：提高队员在训练中的对抗能力，提升队员的体能，充分锻炼队员的意志品质。

组织方法：

（1）队员分为2组，分别穿红、蓝标志服。

（2）将20米×40米区域分为2个20米×20米的正方形区域，在其中一个区域进行4对4对抗，另外红、蓝各2名队员站在另外一块区域。蓝队先拿球，如果传球10次，则可以将球转移给另外半场的蓝队同伴，此时红队的队员全部做前滚翻一次。如果球未传到10次被红队抢断，4名红队队员若能传球10次，同样将球转移给另外半场的红队队员，此时红队队员变为进攻队员，蓝队队员变为防守队员，依此循环。

（3）当球被蓝队转移到另外半场，蓝队和红队各派2名队员到另外半场，继续形成4对4，红队传球亦然，每次转换的2名队员不能是相同2人。

（4）若球被蓝队踢出界，则红队发球，反之亦然。

得分方式：完成传球次数，成功进行一次转移得1分。

变化：

（1）根据训练实际情况增加或减少传球的次数。

（2）改变队员数量，两面都是4打3，然后同时进行对抗，看哪组率先完成10次传递。

教练员指导注意事项：

（1）教练员要不断鼓励队员，充分调动他们训练的积极性，让他们时刻保持注意力集中。

（2）教练员要求队员在传接球时相互呼应，并在移动中传接球。

（3）当教练员发现队员练习速度与强度下降时，要注意把握好训练时间。

（4）教练员要控制好每次练习的时间，不宜过长，同时要不断观察并提醒队员，间歇期间总结之前练习情况并提出下一次练习的新目标。

9.强化意志品质练习方法9

适宜年龄： 11～12岁。

图示：

练习器材： 足球若干，标志服若干。

练习人数： 12人。

练习时间： 20分钟；4分钟一组，间歇1分钟。

练习场地： 五人制全场（可根据实际情况进行调整）。

目标： 让队员在训练中遭遇以少打多的人数劣势，在逆境中锻炼队员的意志品质。

组织方法：

（1）队员分为2组，分别穿红、蓝标志服。

（2）在五人制全场进行6对6练习（每组1名守门员），教练员在中间先让1名红队队员在场下休息，场上进行5对4比赛。若蓝队能够连续打入2个球，则蓝队获胜；若4人的红队完成抢断打进1个球，则红队场下队员上场，蓝队队员下场1人，此时红队也需要连续进2个球才算获胜，依此循环。

（3）下场的队员需要进行绳梯敏捷性练习。

得分方式： 连续打进2个球的一队获胜。

教练员指导注意事项：

（1）教练员要不断鼓励人数少的一方，让他们注意力集中，把握反击机会。

（2）教练员要指导人数多的一方如何利用人数优势来进行跑位。

（3）教练员在练习过程中要组织有序，讲解清晰，要求队员快速处理球，同时要注意传球的准确性。

10.强化意志品质练习方法10

适宜年龄：16~18岁。

图示：

练习器材：足球若干，标志物若干，标志服若干。

练习人数：12人。

练习时间：20分钟，4分钟一组，间歇1分钟。

练习场地：40米×40米的区域（可根据实际情况进行调整）。

目标：提高队员在训练中的体能，调动比赛的积极性，充分锻炼队员的意志品质。

组织方法：

（1）队员分为2组，每组6人。

（2）两组在40米×40米的区域内进行6对6对抗练习，若一方传球达到12次，则另一组全体队员迅速做前滚翻然后继续抢球。

得分方式：做前滚翻少的一组获胜。

变化：

（1）从不限触球次数变为限制触球次数。

（2）可以增加一名中间人接应。

教练员指导注意事项：

（1）教练员应要求队员在传接球时相互呼应，并在移动中传接球。

（2）当教练员发现队员练习速度与强度下降时，要注意控制时间。

（3）教练员要控制好每次练习的时间，不宜过长，同时要不断观察并提醒队员，间歇期间总结之前练习情况并提出下一次练习的新目标。

11.强化意志品质练习方法11

适宜年龄：16~18岁。

图示：

练习器材：足球若干，标志服若干，标志物4个，球门4个。
练习人数：16人。
练习时间：20分钟，3分钟一组，间歇2分钟。
练习场地：50米×40米的区域（可根据实际情况进行调整）。

目标：让队员在训练中结合实战加快运球速度，提高对抗和射门能力，锻炼队员的意志品质。
组织方法：
（1）队员分为4组，每组4人，分别穿不同颜色标志服。
（2）红队、蓝队各2名队员站在标志桶所在的起始位置，场地中央各摆放7个足球，教练员吹哨后，队员冲刺15米，运球转身高速带球（每次只能运1个球），距球门10米以内方可射门，第七个足球双方需要进行1对1抢球，努力将球打进对方的球门。比赛结束后，换另外两组。
（3）守门员由小组成员担当。
得分方式：两组比拼，同队2人进球数相加，多的一队获胜。

教练员指导注意事项：
（1）教练员在规则讲解时要简单清晰，让队员快速领会练习的内容。
（2）教练员应要求队员在快速运球过程中，始终让球在自己的控制范围内。
（3）教练员要鼓励队员，使其在最后1对1时还能坚持，完成射门。

12.强化意志品质练习方法12

适宜年龄： 16～18岁。	

图示：

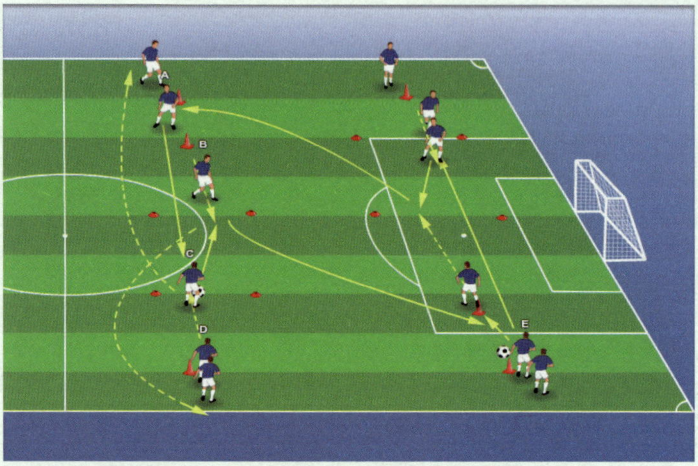

练习器材： 足球若干，标志物若干。
练习人数： 12人，守门员由对手的小组成员担当。
练习时间： 20分钟，4分钟一组，间歇1分钟。
练习场地： 十一人制半场（可根据实际情况进行调整）。

目标： 提高队员在训练中的体能，调动比赛的积极性，充分锻炼队员的意志品质。

组织方法：

（1）队员分为4组，每组3人，斜对角的两个组拿球，如图示布置场地。

（2）在十一人制半场进行传球练习。A队员将球传到正方形框内（8米×8米，标志物组成），然后向前冲刺追逐B队员，对面的C队员摆脱D队员迎上前接球回敲，D队员追逐C队员进行干扰，B队员接C队员回敲后斜传给E队员，然后另外一侧开始进行。

（3）做完一次传递后，A队员到B队员处，B队员冲刺到对侧队尾，C队员到对侧队尾，D队员回到起始处。

得分方式： A队员若能追上B队员并抢球，则B队员做一次前滚翻，D队员追上C队员并抢球，C队员做前滚翻。

变化：

（1）限制触球次数，要求一脚触球。

（2）由1个球变为2个球同时做。

教练员指导注意事项：

（1）教练员要指导队员学会运用假动作快速摆脱防守队员。

（2）教练员要求队员在传接球时相互呼应，并在移动中传接球。

（3）教练员要控制好每次练习的时间，不宜过长，同时要不断观察并提醒队员，间歇期间总结之前练习情况并提出下一次练习的新目标。

13.强化意志品质练习方法13

适宜年龄：16～18岁。

图示：

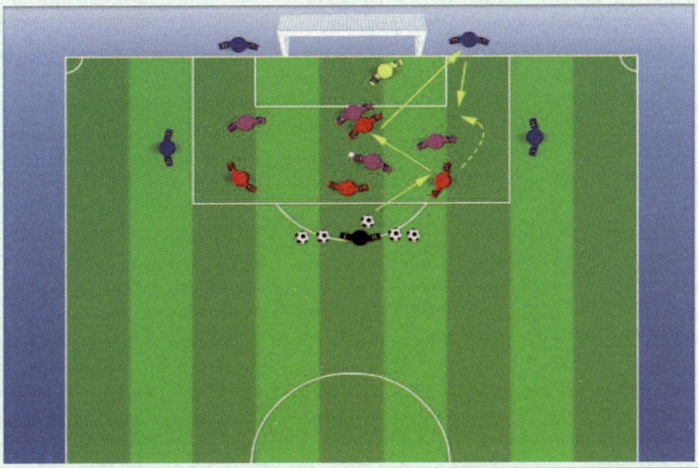

练习器材：足球若干，标志物若干，标志服若干。

练习人数：13人。

练习时间：20分钟，3分钟一组，共4组，间歇2分钟。

练习场地：大禁区。

目标：加强队员在训练中的对抗能力，提升队员的体能，充分锻炼队员的意志品质。

组织方法：

（1）队员分为3组，每组4人，分别穿红、蓝、粉标志服，设1名守门员。

（2）教练员发球，红队和粉队在大禁区内进行4对4对抗练习，蓝队4人分别站在4个边充当墙，持球的红队在进攻时可以传给蓝队，形成8打4，然后完成射门；若粉队抢下球，则快速转换，努力将球传给教练员。

（3）3分钟一组，红、蓝、粉队轮流当墙。

得分方式：进攻队完成射门得1分，防守队成功抢断球并传给教练员得1分。

变化：要求充当墙的一队所有人一脚触球。

教练员指导注意事项：

（1）教练员要注意掌控时间，使队员能够始终保持高强度的训练，达到训练意志品质的目的。

（2）教练员要求队员在传接球时相互呼应，并在移动中传接球。

（3）教练员在队员练习过程中要不断观察并提醒队员，间歇期间总结之前练习情况并提出下一次练习的新目标。

14.强化意志品质练习方法14

适宜年龄：16~18岁。

图示：

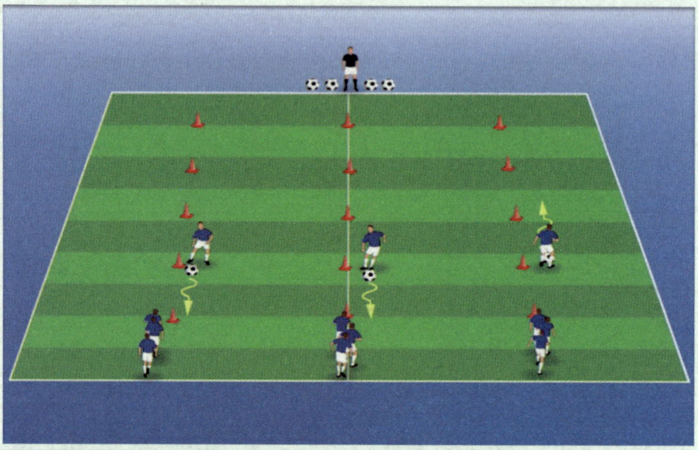

练习器材：足球若干，标志服若干，标志桶若干。
练习人数：12人。
练习时间：20分钟，4分钟一组，间隙1分钟。
练习场地：20米×20米的区域（可根据实际情况进行调整）。

目标：让队员在训练中快速带球折返跑以达到体能极点，从而锻炼队员的意志品质。
组织方法：
（1）队员分为3组，每组4人。
（2）在20米×20米场地内，听教练员哨音，各组同时开始快速用脚内侧荡球运球，标志桶之间相距3米，如图示摆成直线，队员运球到达前方标志桶就折返回到起点（不需要绕标志桶），完成4次距离由近到远的折返运球，最先全部完成运球回到起始点的组获胜。
得分方式：先完成折返并回到起点的小组得1分。
变化：
（1）将小组竞赛变为个人与个人之间的运球竞赛。
（2）带球的方式可以变化，如脚背外侧运球、脚底踩球、侧身拉球等；还可以要求队员绕标志桶运球。

教练员指导注意事项：
（1）教练员要在比赛过程中保证公平，监督队员运球到指定位置。
（2）教练员要在队员快速运球过程中，强调其对球的控制，始终让球在队员自己的控制范围内。
（3）教练员在比赛过程中要组织有序，讲解清晰，要求队员之间传接球时有默契，减少失误。
（4）教练员在练习过程中要不断激励队员。

15.强化意志品质练习方法15

适宜年龄： 13~15岁。	
图示： 	
练习器材： 足球若干，标志服若干，标志桶若干，球门3个。 **练习人数：** 12人。 **练习时间：** 20分钟，3分钟一组，间歇2分钟。 **练习场地：** 五人制全场（可根据实际情况进行调整）。	
目标： 让队员在训练中快速运球绕杆，然后射门，完成一定的破门目标，锻炼队员的意志品质。 **组织方法：** （1）队员分为3组，每组4人，分别穿红、蓝、粉标志服。 （2）各组的第一人同时开始快速运球绕过4个标志桶，标志桶之间相距1米，运球绕过所有标志桶迅速完成射门，射门完成后第二人随即运球出发，先完成10个进球的小组获胜，当队员即将完成10个进球时，教练员更改目标设置，继续游戏，直到完成15个进球才算获胜。 （3）守门员由其他组的队员担任。 **得分方式：** 目标更改后，率先完成15个进球的小组获胜。	
教练员指导注意事项： （1）教练员在规则讲解时要简单清晰，让队员快速领会练习的内容。 （2）教练员要求队员在快速运球过程中，始终让球在自己的控制范围内。 （3）教练员在进行目标设置更改时要注重技巧，要让队员学会坚持。	

16.强化意志品质练习方法16

适宜年龄：9~10岁。

图示：

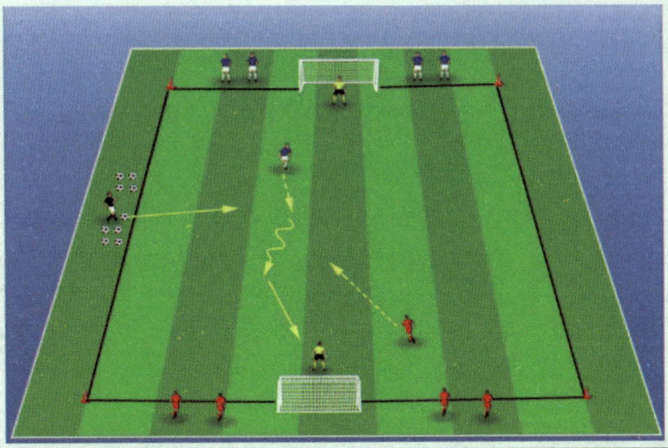

练习器材：足球若干，标志服若干，标志桶若干，球门2个。

练习人数：12人。

练习时间：10～12分钟，每练习1分钟后间歇至少2分钟。

练习场地：15米×15米的区域（可根据实际情况进行调整）。

目标：通过长时间连续的练习锻炼队员的意志品质。

组织方法：

（1）队员分为2组，每组6人，将每组队员分别进行编号，两组均设1名守门员，如图示布置训练场地。

（2）练习开始后，教练员向区域内传球，两组1号队员迅速跑进区域争球，首先夺得球权的队员进攻，试图1对1射门，防守队员夺得球权后攻防转换。

（3）练习1分钟后换下一组队员进行练习。

规则：进球得1分；球出界后转换球权；进球后本方守门员发球继续进攻，球权不交换。

胜负方式：一组练习结束后比较两人得分，得分多的队员获胜。

变化：

（1）增加每组练习的时间，如由1分钟变为1.5分钟。

（2）由固定队员1对1练习变为教练员随机喊号练习，如：蓝色3号和红色5号，两人1对1。

教练员指导注意事项：

（1）注意场区不要太小，以保证练习的强度。

（2）教练员在练习过程中要组织有序，讲解清晰，要求队员大胆做动作，同时注意射门的准确性。

（3）教练员在练习过程中要不断鼓励队员，尤其是每组练习的最后阶段，此时可随机改变规则，如：谁打进最后一球谁赢。

（4）教练员要控制好每次练习与间歇的时间，练习时间不宜太短，间歇期间总结之前练习情况并提出下一次练习的要求，如出现队员等待时间过长的问题，可两块场地同时开始。

（5）练习结束后教练员要让队员充分恢复，并做训练总结。

17.强化意志品质练习方法17

适宜年龄：9~10岁。

图示：

练习器材：足球若干，标志服若干，标志桶若干。

练习人数：12人。

练习时间：8~10分钟；每练习2分钟后间歇至少1分钟。

练习场地：每块区域15米×10米（可根据实际情况进行调整）。

目标：通过练习中人数的变化与时间的限制，来锻炼队员的意志品质。

组织方法：

（1）队员分为2组，每组6人，如图示布置两块训练场地，每块场地每组各3人，2人在区域内，1人在区域外。

（2）练习开始后，区域内两组进行2对2传抢练习。

（3）练习开始30秒后，持球方区域外的队员进入区域支援，变为3对2，练习开始1分钟后，另一方区域外队员进入区域，变为3对3。

得分方式：连续传球5次得1分（根据队员实际情况而定）。

胜负方式：一轮练习结束后比较两组得分，得分多的组获胜，获胜组对输的组进行惩罚。

变化：

（1）教练员延长支援队员进入场地的时间，如：由30秒变为1分钟，由1分钟变为2分钟。

（2）增加总的练习时间。

教练员指导注意事项：

（1）注意场区不要太大，以控制队员的传球距离。

（2）教练员在练习过程中要组织有序，讲解清晰，要求队员无球接应，注意传球的准确性。

（3）教练员在练习过程中要不断鼓励队员，提醒支援队员进场时间，给队员希望，同时鼓励队员不要着急，要坚持。

（4）当队员练习完成较好时，教练员要变化练习要求，通过延长支援时间给队员更大的压力。

（5）教练员要控制好每次练习与间歇的时间，间歇期间总结之前练习情况并提出下一次练习的要求。

（6）练习结束后，教练员要让队员充分恢复，总结训练，对队员的表现提出表扬。

18.强化意志品质练习方法18

适宜年龄： 13~15岁。	
图示： 	
练习器材： 足球若干，标志服若干，球门2个。 **练习人数：** 12人。 **练习时间：** 15～20分钟；每练习5分钟后间歇至少2分钟。 **练习场地：** 五人制全场（可根据实际情况进行调整）。	
目标： 通过制造进攻中以少打多的不利局面，锻炼队员的意志品质。 **组织方法：** （1）队员分为2组，每组6人，一组进攻，一组防守，防守组设1名守门员，进攻组无守门员。 （2）练习开始后，两组进行6对6攻防练习。 （3）按照小场地比赛规则进行。 **得分方式：** 进球得1分；连续传球5脚得1分。 **附加规则：** 防守组只要得分，进攻组就要有一人到场下休息，只有当进攻组得分后，此队员才可以回到场上重新加入比赛。 **变化：** 限制进攻队员的触球次数。	
教练员指导注意事项： （1）教练员在比赛过程中要鼓励队员大胆运用技术动作。 （2）教练员要提示队员在以少打多的情况下保持冷静，不能放弃，积极寻求解决问题的办法。 （3）当队员练习完成较好时，教练员限制进攻队员触球次数，给队员更大的压力。 （4）教练员要控制好每次练习与间歇的时间，间歇期间总结之前练习情况并提出对下一次练习的要求。 （5）练习结束后，教练员要让队员充分恢复，总结训练情况，对队员的表现提出表扬。	

19.强化意志品质练习方法19

适宜年龄：13~15岁。
图示： 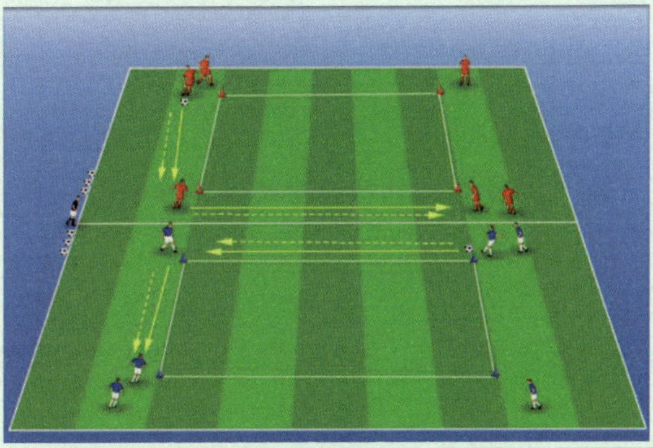
练习器材：足球若干，标志服若干，标志桶若干。 **练习人数：**12人。 **练习时间：**6~8分钟；每练习2分钟后间歇至少1分钟。 **练习场地：**边长为8~10米的矩形场地（可根据实际情况进行调整）。
目标：通过在高强度、间歇时间短情况下的技术练习，锻炼队员的意志品质。 **组织方法：** （1）队员分为2组，每组一球，如图示布置成2块训练场地，每组1块训练场地，队员如图示站立。 （2）练习开始后，每组一人发球，传球后迅速跑到接球人处，沿逆时针方向循环。 **得分方式：**连续传球10次得1分。 **胜负方式：**一轮练习结束后比较两组总得分，得分多的队伍获胜。 **变化：** （1）每组再加1个足球。 （2）增大区域，鼓励队员用脚背正面传球或运用长传球技术。
教练员指导注意事项： （1）教练员注意强调队员的跑动速度——中等偏上。 （2）教练员在练习过程中要组织有序，讲解清晰，要求队员注意传球的准确性，同时接传衔接迅速。 （3）教练员在练习过程中要不断鼓励队员，尤其是当队员体能下降时，同时对队员的表现大声表扬，并提醒队员分数，通过两组对比来激发队员的潜力。 （4）当队员初始练习完成较好时，要迅速进行变化，加一个球以增加练习强度，给队员制造更大的压力，锻炼队员的意志品质。 （5）教练员要控制好每次练习与间歇的时间，时间不宜太短，间歇期间总结之前练习情况并对下一次练习提出要求。 （6）练习结束后，教练员要让队员充分恢复，总结训练，对队员的表现提出表扬。

强化意志品质的游戏——空间联结

游戏器材：无

游戏人数：至少10人。

游戏时间：20～30分钟。

游戏场地：室内室外皆可。

目标：通过不同难度的设置，让队员努力完成任务，有助于提高队员的意志品质。

组织方法：

（1）教练员需要注意场地环境，场地必须可以让参加者舒服地伸展身体，若有阻碍物队员可能会受伤。

（2）选择场地空间中的两点（如果在教室内，可以是教室的两面墙）。教练员可以先从较短距离开始，逐渐扩大团队挑战难度。

（3）指引队员用伸展的身体来串联空间中的两点，使身体成为这两点间的桥梁。

（4）串联好后，只要能在一起维持5秒即为成功，长久维持同一姿势可能会导致抽筋或者产生其他不舒服的状态。

（5）教练员可依照队员人数进行不同距离的条件限制，可进行几回合，逐渐提高挑战难度。

（6）当队员越来越能发挥创意解决问题时，教练员可以再增加一些具有挑战性的联结条件设定，如1个手肘、2个膝关节、1个鼻子等联结点。因为教练员永远不知道队员可以进行到什么样的程度，所以慢慢增加挑战性是必要的。

活动变化：教练员最后可以挑战队员最多能用多少不同的身体部位来串联两点。每用一个部位就可得1分，看看团队最多能得几分。

强化意志品质的游戏——四个支撑点

图示：

游戏器材：无。

游戏人数：8~16人。

游戏时间：10～20分钟。

游戏场地：室内或者室外场地皆可。

目标：提高队员的意志力和沟通能力，增进队员相互间的信任。

游戏形式：

（1）将整个团队分成4名队员一组。如图示，4名队员以手撑地，每个人的脚都放在旁边那个人的腰上，形成一个正方形。

（2）要求4人同时做伏地挺身，所有人的身体除了手都会完全离开地面。看小组成员是否能完成一定数量的伏地挺身。

（3）尝试几次后，各小组交换成员，体验不一样的感觉。

变化：熟悉4人的活动模式后，可尝试6人、8人，甚至更多人一起做伏地挺身。

教练员指导注意事项：活动场地不能有其他危险的障碍物或容易造成划伤的危险物品。

三、提高注意力

专栏小故事

1999年的欧洲冠军联赛总共进行了93分钟，当比赛进入到90分钟时，拜仁慕尼黑队仍以1比0领先，该队队员已经开始庆祝这场伟大的胜利。一名队员甚至向观众席上的朋友挥手致意。此时，曼彻斯特联队仍然全力投入进攻，他们抓住对手注意力涣散的机会，在比赛的最后3分钟连得2分，上演了一场经典的反败为胜的战例。对于拜仁慕尼黑队来说，这是一个教训，99%的注意力对于一场至关重要的决赛来说也是不够的。

荷兰国家足球队前队员拉德·古利特（Ruud Gullit）曾经谈到，90分钟的足球比赛的结果往往是由一瞬间决定的。每场比赛都会有重要时刻，或者是队员造就了这一时刻，或者是这一时刻成就了队员。注意力的变化往往就在这些时刻。

注意力是什么？

注意力：指人的心理活动指向和集中于某种事物的能力。

注意力集中：是坚持全神贯注于一个确定目标，不为其他内外刺激的干扰而分心的能力。

注意的两个维度：注意范围和注意方向。注意范围指在瞬间能够清楚把握的对象数量。由非常狭窄到非常广阔，广阔的注意可同时获得多种信息，狭窄的注意则滤掉很多信息。注意方向指人关注的是外部的环境信息（对手的移动、教练员的手势等）还是内部的身心情况（自己的心跳、情绪等）。

注意力有四个方面，即注意力的广度、注意力的稳定、注意力的分配和注意力的转移，这是衡量一个人注意力的标准。

（1）注意力的广度：也就是注意的范围有多大，它是指人们对于所注意的事物在一瞬间清楚地觉察或认识的对象数量。足球运动由于同场竞技的人数较多且场地大，对注意的广度要求较高。

（2）注意力的稳定：指一个人在一定时间内，比较稳定地把注意力集中于某一特定的对象与活动的能力，比如队员在训练中集中注意力的能力。

（3）注意力的分配：指一个人在进行多种活动时能够把注意力平均分配于活动当中，比如射门前运球的同时观察防守队员与守门员的位置。

（4）注意力的转移：指一个人能够主动地、有目的地及时将注意力从一个对象或者活动调整到另一个对象或者活动上。注意力转移的速度是思维灵活性的体现，也是足球运动中快速进行判断与决策的基本保证。

影响注意力集中的因素有哪些？

（1）关注过去的事件。队员经常难以忘记之前自己的失误、之前的丢球，或者是前一场比赛。正因为对自己过去表现的关注，他们不能集中精力专注于当前应该做的事情。

（2）关注未来的事件。注意力问题还可能由过分关注未来事件所致。队员以一种“算命”的方式担心或考虑比赛的结果，而不去做那些获得比赛成功所必须去做的事情，这些想法和担心会充当一种干扰的角色，同时也可能导致肌肉紧张等消极现象。

（3）强大的压力造成“心理阻塞”现象。压力感的增加会使肌肉变得紧张僵硬，心跳和呼吸频率加快，注意力水平严重下降。压力感的增加还会降低注意力转移的灵活性，使队员不容易根据环境变化而改变注意力指向。

在训练和比赛中如何提高注意力？

（1）多进行模拟训练。比赛情境下有许多不可预料的干扰因素，教练员要在训练中对这些比赛情境进行充分准备并制订相关策略。练习条件与比赛条件相接近，效果会更好。

（2）利用暗示语。当自己注意力不集中时立即给自己暗示。

（3）在训练和比赛中避免判断队友做得好坏。不要过于重视比赛或训练中出现的失误和错误，对自己的表现进行客观的判断和评价。

（4）制订详尽的比赛计划。

（5）把注意力集中在当下。

（6）在训练和比赛中避免视线四处徘徊，将视线集中在训练或比赛中的特定物体上。

教练员如何创编提高队员注意力的练习？

（1）教练员确定明确的练习主题。

（2）根据队员能力确定并调整练习内容。

（3）选择队员必须集中注意力才能完成的任务。

（4）着重于训练队员的注意力集中及注意力的快速转换。

（5）让队员不断发现新的、多方面的关注点。

（6）提供多种观察条件，给队员更多的选择。

（7）间歇时间不宜太长。

（8）运用变化给队员增加或降低难度。

教练员在练习过程中应注意的事项

（1）合理安排场区。

（2）控制练习，不要让队员太疲劳，疲劳会导致注意力下降。

（3）在练习过程中要讲解清晰，示范明确，让队员明确规则。

（4）在练习过程中要不断提醒队员观察目标，注意力保持集中，反应迅速。

（5）注意观察队员的注意力状态，当个别队员注意力状态下降时，教练员及时利用语言、表情或动作（触碰、轻拍等）进行提醒。

（6）要根据队员的训练状态进行调整与变化，变化的原则是逐渐增加难度。

（7）在练习间歇，教练员要总结之前的训练，对接下来的训练提出新的要求并充分示范讲解。

提高注意力练习示例

1.提高注意力练习方法1

适宜年龄：6~8岁。

图示：

练习器材：足球若干，标志服若干，标志桶若干（不同颜色）。

练习人数：12~16人，分2组进行。

练习时间：每组练习约2分钟，间歇1分钟。

练习场地：15米×15米的区域（可根据实际情况进行调整）。

目标：通过特定的训练要求，提高队员在训练中的集中注意力、视觉观察及快速反应的能力。

组织方法：

（1）队员在规定场区内自由运球。

（2）运球时观察教练员给出的颜色指示，并运球至相应颜色的标志物处，每个标志物只能有一名队员到达（标志物数量少于队员人数）。

（3）到达正确标志物处的队员为胜利者。

变化：

（1）减少标志物数量。

（2）教练员加快指示的频率。

（3）可进行逆向思维练习，如：看到蓝色指示则运球至黄色。

教练员指导注意事项：

（1）保证适宜的场区大小。

（2）当队员做出合理的决策时，应及时给予鼓励。

（3）提示队员合理运用运控球技术，如带球跑、一步一运球、急停变向、运球转身等。

（4）当教练员发现队员练习速度与强度下降时，要立刻变换练习要求和内容，可通过一些变化让队员时刻保持注意力集中。

2.提高注意力练习方法2

适宜年龄：9~10岁。

图示：

练习器材：足球若干，标志服若干，标志桶若干。

练习人数：12人。

练习时间：每组练习约1分钟。

练习场地：15米×15米的区域（可根据实际情况进行调整）。

目标：提高队员在训练中的注意力及决策能力。

组织方法：

（1）每人一球，运球给标志桶围成的区域外任意队友，完成交接球后准备下一次接球。

（2）标志桶围成的区域外队员接球后，运球给其他队友并进行交接球。

（3）每个标志桶处只能有2名队员进行交接，不得返回出发点。

变化：

（1）改变练习内容，如：传球后接球转身、墙式配合、接高空球等。

（2）每人触球3次以内。

（3）标志桶围成的区域内、外队员交换位置。

教练员指导注意事项：

（1）鼓励队员相互交流、呼应。

（2）提示队员在接球前做好准备，包括提前观察。

（3）要求队员第一次触球的合理性。

（4）要求队员在传接球过程中体现责任心，并运用合理的技巧。

（5）当教练员发现队员练习速度与强度下降时，要立刻变换练习要求和内容，可通过一些变化让队员时刻保持注意力集中。

3.提高注意力练习方法3

适宜年龄： 9~10岁。

图示：

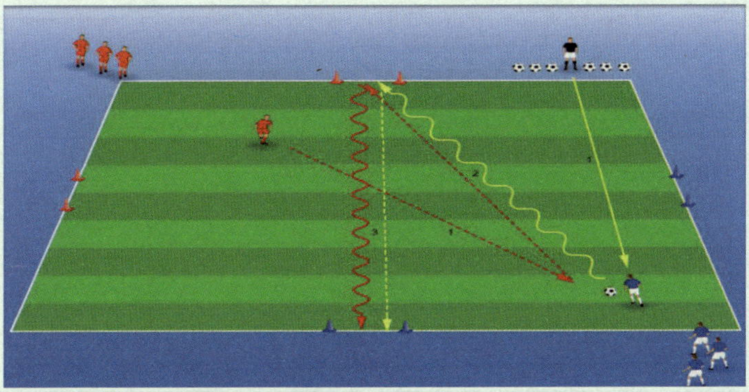

练习器材： 足球若干，标志服若干，标志桶若干。

练习人数： 12~16人，分2组进行。

练习时间： 每组练习约6分钟，间歇1~2分钟。

练习场地： 15米×15米的区域（可根据实际情况进行调整）。

目标： 通过队员角色的快速转换，提高队员在训练中的注意力及决策能力。

组织方法：

（1）1对1比赛，队员接教练员来球后，带球进“进攻方向任意球门”（进攻队员对侧的两个球门为进攻方向球门）得分。

（2）进攻队员带进球门后将球踩住，并即刻转换为防守者。

（3）原先的防守者得球后，向相反方向的任意球门进攻。

（4）每名队员完成“一攻一防”后下场，由下一名排队队员上场比赛。

得分方式： 每组练习结束后统计双方总比分，多的一方获胜。

教练员指导注意事项：

（1）教练员要求所有队员保持注意力，时刻关注比赛并做好上场准备。

（2）队员持球时观察球门位置和对手情况，选择合理的运球方向进行突破。

（3）提示队员在攻防转换时，应快速做出反应。

（4）当出现“球出界、某队员持续比赛”等状况时，教练员需及时调节控球权。

（5）教练员在练习过程中要组织有序，讲解清晰。

（6）教练员要控制好每次练习的时间，不宜过长，同时要不断观察并提醒队员，间歇期间总结练习情况并提出下一次练习的要求或示范讲解。

4.提高注意力练习方法4

适宜年龄：9~10岁。

图示：

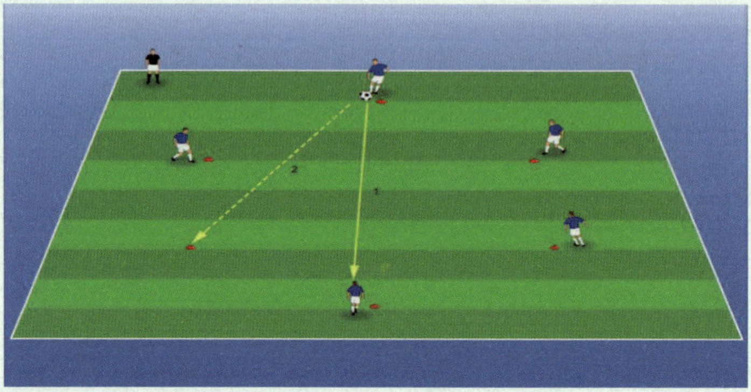

练习器材：足球若干，标志服若干，标志物若干。

练习人数：10～15人，分多组进行。

练习时间：每组练习约2分钟，间歇1分钟。

练习场地：15米×15米的区域（可根据实际情况进行调整）。

目标：通过不断提高训练难度，提高队员在训练中的注意力及决策能力。

组织方法：持球队员传球给任意标志物处的无球队员，之后跑向无人标志物处，等待下一次接球。

变化：

（1）变更场区大小。

（2）限制触球次数。

（3）限制传向左右临近的目标。

（4）组别间进行比赛，在规定时间内传球次数最多的小组为胜。

教练员指导注意事项：

（1）要求队员接球前做好准备，提前观察同伴状况，提高第一次触球质量。

（2）提示队员在正确的时机接球。

（3）要求队员平稳、准确、快速地传球。

（4）队员传球后需立刻转换注意力，通过观察选择合理的无球跑动方向。

（5）教练员在练习过程中要组织有序，讲解清晰。

（6）教练员要控制好每次练习的时间，不宜过长，同时要不断观察并提醒队员，间歇期间总结练习情况并提出下一次练习的要求或示范讲解。

5.提高注意力练习方法5

适宜年龄：9~10岁。

图示：

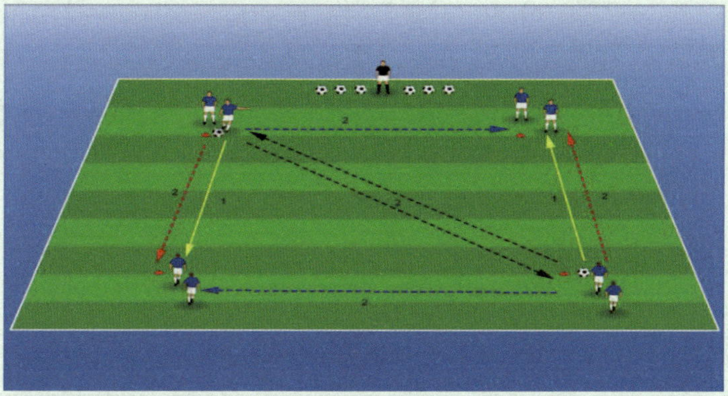

练习器材：足球若干，标志服若干，标志物若干。

练习人数：16人。

练习时间：每组练习约2分钟，间歇1分钟。

练习场地：10米×10米的区域（可根据实际情况进行调整）。

目标：提高队员在训练中的注意力及决策能力。

组织方法：

（1）队员分为2组进行面对面传接球练习，传球后不可站在原点，必须跑至任意标志物处等待接球。

（2）练习时，每个标志物处必须至少有1名队员站立，否则练习结束。

变化：

（1）变更场区大小。

（2）限制触球次数。

（3）组别间进行比赛，连续练习时间最长的小组获胜。

教练员指导注意事项：

（1）要求队员接球前做好准备，提高第一次触球质量。

（2）提示队员在正确的时机接球。

（3）要求队员平稳、准确、快速地传球。

（4）队员传球后需立刻转换注意力，通过观察选择合理的无球跑动方向。

（5）教练员在练习过程中要组织有序，讲解清晰。

（6）教练员要控制好每次练习的时间，不宜过长，同时要不断观察并提醒队员，间歇期间总结练习情况并提出下一次练习的要求或示范讲解。

6.提高注意力练习方法6

适宜年龄：13~15岁。	

图示：

练习器材：足球若干，标志服若干，标志桶若干。
练习人数：16人，分2组进行。
练习时间：每组练习约2分钟，间歇1分钟。
练习场地：20米×20米的区域（可根据实际情况进行调整）。

目标：提高队员在训练中的注意力及决策能力。
组织方法：
（1）双方进行4对4比赛（用标志桶摆出的小球门数量多于防守队员人数）。
（2）进攻方必须占据三个区域，否则得分无效。
（3）球出界后由教练员供球给进攻方队员。
得分方式：将球从任意小球门内传过并被队友接到为得分，每组练习结束后统计各小队比分，多者为胜。
变化：限制每人触球次数，不得多于3次。

教练员指导注意事项：
（1）要求队员接球前做好准备，提高第一次触球质量。
（2）提示队员接球的时机、速度和角度。
（3）要求队员平稳、准确、快速地传球。
（4）队员传球后需立刻转换注意力，通过观察选择合理的无球跑动方向。
（5）教练员在练习过程中要组织有序，讲解清晰。
（6）教练员要控制好每次练习的时间，不宜过长，同时要不断观察并提醒队员，间歇期间总结练习情况并提出下一次练习的要求或示范讲解。

7.提高注意力练习方法7

适宜年龄： 11~12岁。

图示：

练习器材： 足球若干，标志服若干，标志桶若干。
练习人数： 18人，分2组进行。
练习时间： 每组练习约2分钟。
练习场地： 15米×15米的区域（可根据实际情况进行调整）。

目标： 提高队员在训练中的注意力及决策能力。

组织方法：

（1）在区域内进行“9人三色传抢”练习，两种颜色为进攻方，可互相传接球；另一颜色队员进行防守。

（2）防守队员抢到球或成死球状态，则立刻攻守转换，失误一方进行防守。

得分方式： 控球两方连续传接球10次得1分，每组练习结束后统计各小组比分，多者为胜。

变化：

（1）增加练习时间。

（2）限制每人触球次数，不得多于3次。

教练员指导注意事项：

（1）鼓励队员勇敢尝试，并保持控球得分的欲望。

（2）提示队员在进攻中拉开空间，在局部利用人数优势。

（3）要求无球队员保持注意力，通过不停地移动、选位，创造接球角度。

（4）通过观察，选择合理的传球目标。

（5）要求队员控制传球的力量、轨迹。

（6）队员失误后需立刻转换注意力，进行攻守转换。

8.提高注意力练习方法8

适宜年龄：11~12岁。

图示：

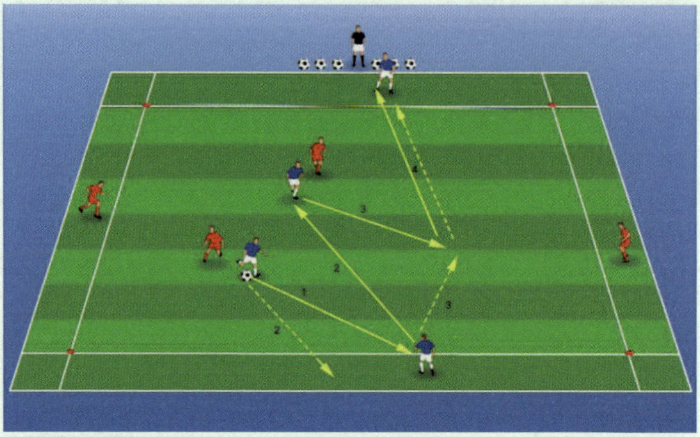

练习器材：足球若干，标志服若干，标志桶若干。

练习人数：16人，分2组进行。

练习时间：每组练习约2分钟。

练习场地：15米×15米的区域（可根据实际情况进行调整）。

目标：提高队员在训练中的注意力及决策能力。

组织方法：

（1）有进攻方向的4对4区域对抗练习。

（2）进攻队员向区域外一侧方向进攻，将球传给这一区域队友后与其交换位置；下一次则向相反方向进攻，在规定时间内持续练习。

（3）每一次死球后，由教练员发球给进攻方。

得分方式：每一次进攻成功交接并保证球权得1分，每组练习结束后统计双方得分，多者为胜。

变化：限制每人触球次数，不得多于3次。

教练员指导注意事项：

（1）鼓励队员尝试向前传球。

（2）要求无球队员保持注意力，选择正确的接球时机、角度和距离。

（3）提示队员在传球时控制力量和轨迹，选择合理的传球方向和角度。

（4）队员失误后需立刻转换注意力，进行攻守转换。

9.提高注意力练习方法9

适宜年龄：13~15岁。

图示：

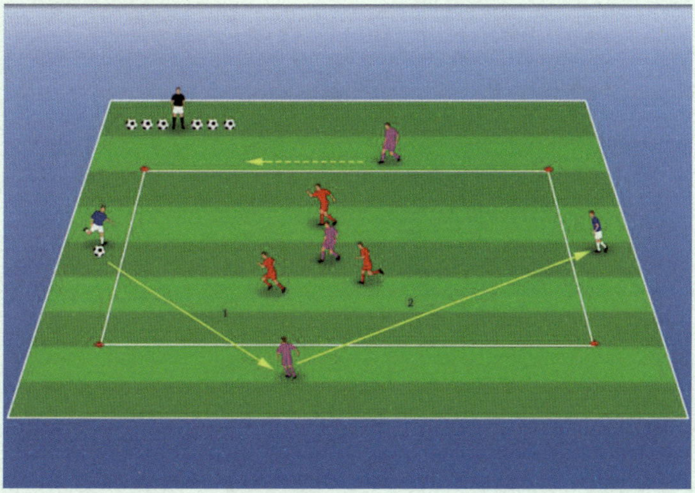

练习器材：足球若干，标志服若干，标志桶若干。

练习人数：16人，分2组进行。

练习时间：每组练习约3分钟。

练习场地：15米×10米的区域（可根据实际情况进行调整）。

目标：提高队员在训练中的注意力及决策能力。

组织方法：

（1）有进攻方向的5对3区域对抗练习。

（2）由蓝色进攻队员持球，通过传接配合将球传给对面同颜色的进攻队员，在规定时间内持续练习。

（3）防守队员获得球权后，将球传给区域外的教练员；出现死球状况时，由教练员给进攻方重新供球。

（4）每组练习结束后统计得分，交换防守队员。

得分方式：进攻队员将球传给对面队友得分。

变化：限制每人触球次数，不得多于3次。

教练员指导注意事项：

（1）明确位置概念和职责，如中卫、边后卫（边锋）、中锋。

（2）鼓励队员尝试向前传球，创造纵深。

（3）要求无球队员保持注意力，选择正确的接球时机、角度和距离。

（4）提示队员在传球时控制力量和轨迹，选择合理的传球方向和角度。

（5）队员失误后需立刻转换注意力，进行攻守转换。

10.提高注意力练习方法10

适宜年龄：11~12岁。

图示：

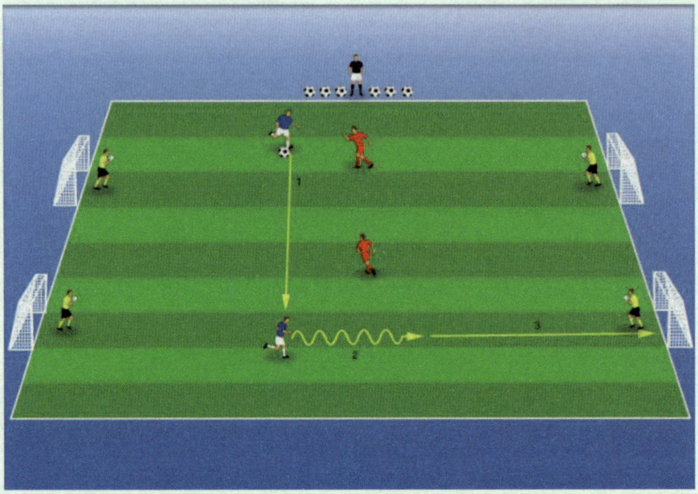

练习器材：足球若干，标志服若干，可移动五人制小球门4个。

练习人数：8人。

练习时间：每组练习约5分钟。

练习场地：20米×20米的区域（可根据实际情况进行调整）。

目标：提高队员在训练中的注意力及决策能力。

组织方法：

（1）双方进行2对2加4名守门员的比赛，双方各有2名守门员。

（2）出现死球情况时，由攻方发球；每一次进球后，由教练员发球给进球方。

（3）每组练习结束后交换练习队员。

得分方式：进球得1分，每组练习结束后统计双方比分，多者为胜。

变化：限制1次触球后射门。

教练员指导注意事项：

（1）提醒队员在进攻中拉开合适的距离，创造配合空间，鼓励队员向前进攻。

（2）当进攻队员持球时，保持对场上形势的观察并做出合理的决策。

（3）无球队员在接球前观察防守方的情况，选择合理的身体朝向、接球方向、接球角度、接球速度和接球时机。

（4）队员失误后需立刻转换注意力，进行攻守转换。

11.提高注意力练习方法11

适宜年龄： 9~10岁。

图示：

练习器材： 足球若干，标志服若干。

练习人数： 12人。

练习时间： 6~10分钟。

练习场地： 25米×25米的区域（可根据实际情况进行调整）。

目标： 提高队员在训练中的注意力及快速反应能力。

组织方法：

（1）队员分为3组，每组4人，分别穿红、蓝、粉标志服，每人一球，如图示布置场地。

（2）队员在区域内自由运球，持续观察同伴的位置并注意听教练员的哨声，与位置最近的同伴交换脚下的足球，听到一声哨音后与同组的队员交换，听到两声哨音后与其他组的队员交换。

（3）每组结束后统计个人分数，多者为胜。

得分方式： 最快且准确地与相应队友完成交换得1分。

变化：

（1）改变运球的方式和惯用脚，增加练习队员和标志物数量。

（2）教练员增加指示的频率。

（3）教练员的指示由吹哨变为用手势。

教练员指导注意事项：

（1）教练员注意场区不要太小，保证每个队员拥有足够的运球空间。

（2）教练员要求队员在运球时保持观察，增加触球频率。

（3）教练员在练习过程中要组织有序，讲解清晰。

（4）当教练员发现队员练习速度与强度下降时，要立刻变换练习要求，可通过一些变化让队员时刻保持注意力集中。

12.提高注意力练习方法12

适宜年龄： 9~10岁。

图示：

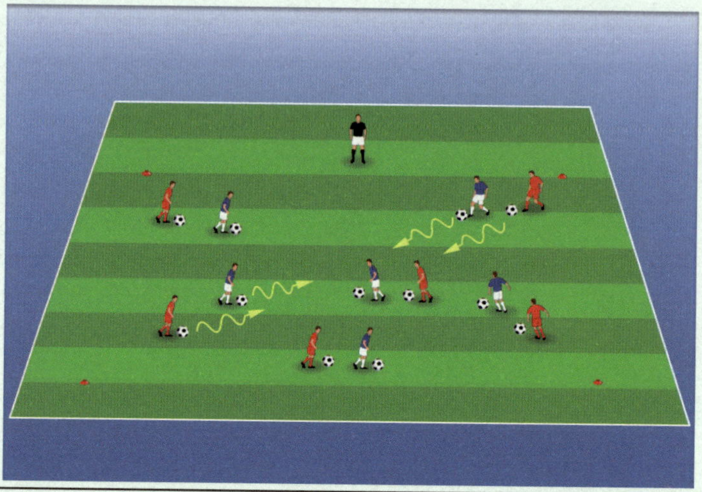

练习器材： 足球若干，标志服若干。

练习人数： 12人。

练习时间： 15分钟，每组练习1分钟，间歇15秒。

练习场地： 25米×25米的区域（可根据实际情况进行调整）。

目标： 提高队员在训练中的注意力及快速反应能力。

组织方法：

（1）队员分为2组，每组6人，分别穿红、蓝标志服，每人一球，如图示布置场地。

（2）6名红队队员和6名蓝队队员分成6对，一一对应，在区域内，先由红队模仿蓝队，蓝队队员随意带球，做各种动作，红队队员需模仿对应的蓝队队员的动作，1分钟后换成蓝队模仿红队。

得分方式： 队员能够准确模仿对方队员的动作得1分。每组结束后统计分数，多者为胜。

变化：

（1）增加每组练习的时间。

（2）可进行逆向思维训练（如：被模仿队员用右脚带球，其他队员则用左脚带球）。

教练员指导注意事项：

（1）注意场区不要太小，保证每个队员拥有足够的空间。

（2）教练员在练习过程中要组织有序，讲解清晰。

（3）当教练员发现队员练习速度与强度下降时，要立刻变换练习要求，可通过一些变化让队员时刻保持注意力集中。

（4）教练员要控制好每次练习的时间，不宜过长，同时要不断观察并提醒队员。

13.提高注意力练习方法13

适宜年龄： 11~12岁。

图示：

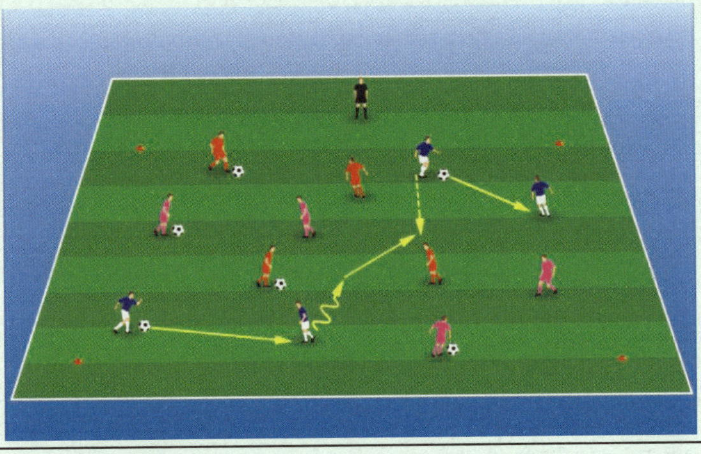

练习器材： 足球若干，标志服若干。

练习人数： 12人。

练习时间： 6～10分钟。

练习场地： 25米×25米的区域（可根据实际情况进行调整）。

目标： 提高队员在训练中的注意力及提前观察的能力。

组织方法：

（1）队员分为3组，每组4人，分别穿红、蓝、粉标志服，两人一球，如图示布置场地。

（2）在区域内进行传球练习，持球队员传球给同颜色的队友后，再去接另外队友的球，无球队员跑动接球后，控制球并把球传给同颜色的无球队友。练习中不可以回传。

（3）每组结束后统计个人分数，多者为胜。

得分方式： 接球后传球给队友得1分。

变化：

（1）限制队员触球次数。

（2）改变传球的目标，由相同颜色队友之间的传接球变为只能传球给其他颜色的队友（红队队员接球后要传球给蓝队或者粉队队员）。

教练员指导注意事项：

（1）注意场区不要太小，保证队员拥有传接球的空间。

（2）队员在传球后的跑动要球要积极。

（3）教练员在练习过程中要组织有序，讲解清晰。

（4）当教练员发现队员练习速度与强度下降时，要立刻变换练习要求，可通过一些变化让队员时刻保持注意力集中。

14.提高注意力练习方法14

适宜年龄：11~12岁。

图示：

练习器材：足球若干，标志服若干，标志盘若干。

练习人数：12人。

练习时间：8分钟。

练习场地：直径15米的圆形区域（可根据实际情况进行调整）。

目标：提高队员在训练中的注意力及快速反应能力。

组织方法：

（1）教练员将队员分为2组，每组6人，分别穿红、蓝标志服，每人一球，如图示布置场地。

（2）面对面的2人为一对，每组有相应的编号。

（3）教练员发号，从被喊到号码的一对开始，红队队员带球顺时针绕场地带球，带球时可以做各种动作，蓝队队员模仿，带球绕场地一圈后结束。

（4）蓝队全部模仿结束后换红队模仿。

得分方式：模仿队员能准确模仿对手的所有动作得1分。

变化：

（1）改变运球的方向（由顺时针变为逆时针）。

（2）可进行逆向思维训练（如：被模仿队员用右脚带球，其他队员则用左脚带球）。

（3）可以变为交替模仿，红队队员模仿蓝队队员一个动作，再由蓝队队员模仿红队队员一个动作。

教练员指导注意事项：

（1）注意场区不要太小，保证每个队员拥有足够的空间。

（2）教练员在练习过程中要组织有序，讲解清晰。

（3）当教练员发现队员练习速度与强度下降时，要立刻变换练习要求，可通过一些变化让队员时刻保持注意力集中。

（4）教练员要控制好每次练习的时间，不宜过长，同时要不断观察并提醒队员。

15.提高注意力练习方法15

适宜年龄：16~18岁。

图示：

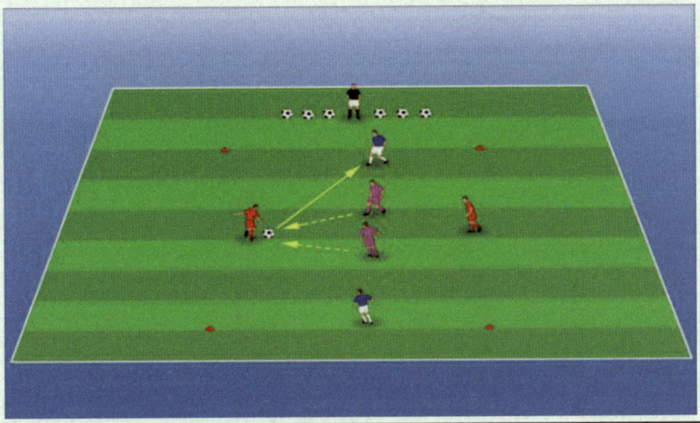

练习器材：足球若干，标志服若干，标志盘若干。

练习人数：12人。

练习时间：8分钟。

练习场地：15米×15米的区域（可根据实际情况进行调整）。

目标：提高队员在训练中的注意力及快速反应能力。

组织方法：

（1）队员分为2大组，每大组6人分成3小组，分别穿红、蓝、粉标志服，每大组1个球，如图示布置场地。

（2）练习开始后由2个小组4名进攻队员控球，2名防守队员抢球。防守队员抢下球后，在两人之间进行1次传球或将球带出场区，则为防守成功；进攻队员丢球后立刻反抢，防守队员防守成功时，离球距离最远的那一组的2个人变为防守队员。

变化：

（1）可以限制进攻队员的触球次数（由无限制触球次数变为两次触球）。

（2）增加防守队员抢下球后的传球次数。

教练员指导注意事项：

（1）教练员要提醒队员注意力集中，进攻队员丢球后必须快速反抢，无球队员也要保持注意力集中，丢球后第一时间形成压迫。

（2）教练员在练习过程中要组织有序，讲解清晰。

（3）当教练员发现队员练习速度与强度下降时，要立刻变换练习要求，可通过一些变化让队员时刻保持注意力集中。

（4）教练员要控制好每次练习的时间，不宜过长，同时要不断观察并提醒队员。

16.提高注意力练习方法16

适宜年龄：13~15岁。

图示：

练习器材：足球若干，标志服若干，标志盘若干。

练习人数：12人。

练习时间：8分钟。

练习场地：15米×25米的区域（可根据实际情况进行调整）。

目标：提高队员在训练中的注意力及提前观察、快速反应的能力。

组织方法：

（1）队员分为3组，每组4人，分别穿蓝、红、粉标志服，如图示布置场地。

（2）练习开始后，红队和蓝队队员先进攻，粉队队员防守，进攻队员分布于场地两侧的区域内，如图所示，蓝队先控球，防守队员有1名队员先进入蓝队的区域进行防守，其他3名队员在中间区域拦截，蓝队传球达到5次后可以把球转移到另一侧红队的区域，再由红队控球。

（3）一次防守结束后换另外一名防守队员到另一侧区域进行防守，防守队员破坏或拦截进攻队员传球后，变为进攻队员，丢球一队变为防守队。

变化：

（1）可以限制进攻队员的触球次数（由无限制触球次数变为两次触球）。

（2）防守队员必须把球控制下来才算防守成功，进攻队员丢球后可以反抢。

教练员指导注意事项：

（1）教练员要提醒队员注意力集中，如控球侧进攻队员传球时要提前观察转移的线路，寻找空当；防守队员要注意力集中，时刻注意拦截，球被转移后，下一名防守队员要快速进到区域内防守；无球侧进攻队员要时刻保持注意力集中，对来球提前做好接球准备。

（2）教练员在练习过程中要组织有序，讲解清晰。

（3）当教练员发现队员练习速度与强度下降时，要立刻变换练习要求，可通过一些变化让队员时刻保持注意力集中。

（4）教练员要控制好每次练习的时间，不宜过长，同时要不断观察并提醒队员。

17.提高注意力练习方法17

适宜年龄： 11~12岁。

图示：

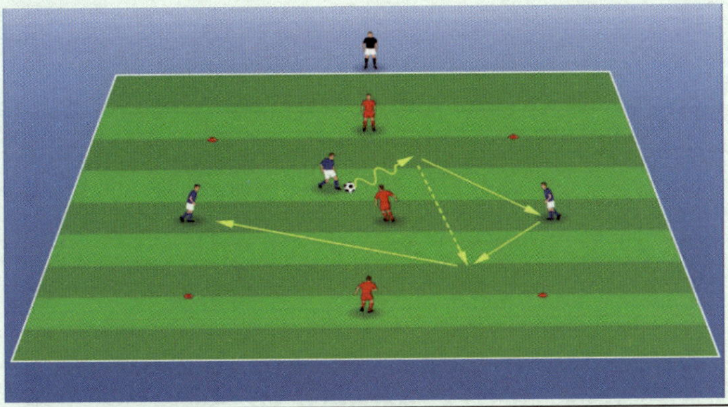

练习器材： 足球若干，标志服若干，标志盘若干。
练习人数： 12人。
练习时间： 15分钟。
练习场地： 15米×15米的区域（可根据实际情况进行调整）。

目标： 提高队员在训练中的注意力及快速反应能力。
组织方法：
（1）队员分为2组，每组6人，分别穿红、蓝标志服，如图示布置场地。
（2）每组有2名队员面对面分布在区域的四条边线前，各有1名队员在区域里，一攻一守；练习开始后，进攻队员控球，想办法把球传给一侧队友后通过跑动接该队友的回传球，再把球传给另一侧队友。
（3）防守队员得球后变为进攻，每2分钟调整一次区域内练习的队员。
（4）每组结束后统计小组分数，多者为胜。
得分方式： 进攻队员把球从一侧队友处转移到另一侧队友处得1分。
变化：
（1）限制边线上队员的触球次数（从不限触球次数到2次、1次触球）。
（2）限制场内练习的进攻队员触球次数。

教练员指导注意事项：
（1）教练员要提醒队员注意力集中，站在边线的队员要时刻注意队友，他们随时可能传球过来。
（2）教练员要求进攻队员在接球之前提前观察，快速做出决策；防守队员要时刻注意进攻队员的跑动摆脱。
（3）教练员在练习过程中要组织有序，讲解清晰。
（4）当教练员发现队员练习速度与强度下降时，要立刻变换练习要求，可通过一些变化让队员时刻保持注意力集中。

18.提高注意力练习方法18

适宜年龄：13~15岁。

图示：

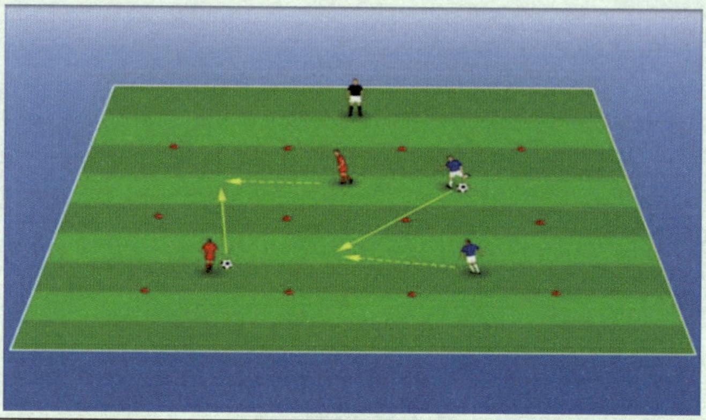

练习器材：足球若干，标志服若干，标志盘若干。

练习人数：12人。

练习时间：3分钟一组，间歇30秒。

练习场地：20米×30米的区域（可根据实际情况进行调整）。

目标：提高队员在训练中的注意力及快速决策能力。

组织方法：

（1）队员分为3组，每组4人，其中2人穿红色标志服，2人穿蓝色标志服。

（2）如图示，将6个方块横向划分为上下两个区域，红、蓝两队的2名队员分别处于上下两个区域，每个区域由3个方块组成。

（3）每名队员只能在自己区域的3个方块内移动，每组一个球进行传球练习。

（4）每个区域3个方块，2名队员，接球队员接球前需要移动到没有其他队员的方块中接球；传球队员传球后也要再跑到没有其他队员的空格中接球。

得分方式：传球次数为得分数。

变化：

（1）限制队员的触球次数（从不限触球次数到两次、一次触球）。

（2）缩小场地，规定两组之间不能相互影响。

教练员指导注意事项：

（1）教练员要提醒队员注意力集中，接球前要快速跑到空格中。

（2）教练员要求进攻队员在接球之前提前观察，快速做出决策；队员在传球过程中不能影响另一队队员。

（3）教练员在练习过程中要组织有序，讲解清晰。

（4）当教练员发现队员练习速度与强度下降时，要立刻变换练习要求，可通过一些变化让队员时刻保持注意力集中。

19.提高注意力练习方法19

适宜年龄：9~10岁。
图示： 
练习器材：足球若干，标志服若干，标志盘若干。 **练习人数**：12人。 **练习时间**：10分钟。 **练习场地**：15米×10米的区域（可根据实际情况进行调整）。
目标：提高队员在训练中的注意力及快速决策能力。 **组织方法**： （1）队员分为2组，每组6人，分别穿红、蓝标志服，如图示布置场地。 （2）每组第一名队员持球，前三名队员手中拿本组颜色的标志服。 （3）开始后，两组第一名队员同时出发，带球向前到达标志盘摆成的九宫格后，将手中的标志服放于任意一个标志盘上，但不能重叠；放好后运球回到起点将球交给下一名队员，下一名队员才能向九宫格带球出发；前三名队员都将手中的标志服放到九宫格内后，先形成一条连线的队伍获胜。若两队都没有形成连线则从第四名队员开始每人到九宫格内可以修改一次标志服的位置，但只能修改本组的一件标志服且只能修改一次，先完成连线的队伍获胜。 **变化**：扩大九宫格的范围，让队员的视野变得更开阔。
教练员指导注意事项： （1）教练员要提醒队员注意力集中，要提前观察九宫格内的情况，快速做出决策。 （2）队员在带球的过程中也要随时保持注意力集中，对九宫格内的情况进行观察和决策。 （3）当教练员发现队员练习速度与强度下降时，要立刻变换练习要求，可通过一些变化让队员时刻保持注意力集中。 （4）教练员要控制好每次练习的时间，不宜过长，同时要不断观察并提醒队员，间歇期间总结练习情况并提出下一次练习的要求或示范讲解。

20.提高注意力练习方法20

适宜年龄： 13~15岁。

图示：

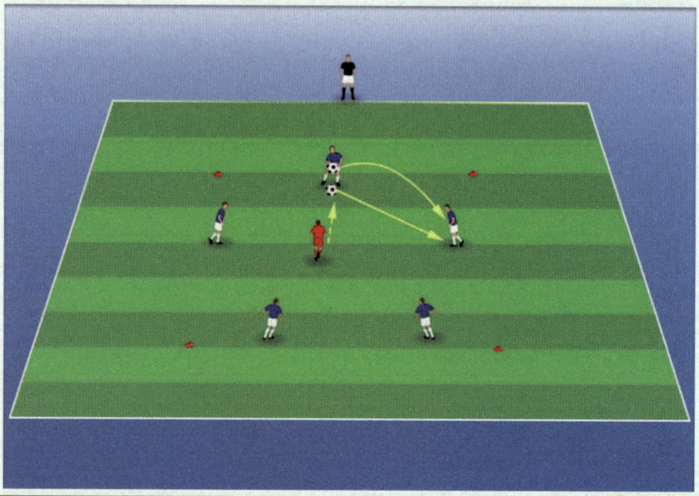

练习器材： 足球若干，标志服若干，标志盘若干。

练习人数： 12人。

练习时间： 10分钟。

练习场地： 20米×20米的区域。

目标： 提高队员在训练中的注意力及快速反应能力。

组织方法：

（1）队员分为2组，每组6人，其中5人控球穿蓝色标志服，1人防守穿红色标志服，如图示布置场地。

（2）控球队员脚下一个球，手中拿一个球，传球时需将脚下和手中的球都传给下一名队员，手上传球不能落地，防守队员无论抢到脚下还是手中的球都将交换防守队员。

变化：

（1）增加防守队员的数量。

（2）限制控球队员的触球次数，加快传球节奏。

教练员指导注意事项：

（1）教练员要提醒队员注意力集中，提前观察周围的情况，快速做出决策，不仅要注意脚下的球还要注意手上的球。

（2）当教练员发现队员练习速度与强度下降时，要立刻变换练习要求，可通过一些变化让队员时刻保持注意力集中。

（3）教练员要控制好每次练习的时间，不宜过长，同时要不断观察并提醒队员，间歇期间总结练习情况并提出下一次练习的要求或示范讲解。

提高注意力游戏——触电

游戏器材：秒表。

游戏人数：8～12人。

游戏时长：10～15分钟。

游戏场地：室外或室内场地皆可。

目标：提高队员注意力及相互沟通能力。

游戏形式：

（1）让队员手拉手围成一个圆，选择一位团队成员开始活动。

（2）活动前可让团队设定一个目标，如完成一整圈的“电流”传递的时长，要确定一个每个人都同意的目标。

（3）让开始的队员紧握一下身边同伴的手（左或右边），感觉被握紧的队员再紧握下一个队员的手，以此类推传下去。

（4）传递电流的动作（手紧握）要依照圆圈传过团队每一个人，最后让这股“电流”传回开始的那名队员手上。

变化：

（1）试着以不同于第一次的方向或是从另外一个人传递“电流”开始。

（2）可让队员们尝试闭上眼睛传递“电流”。

（3）可让开始的队员向两个方向同时传出电流。

教练员指导注意事项：操作人数最好少于20人，假如团队太大，活动就会变得很慢而且让人觉得无聊。

提高注意力游戏——空中飞球

游戏器材：气球。

游戏人数：8~20人。

游戏时间：15~20分钟。

游戏场地：室内室外皆可。

目标：提高队员的注意力及交流合作能力。

游戏形式：

（1）把队伍分成4~6人一组，发给每组一个气球，气球上写有指定的一个身体部位（如膝、大腿、颈部、鼻子等）。

（2）请队员手牵手围成一个圆圈，听到开始命令后，队员们要想办法用该指定部位保持气球不掉落。可以先让各小组练习3分钟。

（3）计时5分钟挑战赛，挑战过程中队员彼此的手不可松开，同一个人不可连续触碰气球，计算每个小组拍打气球的次数（拍打一次得1分），如有犯规，则需要重新计分。

变化：进行过程中，当听到教练员喊“交换气球”时，若成功与另外一组完成空中交换，且交换过程中依然保持气球在空中不掉落，则每组可加10分。交换气球后则必须依照该气球所指定的新部位继续拍打气球。

教练员指导注意事项：提供质量优质的气球。

四、增强自信心

专栏小故事

贝克汉姆在自传里说过一件事。2001年世界杯预选赛伤停补时阶段任意球逼平希腊、让英格兰直接晋级世界杯的“三狮军团”有史以来最伟大的进球，是从谢林汉姆手里“抢”来的。

在主罚这个任意球之前，当时身为英格兰队第一主罚手的贝克汉姆已经罚丢了六次机会不错的任意球。于是，作为队友的谢林汉姆上前希望主罚这个任意球，但贝克汉姆坚持由自己来主罚：“当时我还有充沛的体能，虽然比赛已经到了补时阶段。我跟谢林汉姆说，‘这球对你来说距离太远了，相信我，我会罚进的。’没有什么能阻止我罚这个任意球，我感觉自己很自信，也很冷静，同时也确信自己能够罚进。”

贝克汉姆当时确实非常自信，他说：“在皮球出脚的一刹那，我就感觉到此球必进无疑。”因此在足球入网之前就已经提前做出了庆祝动作。他成功打进任意球绝杀希腊队，并带领英格兰队更进一步。

这场比赛贝克汉姆的任意球机会不少，但前几次罚球的质量却不高。在这样重大的赛事上，队员面对祖国民众的期待，压力之大不言而喻。贝克汉姆并没有因前几次的罚球不利而气馁，依然能够保持自信，最终成功罚进这个至关重要的任意球。

自信心是什么?

自信心是一种反映个体对自己是否有能力成功地完成某项活动的信任程度的心理特性，也称为信心。自信心同样是在对自己的自我肯定和充分估计的基础上，相信自己力量的一种心理状态。

如何培养自信心?

1.注意可控因素

当不确定性和不可控性提高时，自信心就会下降。因此，要想提高自信，最重要的，就是要找出可控因素、关注可控因素、操纵可控因素。训练的可控因素包括训练主题、训练时间和训练方法。比赛的可控因素包括队员装备、比赛阵型和战术打法。

2.创设原有环境

面对新奇环境时，队员的自信心会受到影响。人在原有环境中，不需要进行新的适应和调整、没有过多的不确定性时，自信心更强。例如：比赛时多看自己的队友、教练员、己方支持者和熟悉的物品；比赛时穿熟悉的运动服；在赛场住处摆放少量自己常用的东西。

3.设置合理目标

通过帮助队员设置合适的目标激发其动机，从而使队员做出相应的努力，最终接近或达到目标。队员意识到通过自己的努力可以实现或部分实现自己的目标，从而增强控制事物结果的现实感和自信心。

4.强调个人努力

在训练和比赛中强调个人努力，对于培养队员的自信心具有重要意义。

5.增加成功体验

创造机会让队员在训练或比赛中不断体验通过自己的努力而获得成功。可以将队员按照年龄、技能水平、体能水平分组进行训练或比赛，使队员更多地体验成功。教练员对于成功的标准应该是具体的、明确的、富有挑战性的，能够不断给队员提供成功的体验。

6.想象成功情景

主动形成成功动作的表象，有助于保持或提高自信。具体做法是睡前想象成功的动作3～10次，以形成心理定式；比赛中做关键技术动作前，主动表象成功动作。

7.进行积极的反馈

（1）要尽量用非语言的方式（拥抱、微笑、拍肩膀等）。

（2）避免使用讽刺性语言。

（3）适当的批评也是必要的。

（4）积极的语言暗示。

队员临赛前或比赛中常用一些语言暗示、提醒自己，以建立一种心理定向。语言暗示对队员的心理定向和行为表现有重要作用。教练员的任务则是帮助队员养成积极使用语言暗示的习惯，以增强其自信心和建立正确动作定势。

教练员在练习中如何增强队员的自信心

（1）明确训练主题、训练时间、训练地点、训练人数、训练器材、训练内容。比赛前，分析对手特点，进行有针对性的部署，明确本方球队的人员安排和战术部署，制订好应对策略。教练员要考虑每个环节，做出详细周密的计划。

（2）每节课的训练内容可适当重复，使队员适应练习难度，达到练习目标，增强自信心。每场比赛前的准备会时间、形式尽量保持一致，营造良好的赛前氛围，教练员可以对休息室进行精心布置，让队员感到在自己的主场，使队员更有信心。

（3）在训练过程中，教练员需要根据队员的能力和完成情况，调整训练目标，每名队员的练习要求可以不一样，保证其可以完成练习，增强队员自信心。

（4）教练员观察队员训练情况，鼓励队员在训练前、训练中、训练后、比赛中的刻苦努力的表现。教练员要对努力的队员及时表扬，给予队员充分的肯定，树立正确的榜样，激励所有队员，使其努力表现。

（5）根据队员年龄、技能水平、体能水平进行分组，每组练习的标准不同，以使所有队员都能体验成功。再适当增加难度，不断提出挑战，任队员突破自己的极限。

（6）教练员通过语言描述、视频讲解、亲身示范使队员了解正确行为，引导队员想象成功的场景，增强自信心，再回到实际训练中完成练习，以提高练习效率。

（7）教练员对队员给予语言和肢体上的鼓励，能增强队员自信心，使队员不断提升自身能力。当队员出现错误行为，教练员以引导的方式进行教育，适当批评，让队员重复场景，讲解如何做出正确的行为，使其不断进步。

增强自信心练习示例

1.增强自信心练习方法1

<table>
<tr><td>适宜年龄：6~8岁。</td></tr>
<tr><td>图示：
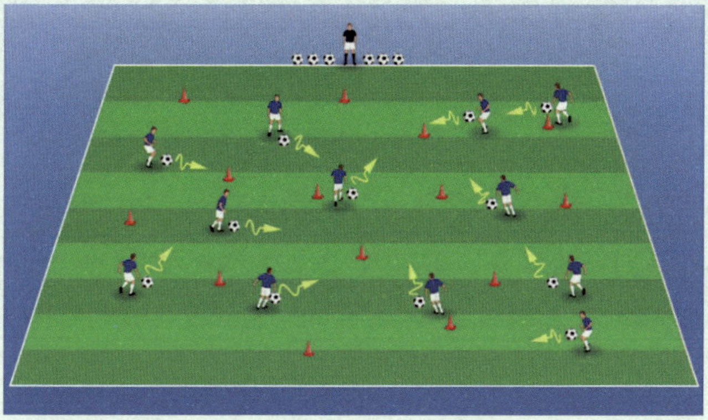</td></tr>
<tr><td>练习器材：足球若干，标志服若干，标志桶若干。
练习人数：12人。
练习时间：10～20分钟；每练习2分钟后间歇30～60秒。
练习场地：20米×20米的区域（可根据实际情况进行调整）。</td></tr>
<tr><td>目标：通过在轻松环境下完成不同运控球动作，培养队员对足球的兴趣，增强队员运控球时的自信心。
组织方法：
（1）每人一球在区域内运球，根据教练员要求完成一系列运控球技术动作。给每个动作编号，教练员喊哪个数字，队员立即做出相应动作，看谁更快、更高质量地完成规定动作。
（2）技术动作举例：突然加速运球3秒、脚背内侧扣球转身、脚背外侧扣球转身、踩球转身、克鲁伊夫转身、左晃右拨、马赛回旋等，教练员根据队员实际水平自行设计不同动作。
（3）量化目标设置：在10秒钟内快速完成若干次动作，教练员根据动作规定完成次数。
变化：加入障碍物，让队员在面对障碍物和其他队员时做出相应技术动作。</td></tr>
<tr><td>教练员指导注意事项：
（1）教练员设计的动作应由易到难，让队员多触球，在训练中根据队员的实际能力，及时调整训练内容，保证每名队员都可以完成该动作。
（2）教练员在教授技术动作时，应将较复杂的动作进行分解，给予更多示范，并耐心给予指导。
（3）教练员在训练中应对队员进行更多的肯定、鼓励和表扬。
（4）教练员要控制好每次练习的时间，不宜过长。
（5）教练员要给予每名队员足够的关注和耐心，使所有队员都能成功完成每个动作，并不断提高队员实际运用所学技术的能力。例如，队员熟练掌握运球技术后，在区域内进行有防守队员的运球练习时，应勇敢运用技术躲避防守队员。若队员出现失误，教练员应给予其足够耐心，鼓励队员进行下一次尝试。
（6）教练员可用不同球星的名字对各类技术动作进行命名。</td></tr>
</table>

2.增强自信心练习方法2

适宜年龄：6~8岁。

图示：

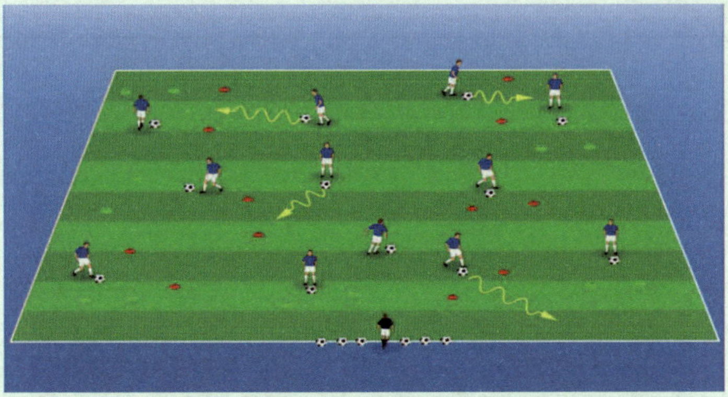

练习器材：足球若干，标志服若干，标志盘若干。

练习人数：12人。

练习时间：10～15分钟；每练习30秒后间歇1分钟。

练习场地：20米×20米的区域（可根据实际情况进行调整）。

目标：提高队员建立自信心的能力，在竞争中体验成功。

组织方法：

（1）如图所示，12名队员在区域内做运球练习，持球队员运球穿过不同的用标志盘摆放而成的小球门，不可以连续穿过同一个球门。

（2）左右脚分别进行运球穿过小球门的练习。

得分方式：运球穿过小球门一次得1分。

变化：

（1）30秒内每人穿过球门5次，最先完成的队员获胜。

（2）队员先穿红色球门再穿绿色球门，依次循环，每人穿过10次，最先完成练习者获胜。

（3）队员运球至红色球门中间位置将球停住，不拿球的同时寻找绿色的球门，把绿色球门中间的球运到另一个红色的球门中间停住，依次循环，每人停球10次，最先完成练习者获胜。

教练员指导注意事项：

（1）教练员在练习过程中要组织有序，讲解清晰，根据队员人数和实际能力调整练习区域的大小，减小区域会降低练习强度。

（2）根据队员的身体状态调整练习时间，可以变为20秒一组，保证队员有良好的状态。

（3）队员运球时要降低重心，学会观察球门和队友；若队员技术动作标准，教练员要及时给予表扬和鼓励；纠正技术动作时，教练员可以采用启发式教学，引导队员自己完成运球技术，增强信心。

（4）增加队员在规定时间内穿过球门的次数，逐渐增加难度，使队员体验努力后成功的喜悦，根据队员完成情况，有针对性地降低对个别队员的要求。

3.增强自信心练习方法3

适宜年龄：11~12岁。

图示：

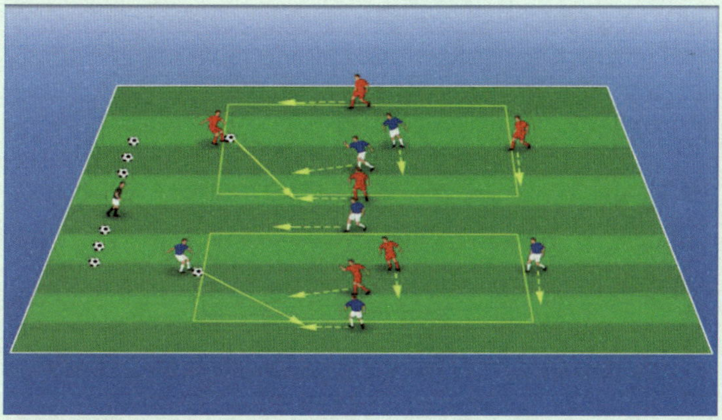

练习器材：足球若干，标志服若干，标志桶若干。

练习人数：12人。

练习时间：10~15分钟；每练习5~8分钟后间歇1分钟。

练习场地：10米×10米的区域（可根据实际情况进行调整）。

目标：提高队员在训练中建立自信心的能力，在短时间内完成高质量传接球。

组织方法：

（1）如图所示，队员分成2组，每组6人，进行4对2传抢练习。

（2）传球队员连续传球10次，防守队员做一个前滚翻或蹲起。防守队员在1分钟内连续抢到3次，传球队员做一个前滚翻或蹲起，交换防守队员。

变化：

（1）限制传球队员触球2次。

（2）要求传球人按“2次、1次、2次、1次”的顺序进行传接球。

教练员指导注意事项：

（1）教练员在练习过程中要组织有序，讲解清晰，根据队员人数和实际能力调整练习区域的大小，减小区域可提高传接球练习的难度。

（2）根据队员的身体状态调整练习时间，可以变为4~6分钟一组，保证队员有良好的状态。

（3）教练员要关注传接球技术动作完成的情况，提醒队员注意传球的质量和接应的时机、角度，教练员可以通过呼喊调动队员积极性，这有利于提高传接球效率，增强队员自信心。

（4）可对触球次数限制进行调整，要让队员体验连续成功传球的成功感，对于个别队员可以不限制触球次数，以提高该队员的传球成功率，增强其自信心。

（5）设置防守队员得分，可以提高队员防守积极性，当队员达到目标，会增强他们的自信心。

4.增强自信心练习方法4

适宜年龄： 11~12岁。
图示： 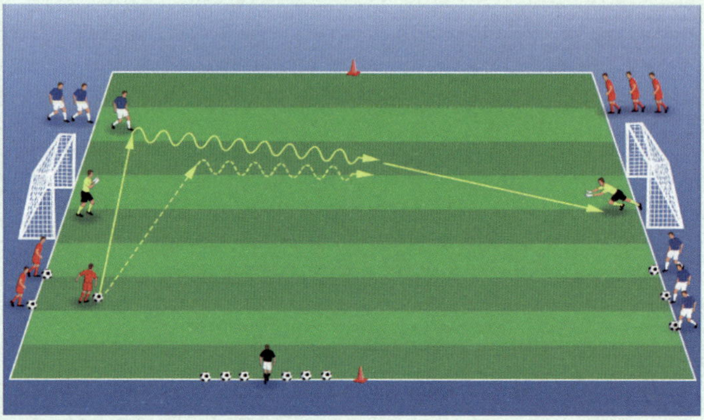
练习器材： 足球若干，标志服若干，标志桶若干。 **练习人数：** 12名队员，2名守门员。 **练习时间：** 10～15分钟；每练习5～8分钟后间歇1分钟。 **练习场地：** 20米×20米的区域（可根据实际情况进行调整）。
目标： 提高队员在训练中建立自信心的能力，在对抗下完成高质量射门。 **组织方法：** （1）12名队员分成6组，2人一组进行射门练习。 （2）红色队员传球给蓝色队员后快速追防，蓝色队员持球快速完成射门，红色队员一旦得球立即进攻另一侧球门。射门完成后攻防交换，两侧交替进行射门练习。 **得分方式：** 进球得1分，得分多的队为胜。 **变化：** （1）给进攻队员传高空球。 （2）持球队员运球过中线后可以选择攻击两侧任意一个球门。
教练员指导注意事项： （1）教练员在练习过程中要组织有序，讲解清晰，根据队员人数和实际能力调整练习区域的大小，扩大区域会提高练习难度和强度。 （2）根据队员的身体状态调整练习时间，可以变为4～6分钟一组，保证队员有良好的状态。 （3）教练员要关注传接球技术动作完成的情况，提醒队员观察守门员的位置，注意射门方式的选择、角度、力量。比分的竞争可以提高队员积极性，更好地完成射门，增强自信心。 （4）根据来球轨迹变化接球的方式，增加了练习难度，当持球人很难完成射门时，可以让防守队员做一次跳跃后再追防。 （5）进攻队员需要提高第一次触球质量，教练员要鼓励队员尝试不同的射门方式。 （6）教练员根据队员能力，合理调配人员分组情况。

5.增强自信心练习方法5

适宜年龄：13~15岁。

图示：

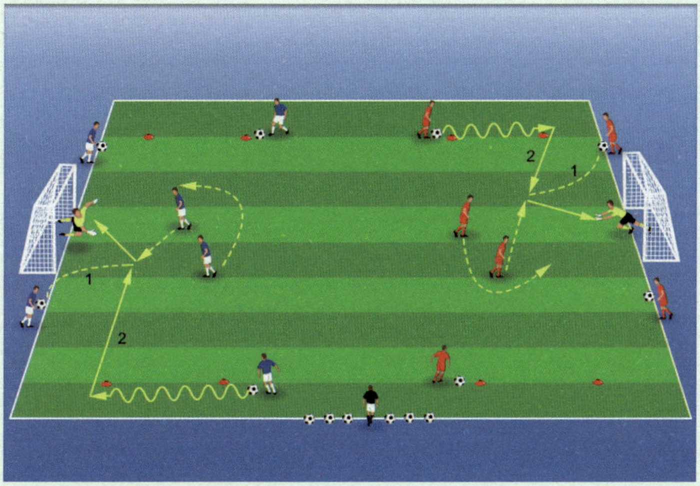

练习器材：足球若干，标志服若干，标志桶若干。
练习人数：12名队员，2名守门员。
练习时间：10～15分钟；每练习5～8分钟后间歇1分钟。
练习场地：30米×20米的区域（可根据实际情况进行调整）。

目标：提高队员在训练中建立自信心的能力，完成高质量头顶球射门。

组织方法：

（1）如图所示，12名队员分成2组，6人一组进行头顶球射门练习。

（2）球门两侧各有1名持球队员抛球，2名队员在门前进行交叉换位后完成头顶球射门。

（3）底线持球人记录进攻队员第一次头顶球射正次数和进球数，要求队员第二次练习的各项数据不少于第一练习次的。

得分方式：攻进球门得分，每组共6次头顶球机会，比较进球得分并分出胜负。

变化：

（1）两侧增加边路队员，队员运球到标志盘后完成传中，中路队员头顶球完成射门。

（2）每组增加一名防守队员。

教练员指导注意事项：

（1）教练员在练习过程中要组织有序，讲解清晰，通过示范法展现正确的技术动作。

（2）根据队员身体状态减少练习时间，每组共4次头顶球机会，降低练习强度。

（3）教练员要关注头顶球技术动作完成的情况，队员观察守门员的位置，注意触球部位的选择、角度、力量。头顶球质量不高，可以增加手抛球头顶球练习时间，让队员体验成功。

（4）记录次数并且提出下一次练习中明确的目标，不断提高难度，挑战自己，达到新的目标。

（5）增加防守队伍使进攻难度加大，当队员在对抗情况下以头球得分，队员可以体验成功，增强自信心。

6. 增强自信心练习方法6

适宜年龄：13~15岁。

图示：

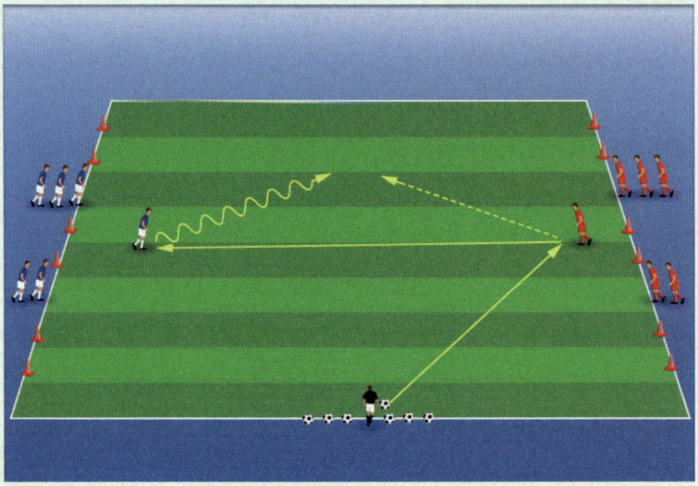

练习器材：足球若干，标志服若干，标志桶若干。
练习人数：12人。
练习时间：10~15分钟；每练习5~8分钟后间歇1分钟。
练习场地：20米×20米的区域（可根据实际情况进行调整）。

目标：提高队员在训练中建立自信心的能力，加强1对1进攻能力。
组织方法：
（1）如图示，12名队员分成红、蓝两队，蓝队为进攻方，红队为防守方，进行1对1练习。
（2）教练员发球给红队，红队传给蓝队后上前防守，蓝队持球攻击3个用标志桶摆成的小球门，每次做完后攻守交换。
得分方式：运球进入任意小球门得分。
变化：每组完成2次进攻。

教练员指导注意事项：
（1）教练员在练习过程中要组织有序，讲解清晰，通过减小练习区域可以降低强度。
（2）根据队员的身体状态调整练习时间，可变为4~6分钟一组，保证队员有良好的状态。
（3）教练员要关注1对1进攻完成的情况，如进攻队员是否注意变速变向，是否根据防守队员的防守策略做出快速决策；教练员要鼓励队员大胆做假动作，让其充满自信地完成1对1进攻。
（4）增加每组练习次数，提高练习强度，如果第一次没做好，队员可以大胆地做第二次，教练员应给予鼓励，增强其自信心。
（5）教练员观察队员表现，如果1对1的两人攻守能力相差较大，应及时调整人员安排。

7.增强自信心练习方法7

适宜年龄： 13~15岁。
图示： 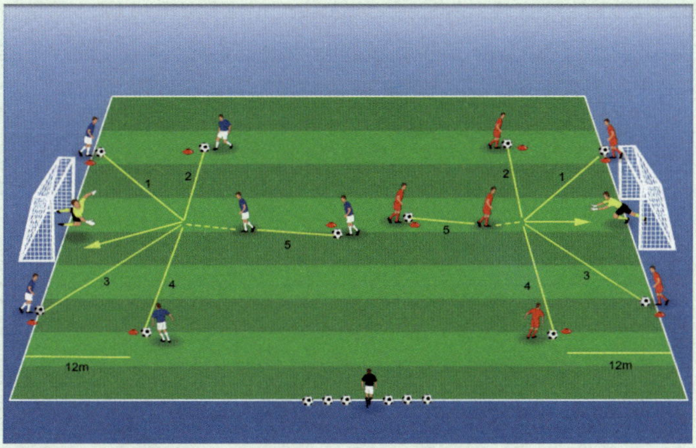
练习器材： 足球若干，标志服若干，标志盘若干，球门2个。 **练习人数：** 12名队员，2名守门员。 **练习时间：** 10～15分钟；每组射门5次后换下一组。 **练习场地：** 30米×20米的区域（可根据实际情况进行调整）。
目标： 提高队员在训练中建立自信心的能力，加强队员射门能力。 **组织方法：** （1）如图示，12名队员分成2组，每个标志盘旁边设一名持球队员，中间队员按照图示顺序完成5次射门，计算进球数，交换下一名队员练习，本队队员比较个人进球数、两队之间比较进球数、两队队员比较个人进球数。 （2）1～4需要队员直接完成射门，5是接球转身后运球完成射门，所有射门均在12米外完成。 **变化：** （1）给每个传球点定义数字，听教练员口令完成射门。 （2）1分钟内接任意点的球完成射门练习，比较进球数。
教练员指导注意事项： （1）教练员在练习过程中要组织有序，讲解清晰，根据队员能力调整射门距离，准备足够数量的球，保证练习效率。 （2）根据队员的身体状态调整练习时间，疲劳时可减少练习时间，每组射门3次，保证队员有良好的状态。 （3）教练员要关注射门队员的跑位、射门前的观察、射门的脚法、触球的部位、射门角度的选择、补射的意识。 （4）进球数的比较，给每个队或每个人明确的目标，每次练习都要取得进步，不断挑战自己，完成较高难度的目标可使队员增强自信心。

8.增强自信心练习方法8

适宜年龄：16~18岁。

图示：

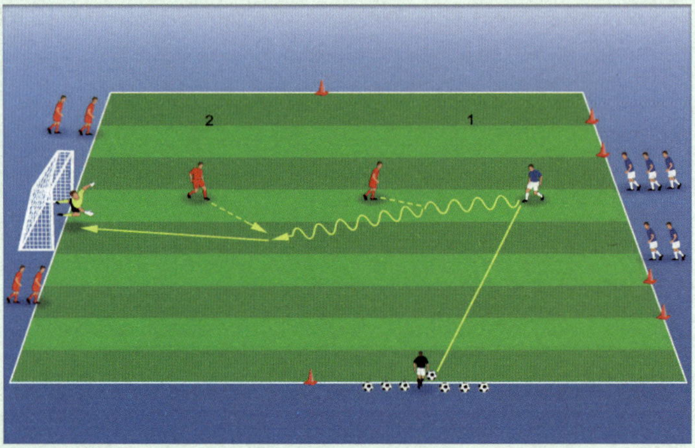

练习器材：足球若干，标志服若干，标志桶若干，球门1个。

练习人数：12名队员，2名守门员。

练习时间：10~15分钟；每组练习2分钟后换下一组。

练习场地：20米×20米的区域（可根据实际情况进行调整）。

目标：提高队员在训练中建立自信心的能力，加强个人进攻能力。

组织方法：

（1）如图示，12名队员分成2组，在场地内进行1对1练习。

（2）教练员发球给进攻队员，得球后与1区域的防守队员1对1，一旦进攻队员进入2区域，换为2区域防守队员进行1对1，1区域防守队员不能进入该区域。防守队员如得球，则与进攻队员攻防转换，攻击2个由标志桶摆放的小球门。

得分方式：进攻方攻进大球门得分，防守方运球进入2个小球门得分。

变化：

（1）1区域防守队员可以进入2区域防守，形成1对2。

（2）变换防守方的进攻目标，变为一个间距2米的小球门。

（3）扩大练习区域以提升强度。

教练员指导注意事项：

（1）教练员在练习过程中要组织有序，讲解清晰。

（2）根据队员的身体状态调整练习时间，如每组练习时间改为1分30秒，保证队员有良好的状态。

（3）教练员要关注进攻队员过人的距离、重心的移动、变速和变向，根据队员能力合理分组。

（4）增加2区域的防守人，提升进攻难度，当形成1对2的局面时，进攻队员如果射门得分，可以增强队员自信心。

（5）当进攻方被防守方抢断球后，防守方的2名队员变为进攻方，进攻方的1名队员变为防守方，形成1防2的局面。此时防守难度增大，教练员应鼓励队员完成高难度防守，不断挑战自己。

9.增强自信心练习方法9

适宜年龄：16~18岁。
图示： 
练习器材：足球若干，标志服若干，球门2个。 **练习人数：**12名队员，2名守门员。 **练习时间：**10～15分钟；每组练习2分钟后换下一组。 **练习场地：**35米×25米的区域（可根据实际情况进行调整）。
目标：提高队员在训练中建立自信心的能力，加强4对4进攻能力。 **组织方法：** （1）如图示，12名队员分成3组，2组队员在场地内进行4对4练习，剩余一组队员在两侧底线区域做中间人。 （2）守门员发球，开始进攻，可以利用底线区域的中间人进行传接球配合，2分钟后更换一组进行下一次练习。蓝队后场3名队员、前场1名队员，形成3-1站位。红队后场2名队员、前场2名队员，形成2-2站位。 （2）外围接应队员分别记录两队射门次数和个人射门次数，要求第二次做练习时总射门次数和个人射门次数不少于第一次。 **变化：** （1）得分后由该队守门员重新发球，组织下一次进攻。 （2）扩大练习区域以提升强度。
教练员指导注意事项： （1）教练员在练习过程中要组织有序，讲解清晰。 （2）根据队员的身体状态调整练习时间，如每组练习时间改为1分30秒，保证队员有良好的状态。 （3）教练员要关注4对4进攻完成的情况，注意传接球质量和跑动时机，鼓励队员多射门。 （4）鼓励进攻方大胆尝试射门，提高进攻效率，让队员体验成功。 （5）增加底线中间人的数量可以使传球人有更多的选择，有利于完成进攻，使队员有更多射门的机会。 （6）对射门次数的要求，给予全队和个人明确的目标，每个人需要不断努力，不断挑战自己。

10.增强自信心练习方法10

适宜年龄：16~18岁。

图示：

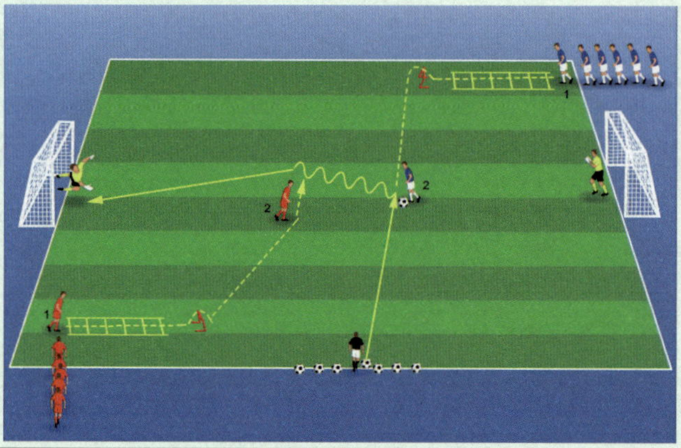

练习器材：足球若干，标志服若干，标志桶若干，球门2个。
练习人数：12名队员，2名守门员。
练习时间：10～15分钟；每组练习2分钟后换下一组。
练习场地：25米×25米的区域（可根据实际情况进行调整）。

目标：提高队员在训练中建立自信心的能力，加强1对1进攻能力。

组织方法：

（1）如图示，12名队员分成2组，在场地内进行1对1练习。

（2）教练员吹哨开始练习，2人做协调性练习后跳跃障碍梯，教练员发球给进攻方，得球后进行1对1。

变化：

（1）用弱势脚进球得2分。

（2）扩大练习区域以提升强度。

教练员指导注意事项：

（1）教练员在练习过程中要组织有序，讲解清晰。

（2）根据队员的身体状态调整练习时间，每4～6分钟一组，保证队员有良好的状态。

（3）教练员要关注1对1进攻完成的情况，如攻防队员是否注意变速变向，是否根据防守队员的防守策略做出快速决策；教练员要鼓励队员大胆做假动作，使其充满自信地完成1对1进攻。

（4）教练员根据队员能力合理分组，保证两人能力接近，给双方足够的压力和挑战。

（5）改变计分方法，用弱势脚进一球得2分，给予队员明确的目标，不断挑战自己，完成更难的目标。

11.增强自信心练习方法11

适宜年龄：6~8岁。

图示：

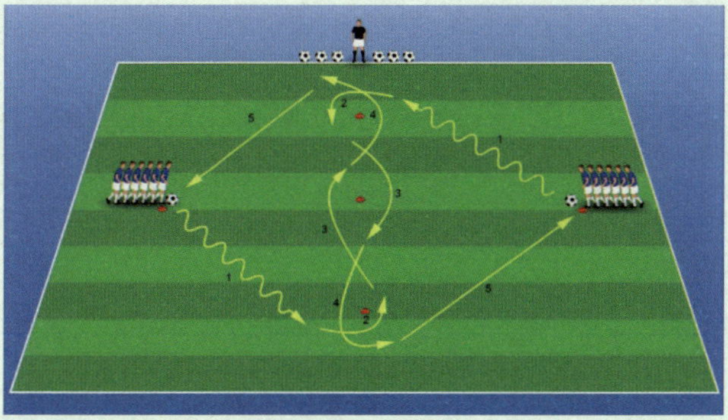

练习器材：足球12个，标志服若干，标志桶若干。

练习人数：12人。

练习时间：10～15分钟；每练习5分钟后间歇30～60秒。

练习场地：20米×20米的区域（可根据实际情况进行调整）。

目标：通过完成不同的带球变向的动作，提高队员运带球时的灵活熟练度与自信心。

组织方法：

（1）如图示，队员分为2组，每队排头持球，2组排头同时向自己的右前方标志桶快速带球，并连续完成3次变向后，将球传给各组第二人接力。

（2）技术动作举例：双脚脚内侧扣球变向，双脚脚外侧扣球变向，右扣左拨、左扣右拨，左脚或右脚单脚内外侧连续扣球变向，拉球变向，马赛回旋等，教练员可根据队员实际水平自行设计不同动作。

（3）目标设置：个人目标——队员在8秒钟内快速完成带球变向动作并将球传出；小组目标——1分钟内完成7～8次。

变化：缩短限制时间或改为两队竞赛。

教练员指导注意事项：

（1）教练员设计的动作应由易到难，让队员多练习，动作要具有一些挑战性，让队员掌握新的技能，但必须根据队员实际能力设计动作，保证每名队员都可以完成该动作。

（2）对于较复杂的动作，教练员应将其分解，给予更多示范，并耐心指导。

（3）教练员在训练中应注意多对队员表示肯定、鼓励和表扬。当队员无法完成动作时要降低难度。

（4）教练员要控制好每次练习的时间，不宜过长，要及时变化给予队员新的挑战。

（5）教练员要顾及每名队员，给予其足够的关注和耐心，让每名队员成功完成每一个动作。若队员出现失误，教练员一定要给队员更多机会，让其体验成功。

（6）在练习其中一种带球变向的动作时，教练员可给每名队员计时，速度前四的和进步最明显的队员各获得不同的称号。

12.增强自信心练习方法12

适宜年龄：6~8岁。

图示：

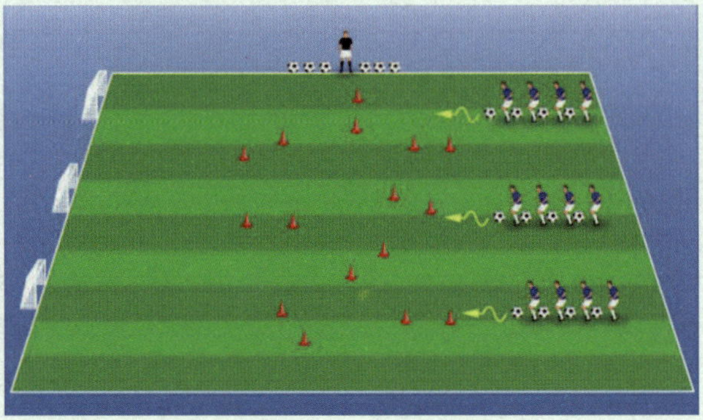

练习器材：足球12个，标志服若干，标志桶若干，球门3个。
练习人数：12人。
练习时间：10～20分钟；每练习5分钟后间歇30～60秒。
练习场地：20米×20米的区域（可根据实际情况进行调整）。

目标：通过在时间压力下完成不同运球动作，提高队员运控球及变向时的自信心。

组织方法：

（1）4人一组，每人一球，听教练员口令，每次每组一人带球进入区域内，按教练员要求的动作，快速穿越区域内的用标志桶摆放成的小球门，每穿越一个小球门得1分，30秒后教练员鸣哨，队员以最快速度将球踢入区域外侧的3个球门之一，前两名踢进去的队员可再加1分。得分多者胜。

（2）穿越一个小球门后，需要再穿越两个其他小球门才可以再次穿越第一次穿过的小球门。

（3）目标设置：个人目标——30秒内得10分；小组目标——每轮共得43分。

变化：

（1）改为接力模式，每组用一个球，排头快速穿越所有球门后将球传给下一人，下一人继续出发，直到最后一人完成后将球打进球门。速度更快的一组获胜。

（2）游戏模式，教练员吹哨开始计时，30秒内，队员穿越小球门，并在教练员吹结束哨前将球打进球门。队员需要估计30秒的时间。每穿越一个小球门得1分，最后打进球门再得2分。

教练员指导注意事项：

（1）教练员设计的动作应由易到难，让队员快速且多次触球，不断运用所学技术进行运控球变向。教练员设计的动作要具有一些挑战性，让队员掌握新的技能，但必须根据队员实际能力，保证每名队员都可以完成。

（2）对于较复杂的动作，教练员应将其分解，给予队员更多示范，并耐心指导。

（3）教练员在训练中应多对队员表示肯定、鼓励和表扬，且在队员练习过程中要控制好每次练习的时间，不宜过长，及时变化给予队员新的挑战。

（4）教练员要顾及每名队员，给予每名队员足够的关注和耐心，让每名队员成功完成每一个动作，并让队员具有实际应用技术的能力，注意细节指导。当队员无法完成动作时要降低难度。

（5）教练员对表现不佳或状态不佳的队员，要判断出是技术原因还是态度原因，并及时进行技术指导或心理指导。

13.增强自信心练习方法13

<table>
<tr><td>适宜年龄：11~12岁。</td></tr>
<tr><td>图示：
</td></tr>
<tr><td>练习器材：足球10个，标志服若干，标志桶若干，球门2个。
练习人数：10人。
练习时间：15～20分钟；每练习10分钟后间歇30～60秒。
练习场地：20米×20米的区域（可根据实际情况进行调整）。</td></tr>
<tr><td>目标：提高队员的接球、控球质量及快速传球的准确性，进而提高队员传接球控球时的自信心。
组织方法：
（1）队员分为2组，5人一组，如图示，每组中间2人在区域内进行1对1，其余队员在外围做墙。1对1的队员要通过跑位摆脱，去接球并控球，将球再传给其他同伴，成功传球给3名同伴后，再次接到球快速完成射门。防守队员不能抢做墙队员的球，1对1时断球后变为进攻方。看哪组全部队员能够率先完成破门。
（2）进攻队员体力不支时可将球传给队友后喊“换”，换另一人进入区域进攻。防守队员用相同方式替换。
（3）个人目标设置：30秒内破门。
变化：
（1）缩小场区，增加进攻方难度。
（2）射门前需成功将球传给4名队友。</td></tr>
<tr><td>教练员指导注意事项：
（1）教练员要根据队员实际能力，合理分组，合理加入防守队员。
（2）教练员要控制好每次练习的时间，不宜过长，及时变化给予队员新的挑战。
（3）模拟真实比赛场景中接球、控球、分球练习，鼓励队员敢于积极思考，选择合理接球方式和跑动路线并合理出球。当队员完成精彩的摆脱防守接球或精彩出球时，教练员应及时对队员进行肯定和鼓励。
（4）教练员要顾及每名队员，给予足够的关注，对总是出现失误的队员应耐心指导，注意细节指导，为队员建立技术技能档案，让队员多次体验成功地在压力下接球、控球。
（5）教练员对表现不佳或状态不佳的队员，要判断出是技术原因还是态度原因，并及时进行技术指导或心理指导。</td></tr>
</table>

14.增强自信心练习方法14

适宜年龄：9~10岁。

图示：

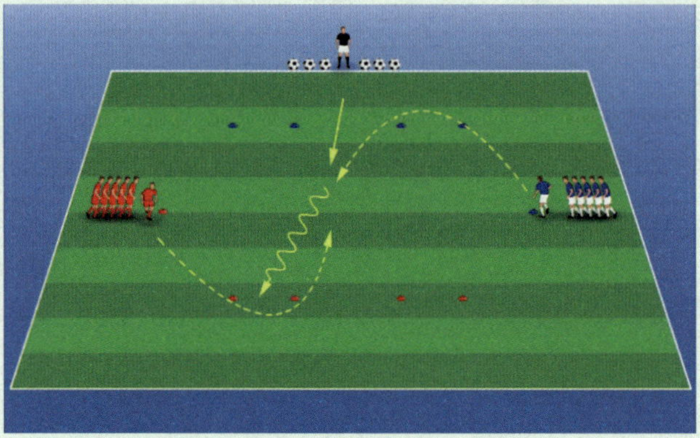

练习器材：足球12个，标志服若干，标志桶若干。

练习人数：12人。

练习时间：10～20分钟；每练习5分钟后间歇30～60秒。

练习场地：10米×10米的区域（可根据实际情况进行调整）。

目标：通过1对1练习，强化队员的1对1带球突破能力，增强队员1对1时的自信心。

组织方法：

（1）队员分为2组，6人一组，轮流进行1对1攻防。进攻方突然起动，防守方在进攻方起动瞬间也起动防守，双方按图示路线进入1对1区域，进攻方突破对面2个用标志物摆放的小球门得1分。每人进攻3次后，攻防交换。可由无球1对1到有球1对1递进。

（2）目标设置：个人目标——进攻成功3次、突破2次；小组目标——得10分。

变化：

（1）根据队员实际情况，扩大或缩小场区。

（2）进攻方由单一进攻方向改为任意进攻方向，可根据实际情况自由选择并进攻两侧的球门，防守队员做出相应反应。

（3）加入1对1时间限制，要求队员接球后7秒内完成1对1突破。

教练员指导注意事项：

（1）教练员要根据队员实际能力，合理分组，合理调整区域大小。在练习前，教练员应跟队员明确训练主题是提高1对1进攻能力，将队员的注意力引导到这方面上来，避免队员因防守不佳而失落。

（2）教练员要控制好每次练习的时间，不宜过长，及时变化给予队员新的挑战。

（3）教练员要顾及每名队员，给予足够的关注，针对总是出现失误的队员应耐心指导，注意细节指导，为队员建立技术技能成功档案，让队员多次体验成功的1对1突破。

（4）当队员1对1突破成功时，教练员应及时对队员进行肯定、鼓励和表扬。

（5）教练员在指出队员缺点的同时，应使队员感觉自己仍有进步，如使用“三明治法”：先对队员给予肯定（“你这……几个地方做得非常好”），再指出不足（“但我觉得你还需要加强……这些方面”），最后给予鼓励（“我知道你有能力做得更好”）。

15.增强自信心练习方法15

适宜年龄：11~12岁。

图示：

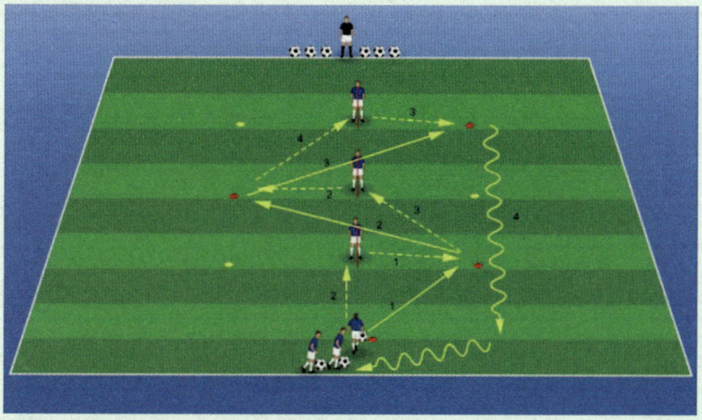

练习器材：足球12个，标志服若干，标志桶若干。

练习人数：12人。

练习时间：6～10分钟；每练习3分钟后间歇30～60秒。

练习场地：20米×20米的区域（可根据实际情况进行调整）。

目标：通过移动接球、传球练习，强化队员的传接球能力，增强队员传接球时的自信心。

组织方法：

（1）6人一组，每组3球，按图示站立和传接球。

（2）目标设置：小组1分钟内完成27次传球（在刚开始练习时注意观察，根据队员实际能力设置目标）。

变化：

（1）提高各小组目标。

（2）改为两组竞赛。

（3）改变触球次数。

（4）2分钟内不能有任何传接失误，出现失误则重新计时。

（5）改变传球方式（传球路线等）。

教练员指导注意事项：

（1）教练员要根据队员的实际能力，合理分组，使各组实力平均。

（2）教练员要控制好每次练习的时间，不宜过长，及时变化给予队员新的挑战。

（3）教练员可设计目标阶梯，根据完成传球的次数来为小组设计荣誉称号。

（4）教练员要顾及每名队员，给予足够的关注，针对总是出现失误的队员应耐心指导，注意细节指导，为队员建立技术技能档案，让队员多次体验时间压力下成功的快速接球传球。

（5）教练员对表现不佳或状态不佳的队员，要判断出是技术原因还是态度原因，并及时进行技术指导或心理指导。

（6）教练员在指出队员缺点的同时，应使队员感觉自己仍有进步，如使用“三明治法”：先对队员给予肯定（“你这……几个地方做得非常好”），再指出不足（“但我觉得你还需要加强……这些方面”），最后给予鼓励（“我知道你有能力做得更好”）。

16.增强自信心练习方法 16

适宜年龄：9~10岁。

图示：

练习器材：足球14个，标志服若干，标志桶若干。
练习人数：8人。
练习时间：15~30分钟；每练习10分钟后间歇30~60秒。
练习场地：20米×20米的区域（可根据实际情况进行调整）。

目标：提高队员的接球质量及快速传球准确性，进而增强队员传接球时的自信心。

组织方法：

（1）队员如图示站位，四周7名队员，每人两球，中间位置的队员呼喊队友传球，接球调整后将球传进2个标志桶之间得1分，要求在规定时间内完成这14次接传球练习。队员轮流到中间位置进行练习。

（2）个人目标设置：14次接球、传球完成后得9分及以上。

变化：

（1）缩小目标标志桶之间的距离，或减少规定时间，加快队员的传球速度。

（2）中间人不再自由选择队友传球，而改为教练员随机呼喊传球队员传球。

（3）队员分2组比赛，看哪一组得分更高。

（4）进阶练习：加入另一队的防守队员干扰中间接球队员，接球队员接球前需提前摆脱，创造接球空当，防守队员仅抢夺接球路线中的球，中间位置队员接到球后防守队员不抢球。

教练员指导注意事项：

（1）教练员要根据队员实际能力，合理分组，合理加入防守队员。

（2）教练员要控制好每次练习的时间，不宜过长，及时变化给予队员新的挑战。

（3）教练员可设计目标阶梯，根据得分为队员设计荣誉称号。

（4）教练员要顾及每名队员，给予足够的关注，针对总是出现失误的队员应耐心指导，注意细节指导，为队员建立技术技能档案，让队员多次体验成功地在压力下快速接球传球。

（5）教练员对表现不佳或状态不佳的队员，要判断出是技术原因还是态度原因，并及时进行技术指导或心理指导。

（6）教练员在指出队员缺点的同时，应使队员感觉自己仍有进步，如使用“三明治法”：先对队员给予肯定（“你这……几个地方做得非常好”），再指出不足（“但我觉得你还需要加强……这些方面”），最后给予鼓励（“我知道你有能力做得更好”）。

17.增强自信心练习方法 17

适宜年龄：11~12岁。

图示：

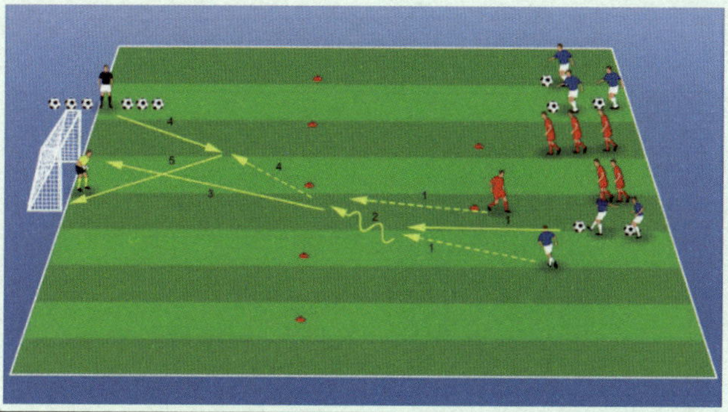

练习器材：足球12个，标志服若干，标志桶若干。
练习人数：12名队员，1名守门员。
练习时间：10～15分钟；每练习5分钟后间歇30～60秒。
练习场地：30米×30米的区域（可根据实际情况进行调整）。

目标：通过压力下连续快速射门练习，强化队员的射门能力，提高队员的自信心。

组织方法：

（1）队员分为2组，交替进行射门和回防练习。如图所示，持球队员根据射门队友身后插上的时机完成直塞球，射门队员接球后快速带球完成第一次射门，然后立刻接教练员做球完成补射。防守队员在持球队员传出球的瞬间转身回防。

（2）个人目标设置：每5次进攻打进5球及以上。

变化：

（1）撤掉标志盘（摆放标志盘是为了模拟罚球区距离，提示队员已进入射程）。

（2）改变防守队员的距离或位置，给射门队员更大压力。

（3）提高个人目标，如每5次进攻打进6～8球等。

教练员指导注意事项：

（1）教练员要根据队员实际能力，合理分组，合理安排防守队员及其位置。

（2）教练员要控制好练习的强度及间歇，避免队员因体能原因射门质量下降。

（3）模拟真实比赛场景中压力下完成射门和及时补射，鼓励队员敢于抬头观察守门员位置，选择合理的方式完成射门，而不是随意盲目打门。当队员打入合理或精彩的进球时，教练员应及时对队员表示肯定和鼓励。

（4）教练员要顾及每名队员，给予足够的关注，对总是出现失误的队员应耐心指导，注意细节指导。为队员建立技术技能档案，让队员多次体验成功，享受射门带来的快乐。

（5）教练员针对能力有限或状态不佳的队员，应及时进行技术和心理指导，通过适当改变要求，帮助队员提高射门能力；针对状态好、能力强的队员，应及时给予更多挑战。

（6）教练员应多去引导并教会队员进行积极的自我对话。

18.增强自信心练习方法 18

适宜年龄：11~12岁。

图示：

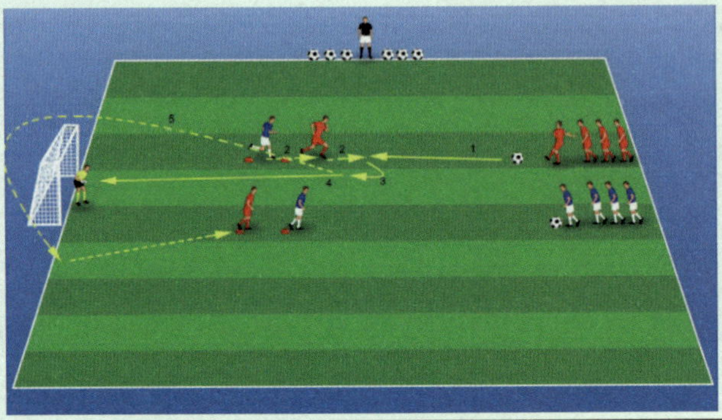

练习器材：足球12个，标志服若干，标志桶若干，球门1个。

练习人数：12名队员，1名守门员。

练习时间：10～15分钟；每练习5分钟后间歇30～60秒。

练习场地：30米×30米的区域（可根据实际情况进行调整）。

目标：通过压力下接球转身快速射门练习，强化队员的射门能力，增强队员在相同情境下射门的自信心。

组织方法：

（1）队员分为2组，交替进行射门和防守练习。如图所示，持球队员传球给射门队员，射门队员摆脱身后防守队员后接球，并选择左向或右向停球转身，快速完成射门。射门队员射门后从球门后方快速绕到另一组处成为防守队员。进球得1分，每人3次射门后计算小组得分。

（2）目标设置：个人目标——每6次射门打进3球以上；小组目标——共打进10球。

变化：

（1）改变防守队员的距离或位置，给射门队员更大压力。

（2）提高小组和个人目标，如每组需打进12球，每人每6次进攻需打进4球或5球等。

（3）改变传球队员的传球位置和传球方式。

教练员指导注意事项：

（1）教练员要根据队员的实际能力，合理分组，合理安排防守队员及其位置。

（2）教练员要控制好练习的强度及间歇，避免队员因体能下降导致射门质量降低。

（3）模拟真实比赛场景中压力下接球转身射门，鼓励队员敢于射门前抬头观察守门员位置，选择合理的方向停球转身并合理完成射门，而不是慌张无措地盲目射门。当队员打入合理或精彩的进球时，教练员应及时对队员表示肯定和鼓励。

（4）教练员要顾及每名队员，给予足够的关注，针对总是出现失误的队员应耐心指导，注意细节指导。为队员建立技术技能档案，让队员多次体验成功，享受射门带来的快乐。

（5）教练员针对能力有限或状态不佳的队员，应及时进行技术或心理指导，通过适当改变要求，帮助队员提高射门能力；针对状态好、能力强的队员，应及时给予更多挑战。

（6）教练员应多去引导并教会队员进行积极的自我对话。

增强自信心的游戏——柳树在风中

游戏器材：眼罩若干。

游戏人数：8~12人。

游戏时间：25~30分钟。

游戏场地：室内室外皆可。

目标：提高队员在训练中的相互信任及团队合作的能力，有助于增强队员的自信心。

组织方法：

（1）教练员让队员围成一个圆圈，如图所示。

（2）有一名队员自愿在圆圈中充当下降者，要求下降者必须做到手往前伸直反向紧握，向内旋转放在胸前，脚固定放在地上，身体挺直。下降者可以向任意方向倒下，如前倾、侧倾、后倒等。

（3）围成圆圈的成员要彼此靠近，肩挨着肩，手放在胸前，整个圆圈顺时针或逆时针进行旋转，并在旋转过程中支撑倒下的下降者，当下降者向任意方向倒下时，圆圈不能有缺口。

（4）所有队员需要喊相同的口号，下降者会在任意方向上倒下，其他的成员要用手支撑下降者。

变化：

（1）让下降者闭上眼睛或蒙上眼睛。

（2）可以在某位下降者完成一次后，先固定好下降的位置，然后让其他队员往后退一小步，然后重复一次游戏。

教练员指导注意事项：

（1）不能在湿滑的场地进行，此活动最多不超过15个人。

（2）要求队员在活动中不能连续转动得太快，要让每个成员都能支持好自己的同伴。

（3）发现有下降者在圆圈中倒下时，其他成员保持安静，帮助下降者保持心理安全。

（4）不能让一个成员去支撑下降者，下降者倒向任意方向时，该方向以及附近的全部的队员都要去支撑下降者。游戏结束后，由后方扶住下降者的肩膀，确定下降者站稳后再松手。

（5）要控制好每次练习的时间，不宜过长，同时要不断观察并提醒队员，间歇期间总结之前练习情况并提出下一次练习的要求或示范讲解。

增强自信心的游戏——信任绳圈

游戏器材：绳圈若干。

游戏人数：8～12人。

游戏时间：15～20分钟。

游戏场地：室内室外皆可。

目标：提高队员在训练中的相互信任能力及沟通能力，增强队员自信心。

组织方法：

（1）教练员将队员分为6组，每组2人，每组都有一个绳圈，如图所示。

（2）每组2名队员，在绳圈里面相互倾斜，去信任彼此。如果快要跌倒时，就前后移动步伐。

规则：队员站立，双脚要与肩同宽，身体要挺直。

变化：

（1）各组队员互换，加强不同队员之间的相互信任。

（2）可以靠着绳圈完全向后倾斜，然后坐下去，最后再依靠绳圈一起站起来。

教练员指导注意事项：

（1）注意场地的安全，不能在较滑的场地上进行。

（2）在游戏开始之前，评估小组的成员是否有足够的信任，能否彼此支持，以避免受伤。

（3）教练员要组织有序，讲解清晰，控制好活动的进行。

（4）要注意变换练习要求，不要让每一组分得太开，队员之间不要靠得太近，避免撞到彼此。

（5）当教练员发现一组队员体形差距较大时，就要协调好谁往后倾斜得多，避免发生危险。

五、提高抗应激能力

专栏小故事

故事1：2018年1月15日，U23亚洲杯的小组比赛中国对卡塔尔，这场比赛对于中国U23队来说，是不折不扣的出线生死战。比赛开始后，中国队占据绝对的主动权，在比赛刚开始3分钟就由姚均晟破门得分，中国队取得开门红。然而在比赛进行到40分钟的时候，中国队的队长何超推人犯规，由于之前累积的一张黄牌，两张黄牌变一张红牌，何超被罚下，这成为两队比赛的转折点。少一人作战的中国队，陷入被动，最终以1比2负于卡塔尔队，无缘U23亚洲杯八强。

故事2：2006年德国世界杯是法国著名球星齐达内参加的最后一届世界杯，也是齐达内告别球场前的最后战役。7月10日，法国与意大利的半决赛，双方在90分钟内1比1战平。在加时赛第20分钟，令人瞠目的镜头出现了：只见齐达内在跑动中突然回转身，将头撞向意大利后卫马特拉齐，后者倒地不起。裁判当即停止了比赛，经与第四官员核实之后，果断地向齐达内出示红牌，将他罚出了赛场。一代大师就这样带着难以弥补的缺憾，结束了自己的球员生涯。他本来有机会用第二个世界杯冠军为自己的球员生涯画上完美的句号，但一张红牌毁了一切，齐达内只能在胜负未卜的时候在一片震惊中遗憾地提前离去。最终，法国队在点球决战中负于意大利。

应激是什么?

应激：在心理学中也可以称之为“压力”，指有机体遇到干扰自己平衡状态或超越自己应对能力的刺激事件时，表现出的特定的或非特定的反应过程。

应激是一个连续的过程，包含三个部分：应激刺激、对威胁的判断、应激反应。

应激刺激：也被称为应激源，指对有机体形成威胁并引起有机体产生变化的各种内在及外在影响因素。如在足球比赛中裁判错判是典型的外在应激刺激。

应激反应：指有机体对应激刺激做出的适应性变化，包括生理的、行为的、情绪的以及认知上的改变。如在足球比赛中裁判错判引起的争吵。

应激反应及其后果

1. 生理性反应

（1）血压升高。

（2）喉咙和鼻子的肌肉会放松，使更多的空气进入肺部。

（3）产生丰富的面部表情。

这些生理性反应可以集中和动用能量，因而可以适应较大的身体消耗。

2. 心理性反应

（1）应激刺激可以诱发攻击行为。如在比赛中对方粗野的动作或出乎意料的失败等应激刺激诱发队员的攻击行为和球迷斗殴的情况屡见不鲜。

（2）应激刺激可诱发多种积极的和消极的情绪反应。积极的情绪反应包括精神振奋，这可以促进队员的发挥，但面对应激刺激时，更多的是消极的情绪反应，包括暴躁、愤怒、焦虑、忧郁和沮丧等，这些情绪会妨碍队员的发挥。

（3）应激刺激引起的身体反应可以促使个体缩小注意范围，集中注意力，对环境的线索更加敏感。在比赛中，如果这种反应应用在与比赛相关的信息上，如对手的位置，会促进运动表现；如果这种反应应用在与比赛无关的信息上，如观众的反应，则会妨碍运动表现。

（4）应激刺激引起的身体反应可以促使个体缩小注意范围，应激刺激越强烈，这种反应越明显。足球作为大场地、多人数的对抗性项目，队员需要同时注意和分析队友、对手等大量信息，如果应激刺激引起的身体反应过强，会妨碍队员的运动表现。

（5）应激刺激引起的身体反应除促使个体缩小注意力范围外，还会干扰队员的判断和决策，以及对相关记忆内容的提取和恢复。例如在足球比赛的关键时刻，队员忘记教练员事先制订的战术和叮嘱，采取了无效战术。

队员如何增强应对应激的能力?

（1）面对应激刺激时，首先要快速对应激刺激进行判断。

（2）调整情绪，使情绪向积极的方向发展，减轻应激刺激带来的不愉快感受。

（3）快速进行决策，回忆或寻找解决问题的办法。

（4）积极寻求队友的帮助，利用队友的支持做出合理的应激反应。

教练员如何创编抗应激类练习以提高队员的抗应激能力?

（1）教练员确定明确的练习主题。

（2）根据队员的能力确定并调整练习内容。

（3）根据练习主题结合比赛场景确定压力（应激刺激）的性质（如进攻与防守，进攻与防守的人数对比，进攻与防守的位置对比等）。

（4）根据不同的情况制造压力。

（5）明确如何对待不同条件造成的压力。

（6）逐渐提高练习的难度，创造不同的情境。

教练员在抗应激练习过程中应注意的事项

（1）合理安排场地，控制练习强度，保证练习在自己的可控范围内进行。

（2）在练习过程中要讲解清晰，示范明确，同时让队员明确应激刺激的性质。

（3）在队员面对压力时，要引导队员不要慌乱，积极调整情绪，做出合理的判断。可用引导性的语言为队员提示解决问题的方向或办法，引导队员做出正确的决策。

（4）当队员做出合理的决策时要及时鼓励，并根据实际情况让队员对场景进行还原，加深队员记忆。

（5）要根据队员的训练状态对训练内容进行调整与改变，改变的原则是逐渐增加难度。

（6）若队员长时间未能向积极的方向改变或做出合理的正确的决策，教练员可选择降低难度，目的是为了让队员获得成功的体验，增强队员的信心。

（7）在练习间歇教练员要总结之前的训练，并对接下来的训练提出新的要求并充分示范讲解。

（8）教练员在练习结束后一定要引导队员根据练习的情境寻找在面对同类应激刺激时的方法，使队员能够举一反三。

抗应激练习示例

1. 提高抗应激能力练习方法1

<table>
<tr><td>适宜年龄：9~10岁。</td></tr>
<tr><td>图示：
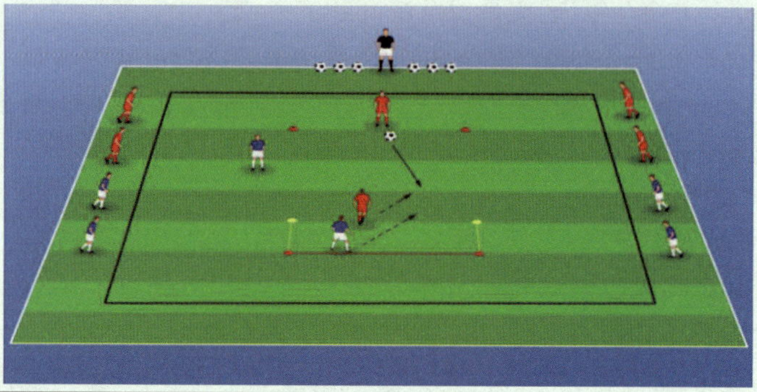</td></tr>
<tr><td>练习器材：足球若干，标志服若干，标志桶若干。
练习人数：12人。
练习时间：10分钟；每练习2分钟后间歇至少1分钟。
练习场地：10米×10米的区域（可根据实际情况进行调整）。</td></tr>
<tr><td>目标：通过1对1对抗练习，提高队员在压力下自身适应调节的能力。
组织方法：
（1）队员分为3组，每组4人，进攻方、防守方各2人，分别穿红、蓝标志服，每组一球，如图示布置场地。
（2）防守队员与进攻队员之间的起始距离为2米。
（3）进攻队员每人进攻一次后，进行攻防转换。
得分方式：进攻队员将球运过红色标志线得1分，防守队员将球破坏掉得1分。
变化：
（1）练习5分钟后将防守队员与进攻队员之间的距离缩短为1米，提高进攻队员快速决策的抗应激能力。
（2）练习8分钟后要求进攻队员5秒内将球运过标志线，来提高进攻队员把握时间的抗应激能力。</td></tr>
<tr><td>教练员指导注意事项：
（1）注意各组练习区域之间的距离，保证队员之间不相互影响。
（2）教练员要求队员在1对1对抗中，防守队员要保持正确的身体姿势及时上抢、背身保护球门，与进攻队员保持一臂距离，进攻队员要观察防守队员位置，跑位接球、快速突破完成得分。
（3）教练员在练习中要组织有序，讲解清晰。对队员出现的问题要及时给予正确的反馈指导。
（4）教练员要根据队员的练习效率对训练进行及时调整来调动队员的积极性，从而提高训练效率。
（5）教练员要控制好练习的时间，负荷强度不宜过大。间歇期间总结和讲解队员在练习中出现的问题并指导。</td></tr>
</table>

2. 提高抗应激能力练习方法2

适宜年龄： 9~10岁。
图示： 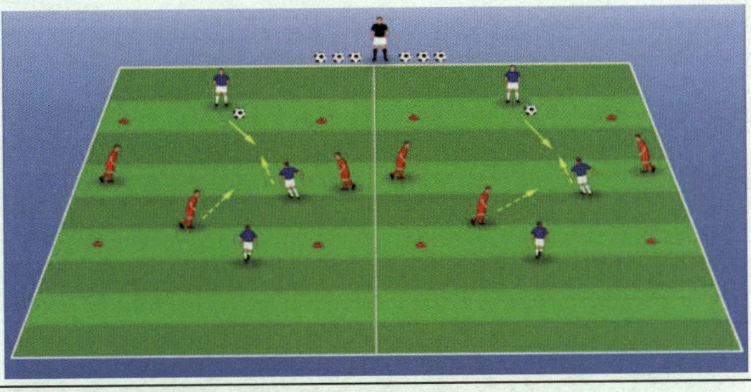
练习器材： 足球若干，标志服若干，标志盘若干。 **练习人数：** 12名队员。 **练习时间：** 8~10分钟；每练习2分钟后间歇至少1分钟。 **练习场地：** 10米×10米的区域（可根据实际情况进行调整）。
目标： 通过1对1对抗控球练习，提高队员在高强度压力下完成控球的抗应激能力。 **组织方法：** （1）队员分为2组，每组6人，分别穿红、蓝标志服，在场地内进行1对1的对抗控球练习。 （2）外围队员做墙，每次从做墙队员传球开始，控球队员可传球给做墙队友，做墙队员最多控球2秒。 （3）被抢断或球出界，攻防转换，一轮攻防转换后换下组队员练习，30秒仍没抢下换防守队员。 **得分方式：** 控球10秒得1分。 **变化：** （1）做墙队员可以一脚出球，若能力不足则两脚出球。 （2）进攻队员只能传给与自己穿同颜色标志服的队员，回传只能一次。
教练员指导注意事项： （1）注意练习场地大小，以及两组练习区域之间的距离，从而确保训练的高效性。 （2）教练员要求队员提前观察防守队员站位，与做墙队员呼应。快速启动寻找空间，接球摆脱防守队员，充分利用场地进行无球跑动，为接球创造空间。 （3）教练员在练习中要组织有序，讲解清晰。要求队员用远侧脚控球减少转身次数。 （4）教练员要限制控球队员的回传次数来提高队员控球对抗的能力。 （5）教练员要控制好练习的时间，负荷强度不宜过大。间歇期间总结和讲解队员练习中出现的问题并指导。

3. 提高抗应激能力练习方法3

适宜年龄：6~8岁。

图示：

练习器材：足球若干，标志服若干，标志桶若干。

练习人数：12名队员，2名守门员。

练习时间：12分钟；每练习3分钟后间歇至少1分钟。

练习场地：40米×30米的区域（可根据实际情况进行调整）。

目标：通过快速运球对抗射门练习，提高队员高强度对抗下完成射门的能力。

组织方法：

（1）队员分为2组，分别穿红、蓝标志服，在场地内进行快速运球对抗射门练习。

（2）每次进攻由进攻队员动球开始，起始位置距离目标区域6～8米。防守队员距离目标区域较近，要求进攻队员必须在5秒内运球到黄色标志盘区域后方可射门。

（3）间歇期间进行顺时针的人员换位，让队员在不同位置上练习。

得分方式：进球得1分。

变化：

（1）练习4分钟后限制进攻队员触球次数，三脚后必须打门。

（2）练习8分钟后缩短防守队员与防守区域的距离。

教练员指导注意事项：

（1）注意练习场地大小，不宜过大，同时也要保证防守队员能够给予进攻队员足够压力，使训练更加符合实际比赛的需要。

（2）教练员要求队员提前观察防守队员与守门员的站位，快速运球完成射门。

（3）教练员在练习中要组织有序，讲解清晰。练习中对队员出现的射门方向选择、射门时身体姿势、射门脚法等问题要及时给予正确的反馈指导。

（4）教练员可通过控制触球次数和防守强度来提高队员更多场景下完成射门的能力。

（5）教练员要控制好练习的时间，负荷强度不宜过大。间歇期间总结和讲解队员在练习中出现的问题并指导。

4. 提高抗应激能力练习方法4

适宜年龄：11~12岁。
图示： 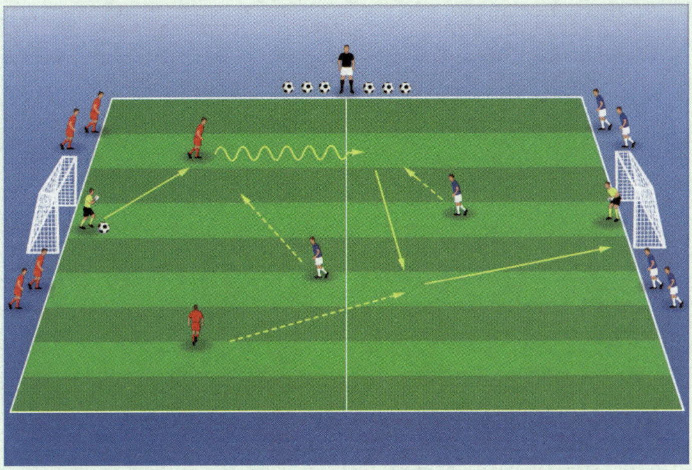
练习器材：足球若干，标志服若干，标志桶若干，球门2个。 **练习人数**：12名队员，2名守门员。 **练习时间**：12分钟；每练习3分钟后间歇至少1分钟。 **练习场地**：20米×15米的区域（可根据实际情况进行调整）。
目标：通过2对2对抗射门练习，提高队员对抗压力完成射门的能力。 **组织方法**： （1）队员分为2组，分别穿红、蓝标志服。在场地内进行2对2的对抗射门练习。 （2）每次进攻由守门员发动，防守队员分别站在前后场，在防守过程中不允许过中场线。 （3）射门或丢球后本次进攻结束，攻防转换，再次射门或丢球后换下组队员进行练习。 **得分方式**：进攻队员进球得1分。 **变化**：练习7分钟后防守队员可随意穿越中场线，进攻队员丢球后立即反抢，防守队员抢到球发动反击。球出界或进球换下组队员进行练习。
教练员指导注意事项： （1）注意练习场地大小，不宜过大，保证队员之间良好的对抗性。 （2）教练员要求队员提前观察防守队员与守门员的站位，充分利用场地进行无球跑动，为接球创造空间，完成射门。 （3）教练员在练习中要组织有序，讲解清晰。练习中，对队员出现射门时身体姿势、脚法的问题要及时给予正确的反馈指导。 （4）教练员可取消对队员防守区域的限制来提高队员攻防意识快速转变的能力。 （5）教练员要控制好练习的时间，负荷强度不宜过大。间歇期间总结和讲解队员在练习中出现的问题并指导。

5. 提高抗应激能力练习方法 5

适宜年龄： 11~12岁。

图示：

练习器材： 足球若干，标志服若干，标志桶若干。
练习人数： 12名队员。
练习时间： 约10分钟；每练习2分钟后间歇至少1分钟。
练习场地： 30米×30米的区域（可根据实际情况进行调整）。

目标： 通过4对4和4传接球练习，提高队员在高强度对抗下完成接球的能力。
组织方法：
（1）将队员分为3组，分别穿红、蓝、粉标志服，每组4人。在场地内进行4对4的传接球练习，另外一组4名队员各占据区域的4条边线，在边线上做墙。
（2）4名外围队员做墙，每次从做墙队员传球开始，接球队员可传球给做墙队员，做墙队员之间只能传球1次。
（3）2分钟后得分最少的队与做墙的队轮换。
得分方式： 成功传球10次得1分。
变化：
（1）做墙队员根据能力可以一脚出球，若能力不足则两脚出球。
（2）限制进攻队员，使其两脚出球，若能力不足则三脚出球。

教练员指导注意事项：
（1）注意练习场地大小，可适当缩小场地增加对抗强度。
（2）教练员要求队员提前观察防守队员站位，与队友呼应。要快速启动摆脱防守队员寻找空间接球，充分利用场地进行无球跑动，为接球创造空间。传球后要继续寻找空间接球。
（3）教练员在练习中要组织有序，讲解清晰。练习中队员接球时要提前想好下一步。
（4）教练员通过限制队员的触球次数来提高接球队员提前做出接球准备的能力。
（5）教练员要控制好练习的时间，负荷强度不宜过大。间歇期间总结和讲解队员在练习中出现的问题并指导。

6. 提高抗应激能力练习方法6

适宜年龄：13~15岁。

图示：

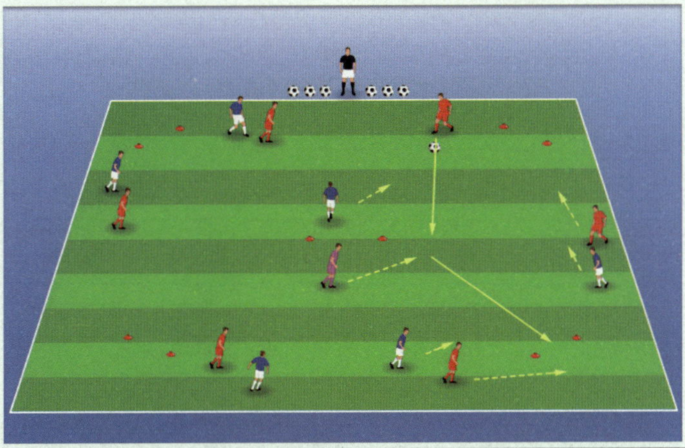

练习器材：足球若干，标志服若干，标志桶若干。
练习人数：12名队员，1名自由人。
练习时间：10分钟；每练习4分钟后间歇至少1分钟。
练习场地：30米×30米的区域（可根据实际情况进行调整）。

目标：通过无球跑动接球的练习，提高队员在高强度对抗压力下完成接球的能力。
组织方法：
（1）队员分为2组，分别穿红、蓝标志服，在场地内进行跑位接球的练习。
（2）每次由教练员发球，可发给任意队员，比赛开始。
得分方式：进攻队员将球传过用标志物摆放的球门且队友接到球后得1分（不可重复进同样的球门）。
变化：练习5分钟后自由人休息，进行6对6的对抗练习。

教练员指导注意事项：
（1）练习场地不宜过大，同时也要保证防守队员能够给予进攻队员足够压力，使训练更加符合实际比赛的需要。
（2）教练员要求无球队员提前观察防守队员站位，寻找接球的空间以及接球时的合理身体姿势。
（3）教练员在练习中要组织有序，讲解清晰，对练习中队员空间位置的选择、接球前的摆脱、接球时的身体姿势等问题及时给予正确的反馈指导。
（4）教练员可通过人数的限制来提高队员高强度对抗下接球的能力。
（5）教练员要控制好练习的时间，负荷强度不宜过大。间歇期间总结和讲解队员在练习中出现的问题并指导。

7. 提高抗应激能力练习方法7

适宜年龄：13~15岁。
图示： 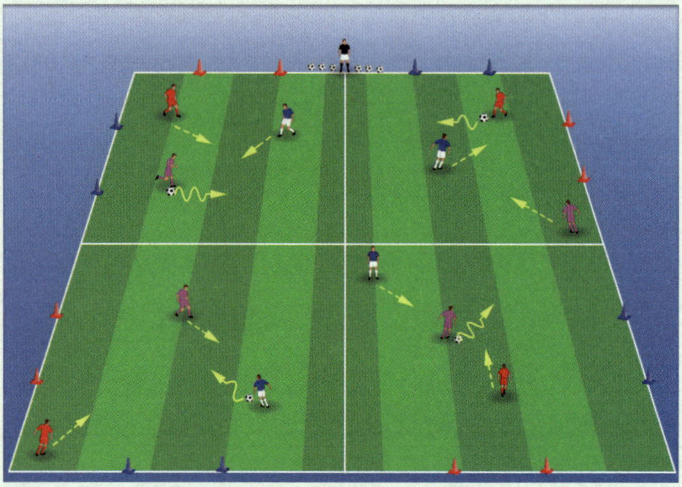
练习器材：足球若干，标志服若干，标志桶若干。 **练习人数**：12人。 **练习时间**：8~10分钟；每练习1分钟间歇至少1分钟。 **练习场地**：每块区域12米×12米（可根据实际情况进行调整）。
目标：在练习中制造1对2的局面，锻炼队员的抗应激能力。 **组织方法**： （1）队员分为3组，分别穿红、蓝、粉三色标志服，每组4人，如图示划分4块区域，每块区域内每组各1人。 （2）练习开始后，教练员指定一色队员先进攻，其他两色队员防守，目标是穿越各自区域内由标志桶摆放的2个小球门，运球穿越小球门得分后继续进攻，球被断后，断球队员变为进攻队员，其他两色队员防守。 **得分方式**：运球穿越小球门得1分，连续穿越小球门3次得5分。 **胜负方式**：一组练习结束后比较三组的总得分。 **变化**： （1）区域内再增加一个得分目标，如在一侧端线摆放一个标志桶，队员可运球踩到标志桶处得分。 （2）由穿越球门得分变为踩线得分。
教练员指导注意事项： （1）教练员在设置场地时注意控制区域之间的距离，不要相互影响。 （2）教练员在练习过程中要组织有序，讲解清晰，队员进攻时要沉着冷静，寻找机会。 （3）教练员可通过增加得分目标给进攻队员更多的选择，也可改变得分方式给进攻队员增加难度。

8. 提高抗应激能力练习方法8

适宜年龄： 11~12岁。

图示：

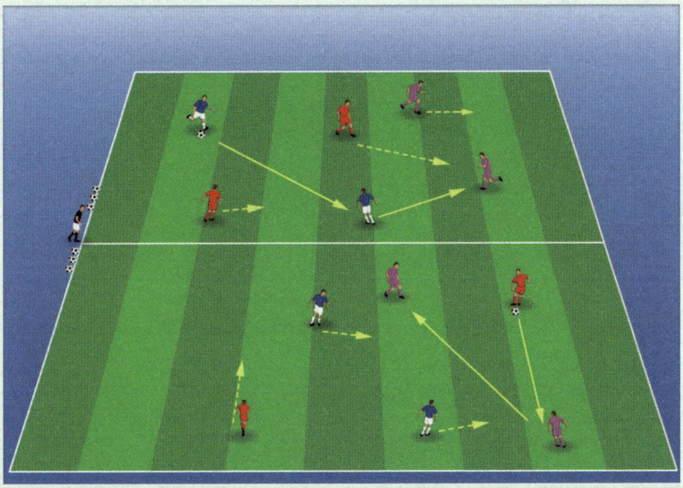

练习器材： 足球若干，标志服若干。

练习人数： 12人。

练习时间： 8~10分钟；每练习2分钟后间歇至少1分钟。

练习场地： 每块区域15米×15米（可根据实际情况进行调整）。

目标： 在练习中制造以少防多的局面，锻炼队员的抗应激能力。

组织方法：

（1）队员分为3组，每组4人，分别穿红、蓝、粉标志服，如图示布置2块练习区域，每块练习区域每组各2人。

（2）练习开始后，教练员规定一队防守，其他两队进攻，做4对2传抢练习。

（3）进攻队员一旦出现失误，立即变为防守人，如：起始练习时红、蓝队队员进攻，粉队队员防守，若蓝队队员进攻出现失误，则变为红、粉队队员进攻，蓝队队员防守，依此类推。

变化： 可通过限制进攻队员触球次数增减难度。

教练员指导注意事项：

（1）教练员在练习过程中要组织有序，讲解清晰，要求防守队员两人配合默契，全力防守。

（2）教练员在队员攻防转换时要提醒防守队员冷静，快速观察持球人与接应人的位置，相互配合。

（3）教练员可根据练习情况加入限制进攻队员触球次数的规则，从而使防守队员的难度逐渐提高。

9. 提高抗应激能力练习方法9

适宜年龄： 11~12岁。

图示：

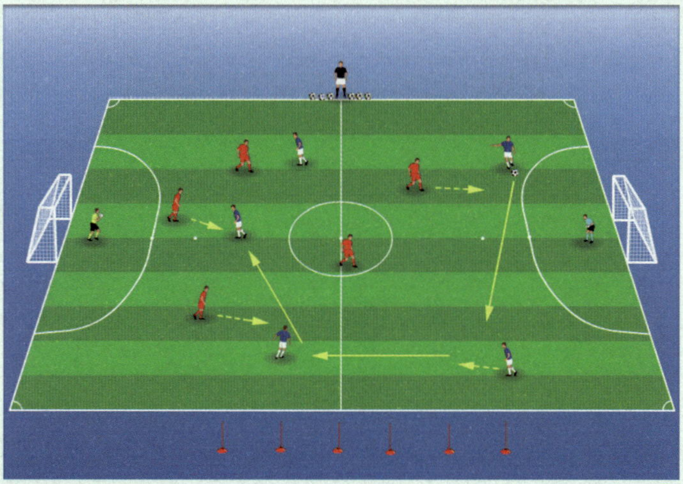

练习器材： 足球若干，标志服若干，标志杆若干，球门2个。

练习人数： 12人。

练习时间： 15~20分钟（4分钟一节，中间休息1分钟）。

练习场地： 40米×20米的区域。

目标： 在比赛中制造以少打多的局面，锻炼队员的抗应激能力。

组织方法：

（1）队员分为2组，分别穿红、蓝标志服，在场地内进行6对6比赛，各队1名守门员。

（2）比赛规则按照小场地规则进行。

附加规则：比赛过程中若红队先进球，则蓝队需撤下一名队员，蓝队得分后，此队员才可上场比赛，若红队在此过程中继续得分，则蓝队继续撤下队员。撤下的队员在场地外做运球绕杆练习。

得分方式： 进球得1分，以少打多的情况下连续传球5脚得1分。

胜负方式： 比赛结束后比较两组总得分。

教练员指导注意事项：

（1）教练员在比赛开始前一定要将比赛规则讲解清楚，并进行示范，同时每节比赛时间不要太长。

（2）教练员要求队员在比赛中大胆运用技术动作，多呼应队友。

（3）教练员要提示队员在以少打多的情况下不要慌乱，注意策略，在此情况下进球时教练员要积极鼓励。

（4）当双方长时间没有进球时，教练员可采用随机拿下某组一人的做法。

10. 提高抗应激能力练习方法10

适宜年龄： 16~18岁。
图示： 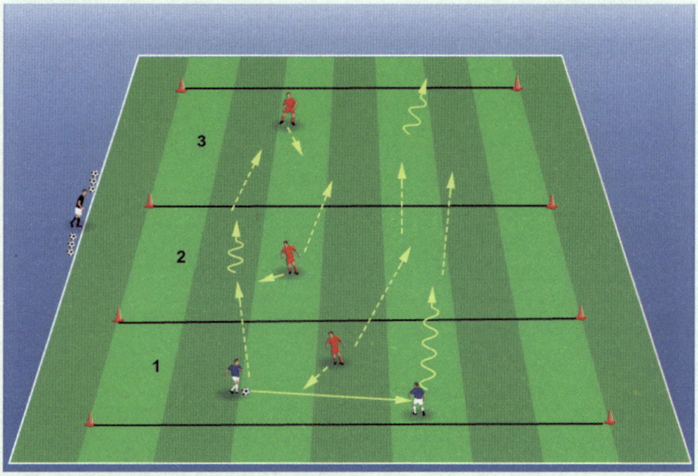
练习器材： 足球若干，标志服若干，标志桶若干。 **练习人数：** 15~20人。 **练习时间：** 8~10分钟；每练习2分钟后间歇至少1分钟。 **练习场地：** 每块区域15米×10米（可根据实际情况进行调整）。
目标： 在练习中为进攻队员制造面对不同防守人数的局面，锻炼队员的抗应激能力。 **组织方法：** （1）队员分为5人一组，如图示划分3块连续区域，编号1，2，3。 （2）练习开始后，2名进攻队员进到1号区域，与防守队员进行2对1练习；当两人都穿越1号区域进到2号区域后，1号区域防守队员同时进到2号区域，在2号区域内进行2对2练习；当进攻队员都通过2号区域进到3号区域后，防守队员同时进到3号区域，在3号区域内进行2对3练习；进攻队员运球过线为成功。 （3）一组练习结束后人员轮换。 **变化：** （1）在2对1练习时限制进攻队员触球次数。 （2）根据队员练习情况，可在3号区域后设置一名接应队员，进攻队员在2对3练习时将球传给接应队员为成功。
教练员指导注意事项： （1）注意控制区域大小，不宜太大，区域越小进攻队员的难度越大。 （2）教练员在练习过程中要组织有序，讲解清晰，要求进攻队员多利用配合，大胆进行1对1突破，同时要求防守队员转换迅速。 （3）教练员要提示队员在面对不同的防守人数时运用不同的策略，头脑要冷静，不要着急。 （4）教练员可通过加入接应队员让进攻队员改变进攻选择，锻炼队员的抗应激能力。

11. 提高抗应激能力练习方法11

适宜年龄：11~12岁。

图示：

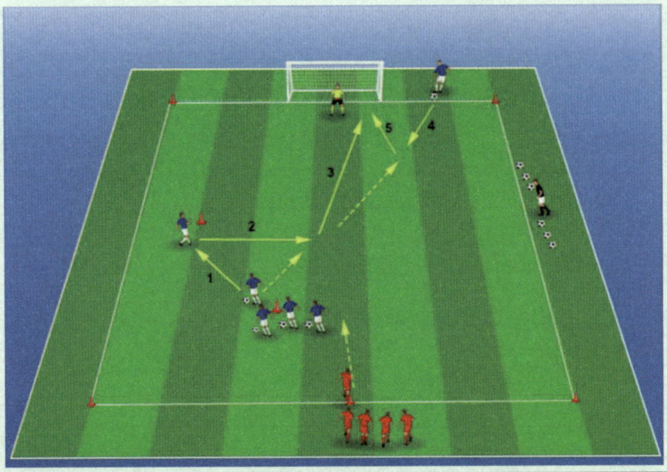

练习器材：足球若干，标志服若干，标志桶若干，球门1个。
练习人数：11名队员，1名守门员。
练习时间：8～10分钟；每练习2分钟后间歇至少1分钟。
练习场地：30米×20米的区域（可根据实际情况进行调整）。

目标：在练习中制造防守队员回追的局面，持续给进攻队员压力，锻炼队员的抗应激能力。
组织方法：
（1）队员分为2组，进攻7人，一组防守5人，设1名守门员。如图示设置区域，进攻队员在起始点标志桶处站立，两人在左侧标志桶、球门底线处传球，防守队员在区域一侧边线标志桶处站立，距离进攻队员8～10米。
（2）练习开始后，进攻队员与左侧标志桶处传球队员做一个墙式配合后射门，进攻队员一传球，防守队员立刻启动回追。球射出后底线传球人迅速向进攻队员传球，进攻队员尝试射门得分。
（3）射门队员练习结束后变为左侧传球人，左侧传球人变为底线传球人，底线传球人回到队伍。
（4）一轮练习结束后进攻组、防守组交换。
得分方式：进球得1分。
胜负方式：一组练习结束后比较两组总得分，得分多的队伍获胜。
变化：
（1）缩短防守队员与进攻队员的起始距离。
（2）改变防守队员的起始位置，如形成侧面补位等。

教练员指导注意事项：
（1）教练员在练习过程中要组织有序，讲解清晰，要求队员行动迅速，同时注意射门的准确性。
（2）教练员要求进攻队员在对方回追时要冷静，注意观察防守队员与守门员的位置，合理选择技术。
（3）教练员可通过改变防守队员参与防守时的起始位置，给进攻队员不同的应激刺激。

12. 提高抗应激能力练习方法12

适宜年龄：13~15岁。

图示：

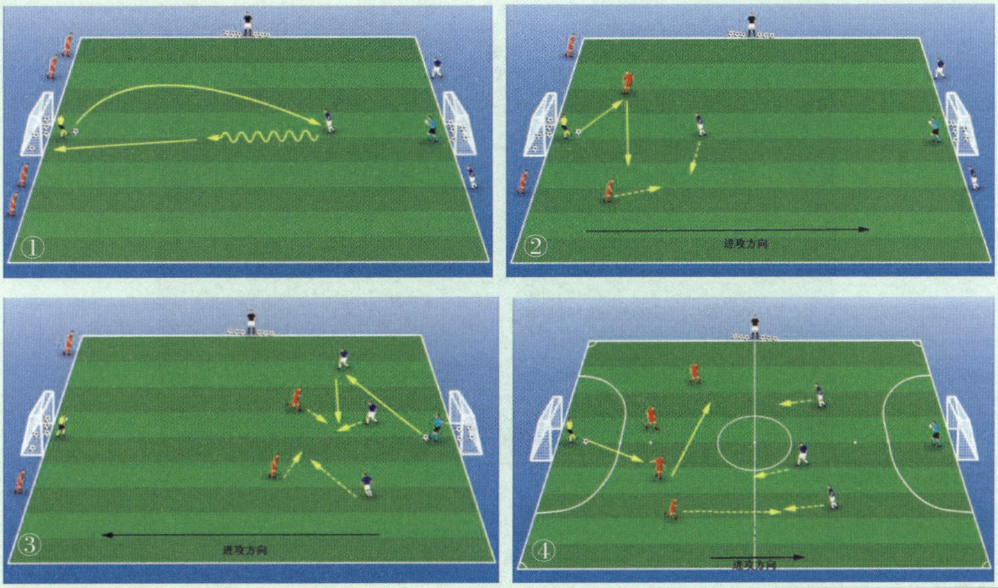

练习器材：足球若干，标志服若干，球门2个。
练习人数：7名队员，2名守门员。
练习时间：10～12分钟；每练习2分钟后间歇至少1分钟。
练习场地：40米×20米的区域。

目标：在练习中制造以少防多的局面，人数逐渐递增，锻炼队员的抗应激能力。
组织方法：
（1）队员分为2组，红队4人，蓝队3人，所有人按图①所示站立。
（2）练习开始后，远端守门员发球（手抛球），蓝队队员拿球后进攻，单刀完成射门。
（3）射门后如图②，蓝队队员防守，近端守门员发球，同时底线2名红队队员进场进攻，场地内2打1。
（4）红队进攻结束后如图③，近端守门员发球，同时底线2名蓝队队员进到场地参与进攻，红队2名队员进攻完后防守，场地内3打2。
（5）蓝队进攻结束后如图④，近端守门员发球，同时底线2名红队队员进到场地参与进攻，蓝队3名队员进攻完后防守，场地内4打3。
得分方式：进球得1分。
胜负方式：练习结束后比较两组总得分。

教练员指导注意事项：
（1）教练员要注意提醒队员衔接迅速、注意力集中。
（2）教练员在以少防多的情况下提醒防守队员保持冷静，守门员要指挥防守，同时防守队员要相互呼应，配合默契。

13. 提高抗应激能力练习方法13

适宜年龄： 11~12岁。

图示：

练习器材： 足球若干，标志服若干，球门2个。

练习人数： 10名队员，2名守门员。

练习时间： 15~20分钟（4分钟一节，中间休息1分钟）。

练习场地： 五人制全场。

目标： 在比赛中通过改变规则为一方创造得分有利条件，锻炼队员的抗应激能力。

组织方法：

（1）队员分为2组，分别穿红、蓝标志服，在场地内进行6对6的比赛（每组1名守门员）。

（2）比赛规则同小场地规则。

附加规则：比赛中，进第一个球得1分，进第二个球得2分，进第三个球得3分，依次类推。如：红队先进球，比分1：0，蓝队进第二个球，则比分变为1：2，红队进第三个球，则比分变为4：2。比赛中采取人盯人防守，被防守人得分防守人需立刻冲刺到对面底线做折返跑。

胜负方式： 比赛结束后比较两组总得分。

教练员指导注意事项：

（1）教练员在比赛开始前一定要将比赛规则讲解清楚，并进行示范，同时每节比赛时间不要太长。

（2）教练员要求队员在比赛中大胆运用技术动作，注意力集中，人盯人防守时注意相互提醒。

（3）比分变化会非常迅速，教练员要提醒队员保持头脑冷静，团队行动一致，并通过语言等鼓舞队伍士气，让队伍积极寻求解决问题的办法。

14. 提高抗应激能力练习方法14

适宜年龄： 16~18岁。
图示： 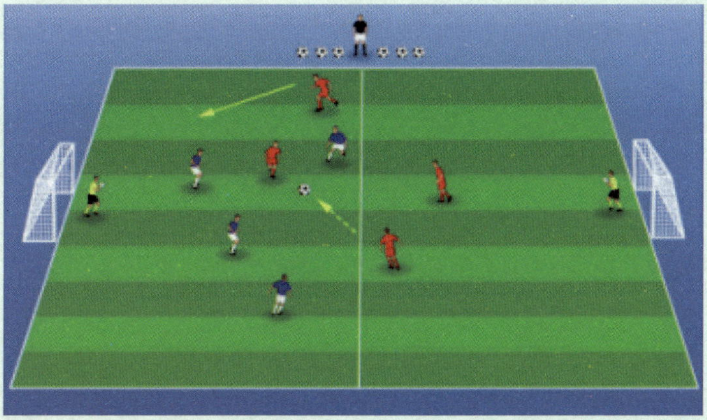
练习器材： 足球若干，标志服若干，球门2个。 **练习人数：** 8名队员，2名守门员。 **练习时间：** 20分钟；每练习10分钟后间歇3分钟。 **练习场地：** 30米×20米的区域（可根据实际情况进行调整）。
目标： 通过设置比分落后的比赛场景，并进行目标设置，提高队员的抗应激能力。 **组织方法：** （1）8名队员分为2组，分别穿红、蓝标志服，如图示布置场地。 （2）两组在区域内进行攻防比赛，共两回合比赛，每回合10分钟，规定第一回合初始比分为蓝队2比0领先于红队，第二回合初始比分为红队2比0领先于蓝队。 （3）要求落后组在规定时间内将比分扳平或反超。 **得分方式：** 进球得1分（最后5分钟内射门进球得2分）。 **变化：** （1）限制分数领先组队员传球次数或持球时间。 （2）根据队员技术水平可调整比分领先优势。 （3）获胜方式可计每回合比分，或两回合总进球数。
教练员指导注意事项： （1）教练员要求比分领先组的队员态度积极，认真训练。 （2）教练员在练习过程中要组织有序，讲解清晰，要求落后队员不要急躁，鼓励队员耐心寻找机会。 （3）教练员通过此类训练使双方能够根据不同的比分情况及时调整心态。

15. 提高抗应激能力练习方法15

适宜年龄：16~18岁。

图示：

练习器材：足球若干，标志服若干，球门2个。

练习人数：16名队员，2名守门员。

练习时间：45分钟；练习20分钟后间歇5分钟。

练习场地：50米×40米的区域（可根据实际情况进行调整）。

目标：通过设置以少打多的比赛场景，并进行目标设置，提高队员的抗应激能力。

组织方法：

（1）16名将队员分为2组，每组8人，分别穿红、蓝标志服，如图示布置场地。

（2）两组在区域内按正常规则进行比赛，每半场20分钟，比赛开始时后，教练员根据情况将某队的1名队员罚出场外（误判的形式）。

（3）被罚队员的队伍进球后，允许被罚下队员回到场内继续比赛，而教练员根据情况将另一队某名队员罚下。

（4）被罚下场的队员在场外做技术训练。

得分方式：进球得1分（最后5分钟人数少的队伍进球得2分）。

变化：

（1）根据具体情况可将进球后才能上场调整为规定时间内或完成规定技术练习后上场。

（2）根据比赛情况调整最后5分钟的练习（增加或减少时间）。

教练员指导注意事项：

（1）教练员在比赛前与队员提前沟通，合理安排场外队员的技术训练，保证其场外的心率应与比赛接近。

（2）教练员在队员练习过程中要控制双方的情绪，要求领先方不放松，保持注意力，落后方不放弃，保持积极的心态。

（3）教练员的判罚不应太频繁，以免打断比赛次数过多，应保障比赛的质量。

（4）教练员通过误判将队员罚下的训练方式使队员在比赛中能够根据情况及时调整心态和比赛阵型。

16. 提高抗应激能力练习方法16

适宜年龄： 13~15岁。
图示： 
练习器材： 足球若干，标志服若干，球门2个。 **练习人数：** 10名队员，2名守门员。 **练习时间：** 20分钟；每练习10分钟后间歇3分钟。 **练习场地：** 30米×20米的区域（可根据实际情况进行调整）。
目标： 通过比赛中的规则限制，提高队员的抗应激能力。 **组织方法：** （1）10名队员分为2组，分别穿红、蓝标志服，如图示布置场地。 （2）两组队员在区域内进行比赛，每队5名队员和1名守门员。 （3）开始时，限制蓝队触球次数，如超过一次，则不能传球。当球被抢断时，取消限制，直到进球或者出界。 **得分方式：** 进球得1分。 **变化：** （1）调整队员触球次数。 （2）调整比赛区域。 （3）根据队员水平限制红队射门方式。
教练员指导注意事项： （1）教练员在进行此类训练时，尽量创造队员在后场被压迫时失去球权的场景。 （2）教练员指导队员在后场失去球权的情况下，在最短的时间内迅速组织防守，变换防守阵型。 （3）教练员通过此练习提高队员面对意外在后场失去球权情况下的应对能力。

17. 提高抗应激能力练习方法17

适宜年龄： 13~15岁。

图示：

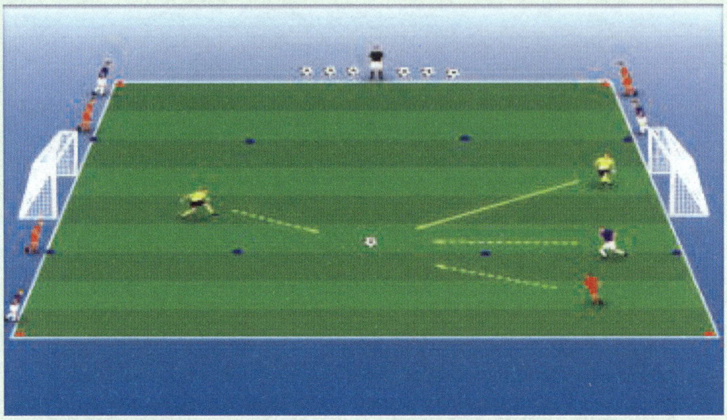

练习器材： 足球若干，标志服若干，球门2个。

练习人数： 8名队员，2名守门员。

练习时间： 10分钟。

练习场地： 40米×45米的区域（可根据实际情况进行调整）。

目标： 通过为进攻队员设置防守回追的场景，提高队员在压力下的技术运用能力。

组织方法：

（1）8名队员将队员分为2组，分别穿红、蓝标志服，如图示布置场地。

（2）两组在区域内模拟快速反击场景，进攻方守门员将球传向一侧，该侧进攻队员快速插上进攻，同侧防守队员迅速回追，封堵进攻队员内切路线，并逼迫其向外带球。守门员判断进攻队员传球路线，及时出击，与防守队员协同防守。

（3）进攻队员从红色标志盘处前插，防守队员从球门旁的蓝色标志盘处回追。进攻队员必须进入蓝色标志盘区域内才能射门。

（4）防守队员得球后迅速发动反击，将球打进或球出界为结束。

得分方式： 进球得1分，将球破坏或逼出界外得1分，反击得2分，射门球出界得1分。

变化：

（1）根据队员训练情况，要求进攻队员禁区内必须在规定时间内完成进攻。

（2）根据队员训练情况，调整红色标志盘的训练区域范围和蓝色标志盘的射门区域范围。

（3）根据队员训练情况，调整间歇时间。

教练员指导注意事项：

（1）教练员要注意一组2名队员速度实力不要相差太大。

（2）教练员指导防守队员封堵内切路线，并持续增加对进攻队员的压迫（使进攻队员无法轻松地做出动作），并注意不要轻易犯规。

（3）指导守门员在传球后立即出击，在进攻队员得球后，减速前进，身体张开，保持正直，不要轻易倒地。

（4）教练员通过此类训练提高队员在防守回追时的防守成功率。

18. 提高抗应激能力练习方法18

适宜年龄： 13~15岁。

图示：

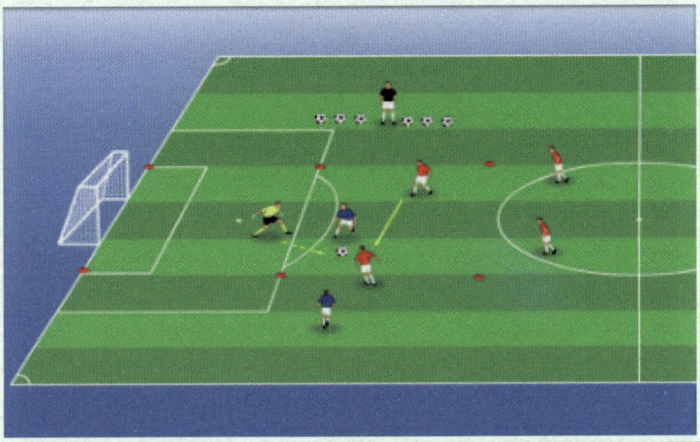

练习器材： 足球若干，标志服若干，球门1个。
练习人数： 6名队员，1名守门员。
练习时间： 20分钟；每练习10分钟后间歇3分钟。
练习场地： 40米×30米的区域（可根据实际情况进行调整）。

目标： 通过比赛中的时间与规则限制，提高队员的抗应激能力。
组织方法：
（1）6名队员分为2组，4人穿红色标志服，2人穿蓝色标志服，规定队员在快速运动中完成进攻，且有越位判罚。
（2）红队2人持球进攻，只能在禁区内完成射门。蓝队1人抢球，1人在一侧观察防守行为以及进攻是否越位。
（3）要求后卫和守门员协同防守，阻止进攻方射门得分。获得球权后，将球传（抛）给观察队员。
（4）每次完成进攻后，2名进攻队员与防守队员交换，一人防守，一人观察。可设2名守门员，在1名守门员丢球后轮换，轮休守门员在门后观察训练。
得分方式： 进球得1分。
变化：
（1）首先在区域较小的范围内进攻，根据队员训练情况改变训练区域。
（2）根据队员训练情况限制每次进攻时间，要求队员以更快的速度完成进攻。
（3）根据队员训练情况要求进攻队员必须在两次触球后射门。

教练员指导注意事项：
（1）教练员指导守门员和后卫找准位置。
（2）教练员指导防守队员延缓进攻，然后横向拦截和压迫进攻队员。
（3）教练员指导守门员在防守队员横向压迫时及时出击，封堵射门路线。
（4）教练员通过此类以少防多的训练提高防守队员在人数不占优势时的应变能力。

19. 提高抗应激能力练习方法19

适宜年龄：13~15岁。

图示：

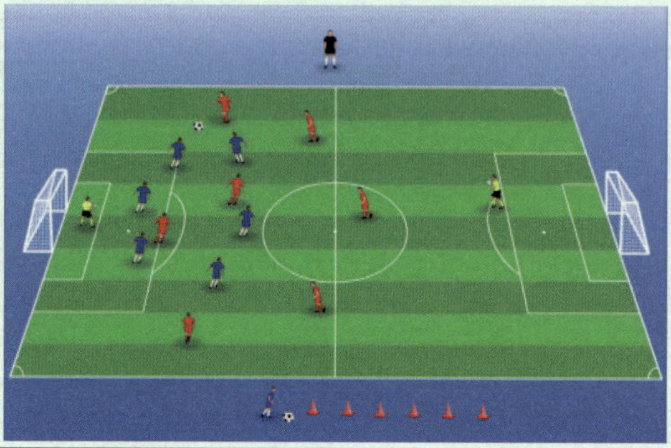

练习器材：足球若干，标志服若干。

练习人数：14名队员，2名守门员。

练习时间：40分钟。

练习场地：八人制全场 （可根据实际情况进行调整）。

目标：通过比赛中的时间与规则限制，并设置人数不均等的局面，提高队员的抗应激能力。

组织方法（一侧场地）：

（1）14名队员分为2组，每组7人，分别穿红、蓝标志服，每组1名守门员，如图示布置场地。

（2）模拟比赛最后时刻，进攻方有5次进攻机会，防守方1人在场下运球。防守队断球后发起反击。

（3）进攻方每次进攻时间不超过2分钟。2分钟内完全按照正常比赛进行，2分钟后重新进攻。

（4）5次进攻后攻防转换。每次进攻结束后防守队1名队员与场下队员交换。

得分方式：进攻队进球得1分，防守队进球得2分。

变化：

（1）根据训练情况调整场下队员的人数。在区域较大的范围内进攻，根据队员训练情况调整训练得分区域。

（2）根据队员训练情况限制每次进攻时间，要求队员以更快的速度完成进攻。

教练员指导注意事项：

（1）尽可能制造一队人数不占优势，对方全力进攻的场景。

（2）指导防守队在压力情况下发起进攻。

（3）指导防守队在规则允许范围内合理拖延时间。

（4）注意场下队员的训练强度，可进行功能训练等。

20. 提高抗应激能力练习方法20

适宜年龄：16~18岁。

图示：

练习器材：足球若干，标志服若干，球门2个。

练习人数：20名队员，2名守门员。

练习时间：20分钟。

练习场地：十一人制全场。

目标：通过模拟比赛最后时刻领先与落后的比赛场景，提高队员的抗应激能力。

组织方法（一侧场地）：

（1）20名队员分为2组，每组10人，分别穿红、蓝标志服，每组1名守门员。

（2）模拟最后时刻进攻方长传冲吊的场景，要求进攻方在图中标出的3个区域内传中。

（3）进攻方要求具有身高优势的队员进入对方禁区。速度快的队员撤到中场防止反击。

（4）每队10次进攻机会，球进或出界该次进攻结束。

得分方式：球进得1分。

变化：

（1）守门员进入对方禁区。

（2）根据队员训练情况要求直接传中或是转移后传中。

教练员指导注意事项：

（1）教练员模拟对方连续长传进攻的场景，指导队员连续防守高球。

（2）教练员指导队员对前点、后点球的防守。

（3）教练员指导队员得球后的反击。

提高抗应激能力的游戏——漫步在云端

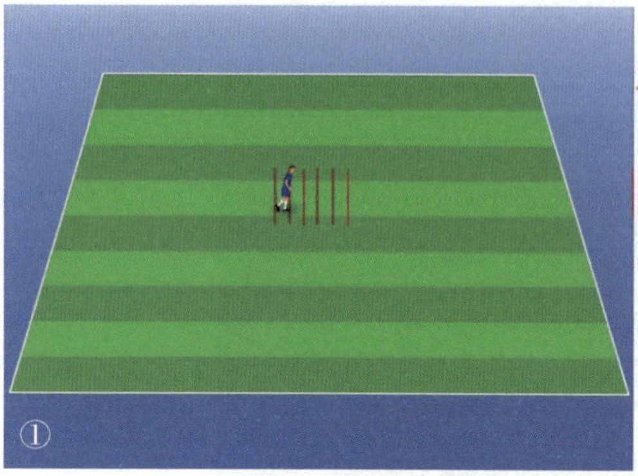
①

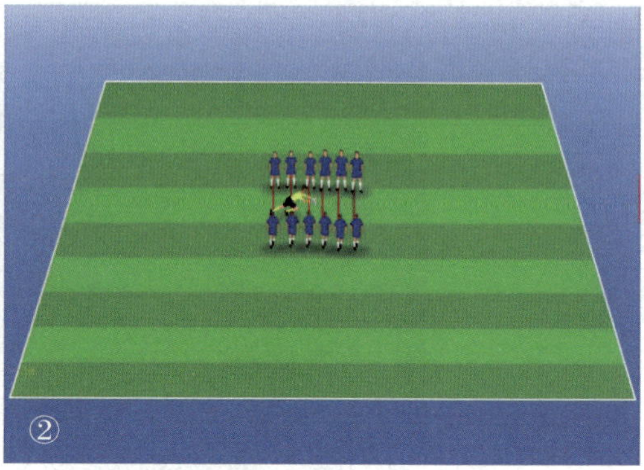
②

游戏器材：60~80厘米的木棍若干。

游戏人数：10~16人。

游戏时间：30~40分钟。

游戏场地：室内室外皆可（可根据实际情况进行调整）。

目标：提升队员在游戏中的相互信任程度，增强团队合作和沟通的能力。

组织方法：

（1）教练员将队员分为2人一组，每组一个木棍，如图①所示。

（2）1名队员自愿先开始，其他队员将木棍紧密排在地上并且固定住木棍，让该队员在木棍上行走，双脚必须在不同的木棍上。完成后其他队员轮流体验。

（3）让所有的成员面对面排成两行，双手紧握木棍，要求1名队员先开始，其他队员紧密排好，双手握住木棍，当所有人准备好，就可以让第一名队员从一端爬到另一端，如图②所示。

（4）提醒所有队员，游戏时，四肢不可以同在一根木棍上，队员们轮流体验。

教练员指导注意事项：

（1）在游戏开始前，确保木棍没有损坏，避免在游戏过程中发生危险。随时提醒队员保持正确的姿势，并在每个人爬上去之前，确定所有队员都保持专注。

（2）提醒队员不能将木棍顶在腹部或以膝盖支撑，小心手被踩到。

（3）提醒队员自愿挑战的原则，在活动过程中，若有支撑不住的情况就要马上提出来，请求支援或停止活动。

（4）教练员需要跟着攀爬的队员前进，以便在有队员支撑不住重量时，教练员可以帮助撑住木棍。

提高抗应激能力的游戏——珠宝大盗

游戏器材：足球10个，标志物8个。

游戏人数：10～20人。

游戏时间：15～30分钟。

游戏场地：20米×20米的区域（可根据实际情况进行调整）。

目标：培养队员决策和反应能力，提高抗应激能力。

组织活动：

（1）用标志物摆好1.5米×1.5米的2个阵地范围（这个范围可根据具体情况调整），2个阵地之间距离5米以上，分别将5个球放在阵地内。

（2）两队分别派出1名防守队员站在阵地范围内保护本方足球，以免被抢走。其他队员站在对方队伍的阵地范围外，并设法抢走足球。

（3）负责抢球的队员在抢球过程中若被对方防守队员抓到（手碰到即可），则必须把球放回，并到一旁做指定的体能动作（如俯卧撑10次），然后才可以再回去继续游戏。一旦抢球成功，必须立即将足球带回本方阵地中。

（4）教练员可设定一段时间进行数回合的小组挑战，时间结束后计算各方阵地范围内的足球数量，数量最多的队获胜。

变化：可以让防守队员蒙上眼睛，给他一根软棍，当软棍碰到抢球队员时，抢球队员必须立即被“冻结”，即站在原地不能动。

教练员指导注意事项：

（1）可以请每队增派一位监督者，在阵地范围外看谁被碰到，因为在混乱中队员只顾抢球，会有被打到而不自知的情况。

（2）再次提醒抢球队员，当他们抢到球后要放到本方阵地范围内，否则不能得分。

六、提高目标设置能力

目标设置是什么?

目标设置：指对动机性活动将要达到的最后结果进行规划。目标设置直接关系动机的方向和强度，正确、有效的目标可以集中人的能量，激发、引导和组织人的活动，是行为的重要推动和指导力量。

目标设置训练：根据有效推动行为的原则设置合理目标的过程。

目标设置训练的目的：让教练员教会队员如何客观、准确地设置目标，同时让队员学会给自己设置目标。

目标设置中需要注意哪些问题?

（1）对目标的接受和认同。队员制定了极好的目标，但不等于这种目标设置过程一定可以起到充分的作用。要使所设置的目标发挥充分的作用，还必须完全接受和认同该目标，即全身心地投入实现目标的过程。投入程度越高，实现目标的可能性就越大，从目标设置中的获益也就越大。

（2）及时反馈，了解结果。经常将现有成绩与既定目标相比较，有利于目标的调整和动机的激发。这种比较会传达两方面信息：一方面，目标设置是否合适，是否有必要进行修改；另一方面，对个人的努力程度进行评价，看其是否达到了目标的要求。

（3）目标的公开化。一个人人皆知的目标，有利于社会监督，造成社会推动力，促使目标制定者努力，这是对外部动机的激发。在竞争环境中，大多数人都有维护自己声誉的强烈需要，这构成了一种极强的外部动机，促使人加倍努力以实现目标。

（4）目标的多级化。

最理想的目标：超水平发挥时应达到的目标。

最现实的目标：正常发挥时应达到的目标。

最低目标：无论出现什么意外情况，也应奋力达到的目标。

这样做避免了单一目标造成的心理负荷，更有利于现实目标的实现。但是，如果目标的级数太多，目标本身也就失去了动机的作用。

创编提高队员目标设置能力练习的要求

（1）教练员要明确足球训练中目标的分类。

团队目标：小组或球队在单个练习、某堂课、某个周期中要达成的目标。

个人目标：队员在完成某个训练阶段、某堂课、某个练习、某个技术动作所要达到的目标。

单个练习目标：无论是谁，这个目标都要实现。如：练习要求为颠球30个以上，即每个人都要达到颠球30个以上的目标。

技术动作目标：规范的技术动作。要求教练员对每个技术动作进行细致要求，力求动作规范、标准，以达到动作效果。如：射门练习中，教练员要求射正的次数、进球的次数等。

（2）教练员要对队员的水平了然于胸。

（3）教练员要确定练习的主题。

（4）根据练习主题及队员水平确定练习内容，练习内容要有一定的趣味性。

（5）根据练习内容及队员的实际水平确定练习中的目标，可以是单一的目标，也可以是组合目标。

（6）目标要有一定难度及挑战性，要让队员付出努力才能够达到，同时目标不要太难，否则队员会失去练习的动力。

（7）确定规则来实现目标。

（8）通过变化来增减难度或调整目标的设置。

教练员在练习过程中应注意的事项

（1）教练员要注意目标设置的合理性，根据队员的水平，如果在起始练习时没有很明确的目标，可让队员先开始练习，教练员在根据需要观察、记录，在练习结束后确定下一阶段练习的目标。

（2）在练习过程中，教练员要讲解清晰，示范明确，让队员明确目标与规则。

（3）在练习开始前，教练员要与队员对设置的目标达成一致，坚定队员的信心。

（4）在队员努力完成目标的过程中，教练员要不断提醒与激励队员，当看到队员向目标接近时，要及时鼓励。

（5）当队员或团队完成目标后，教练员与队员击掌，坚定队员信心，同时对队员或团队提出新的目标要求。

（6）教练员要根据队员练习的实际情况对目标进行调整，原则是让队员只要努力就可以达到。

（7）通过变化来逐渐增加难度。

（8）教练员要把握好练习与间歇的时间，保证练习的强度与质量。

（9）教练员要注意观察队员的表现，可以采取团队目标与个人目标相结合的方式，为队员设置符合其实际水平的目标。

目标设置练习示例

1.目标设置练习方法1

适宜年龄：6~8岁。
图示： 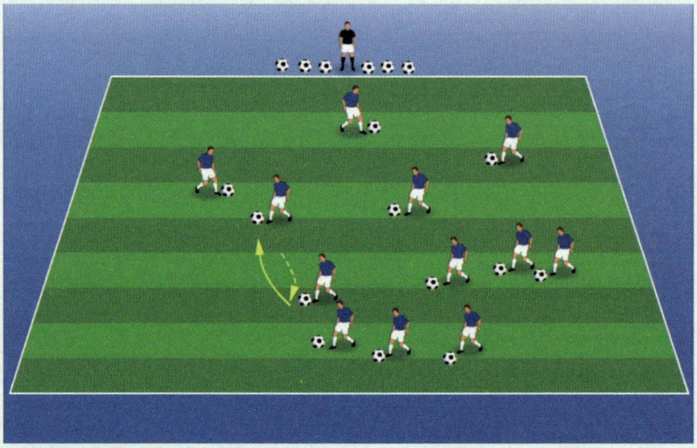
练习器材：足球若干，标志服若干，标志桶若干。 **练习人数：**12人。 **练习时间：**6～10分钟。 **练习场地：**15米×15米的区域（可根据实际情况进行调整）。
目标：成功颠球5次（球感练习）。 **组织方法：**如图示布置场地，每人一球。队员尝试颠球，目标为将球踢向空中并用手接住。 **变化：** （1）目标改为颠球3次并用手接住。 （2）完成颠球3次后，目标改为颠球5次并用手接住。
教练员指导注意事项： （1）场地可以较大，避免队员相撞。 （2）教练员要多鼓励队员，让队员身体姿态放松，不要太僵硬。 （3）当教练员发现队员注意力下降时，需鼓励队员全力完成目标，不要轻易放弃。 （4）教练员需要告诉队员用正脚背颠球，并提醒队员在接触球的一瞬间，脚不要提得太高，尽量在低点与球接触，脚只在触球一瞬间紧张，其他时间都是放松的。

2.使用目标设置练习方法2

适宜年龄：9~10岁。

图示：

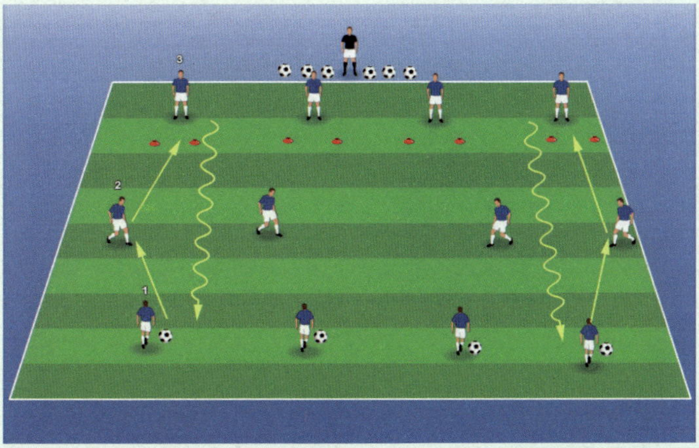

练习器材：足球若干，标志服若干，标志盘若干。

练习人数：12人。

练习时间：6~12分钟；每练习1分钟间歇30秒。

练习场地：20米×30米的区域（可根据实际情况进行调整）。

目标：提高传球的准确性。

组织方法：

（1）如图所示，队员分为4组，3人一组，1号队员将球传给2号队员；2号队员停好球后，将球传给3号队员；3号队员接球后快速带球到原地，同时3人轮转位置。

（2）2号队员通过由标志物摆放的小门将球传给3号队员得1分。

变化：

（1）目标改为每个队员在10次传球后得5分。

（2）完成上一个目标之后，目标改为10次传球后得7分。

教练员指导注意事项：

（1）教练员要根据练习的人数设置相应的场地大小，保证传球距离不要过短。

（2）教练员要求队员传接球之前要不断地进行提前观察以及呼应。

（3）教练员需要求短传球的球速。

（4）教练员需要求队员在两脚球之内传球。

3.使用目标设置练习方法3

适宜年龄：9~10岁。
图示： 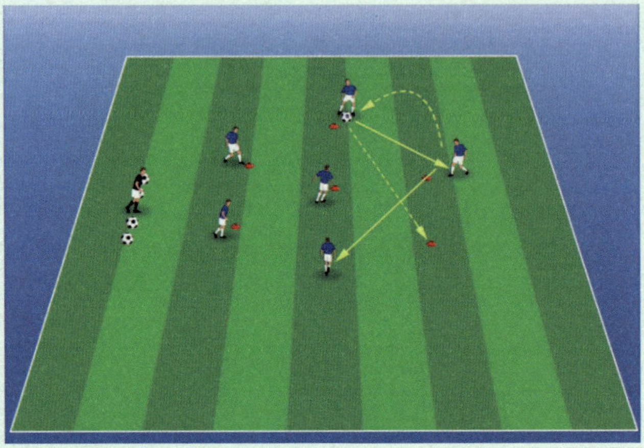
练习器材：足球若干，标志盘若干。 **练习人数：**12人。 **练习时间：**6～10分钟；每练习1分钟间歇30秒。 **练习场地：**15米×15米的区域（可根据实际情况进行调整）。
目标：提高传球的准确性和与队友的呼应能力。 **组织方法：** （1）队员分为2组，每组6人，如图示布置场地，练习区域内摆放若干个标志盘。 （2）每组传1个球，传球时需喊出队友的名字并且不能碰到标志盘。 **变化：** （1）要求队员在两脚内出球。 （2）每组控制2个球，且1分钟内不能失误。 （3）继续增加球的数量。
教练员指导注意事项： （1）教练员指导声音不宜过大，需要听见队员呼应的声音。 （2）教练员在队员传球过程中及时发现普遍出现的问题，进行纠错和讲解。 （3）如果队员出现疲劳可适当减少训练时间或者增加间歇时间。

4.使用目标设置练习方法4

适宜年龄：11~12岁。

图示：

练习器材：足球若干，标志盘若干，球门1个。

练习人数：12名队员，1名守门员。

练习时间：6~10分钟；每练习5分钟后间歇30秒。

练习场地：30米×10米的区域（可根据实际情况进行调整）。

目标：进攻队员提高进球率，防守队员成功以少防多。

组织方法：

（1）如图所示，在练习区域内用标志盘摆出窄长的场地。

（2）4名队员作为防守队员，8名队员作为进攻队员，每组练习时1名防守队员和2名进攻队员进入练习区域，进行2对1练习，进攻方只能触球3次。每组练习结束后进攻队员和防守队员依次进行轮换。

变化：

（1）限制进攻球队时间。

（2）进攻队员的触球次数为2次。

教练员指导注意事项：

（1）教练员根据队员人数的多少来控制场地大小，保证队员之间距离不要过远。

（2）教练员要求队员在运球过程中注意抬头观察。

（3）教练员在队员运球过程中及时发现普遍出现的问题，进行纠错讲解。

（4）如果队员出现疲劳可适当减少训练时间或者增加间歇时间。

5.使用目标设置练习方法5

适宜年龄：13~15岁。	

图示：

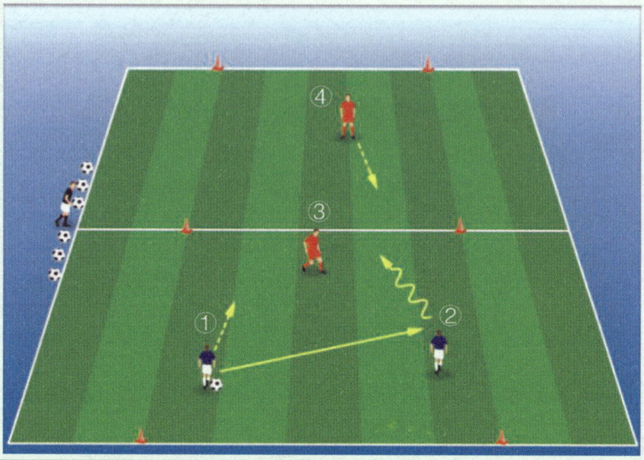

练习器材：足球若干，标志服若干，标志桶若干。

练习人数：12人。

练习时间：6～10分钟；每练习5分钟后间歇30秒。

练习场地：20米×20米的区域（可根据实际情况进行调整）。

目标：进攻队员突破两道防线，防守队员断球后进行反击。

组织方法：

（1）队员分为3组，每组4人，如图示布置场地，场地分为2个区域。

（2）1号队员和2号队员二过一通过3号队员，进入下一个区域，二过一通过4号队员之后带球过线得分。

（3）3号防守队员断球后可以选择突破蓝队底线得分，也可以与4号队员配合形成2对2（红队队员断球后，另一名队员要迅速接应，与队友完成配合）。

（4）计算2分钟内红、蓝两队各自的分数。

变化：在第二个区域内增加1名红队防守队员，断球后可以形成3对2的反击练习。

教练员指导注意事项：

（1）教练员根据队员人数的多少来确定场地的大小，保证队员之间距离不要过远。

（2）教练员要求队员在运球过程中注意抬头观察。

（3）教练员要注意队员传球的时机，不要过早或过晚。

（4）如果队员出现疲劳可适当减少训练时间或者增加间歇时间。

6.使用目标设置练习方法6

适宜年龄：11~12岁。
图示：
练习器材：足球若干，标志服、标志盘、标志桶若干。 练习人数：12人。 练习时间：6～10分钟；每练习5分钟间歇30秒。 练习场地：30米×20米的区域（可根据实际情况进行调整）。
组织方法： （1）队员分为2组，每组6人，分别穿红、蓝标志服，进行1对1练习。 （2）红队带球越过2个标志桶之间的连线得1分，蓝队断球后5秒内射进球门得2分。 （3）计算2分钟之内两组分数，进行竞赛。 变化：要求红队在15秒内带球得分，否则得分无效。
教练员指导注意事项： （1）教练员根据队员人数的多少来确定场地的大小，保证队员之间距离不要过远。 （2）教练员要指导队员注意运球过人时与防守队员的安全距离。 （3）如果队员出现疲劳可适当减少训练时间或者增加间歇时间。

7.使用目标设置练习方法7

<table>
<tr><td>适宜年龄：13~15岁。</td></tr>
<tr><td>图示：
</td></tr>
<tr><td>练习器材：足球若干，标志服若干，标志桶若干。
练习人数：12人。
练习时间：6～10分钟；每练习5分钟后间歇30秒。
练习场地：20米×20米的区域（可根据实际情况进行调整）。</td></tr>
<tr><td>目标：连续传球8次得1分。
组织方法：
（1）如图示布置场地。
（2）队员分为3组，5人穿蓝色标志服，5人穿红色标志服，2人穿粉色标志服。蓝队和红队进行5对5对抗，2名粉色队员为中间接应人。
（3）每队之间相互传3次球后将球传给中间人即得1分。
变化：每队队员之间相互传6次球后才能传给中间人。</td></tr>
<tr><td>教练员指导注意事项：
（1）教练员根据队员人数的多少来确定场地的大小，保证队员之间距离不要过远。
（2）教练员要求队员在运球过程中注意抬头观察。
（3）教练员要求队员在对抗中，持球队员和无球接应队员相互之间应保持三角形或菱形。
（4）如果队员出现疲劳可适当减少训练时间或者增加间歇时间。</td></tr>
</table>

8.使用目标设置练习方法8

适宜年龄： 11~12岁。
图示： 
练习器材： 足球若干，标志盘若干。 **练习人数：** 12人。 **练习时间：** 6~10分钟；每练习5分钟后间歇30秒。 **练习场地：** 20米×20米的区域（可根据实际情况进行调整）。
目标： 进攻队员找时机在2名防守队员之间传球。 **组织方法：** （1）队员分2组，如图示布置场地，在2块场地上分别进行4对2练习。 （2）进攻队员必须将球传过两人之间才能得分，从防守队员外围传球不得分。 （3）计算1分钟之内两组的得分，相互比赛。 **变化：** 进攻队员的触球次数不超过2次，提高1分钟之内的得分目标。
教练员指导注意事项： （1）教练员根据队员人数的多少来确定场地的大小，保证队员之间距离不要过远。 （2）教练员要求队员以快速地滚球的方式传球。 （3）教练员要指导队员耐心地寻找传渗透球的时机。 （4）如果队员出现疲劳可适当减少训练时间或者增加间歇时间。

9.使用目标设置练习方法9

适宜年龄：9~10岁。
图示： 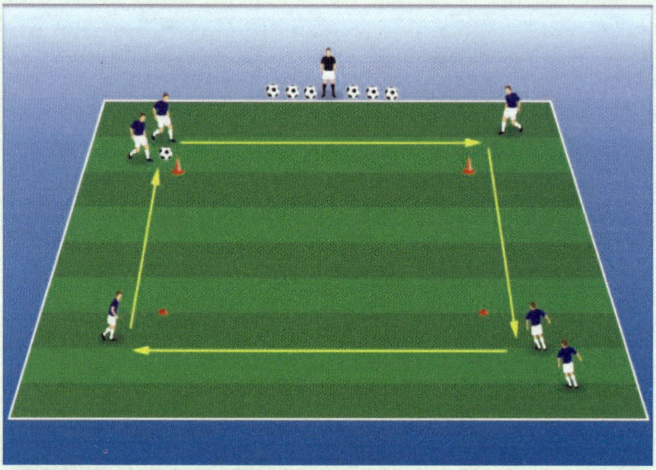
练习器材：足球若干，标志盘若干。 练习人数：12人。 练习时间：6～10分钟；每练习5分钟后间歇30秒。 练习场地：20米×20米的区域（可根据实际情况进行调整）。
目标：提高队员的传球能力。 组织方法： （1）队员分2组，每组6人，每组按图示的方向传快速地滚球，传到原点1次得1分。 （2）假设第一组1分钟之内得4分，则下一组目标为5分。 变化：换为弱势脚传球，可相应降低目标。
教练员指导注意事项： （1）教练员需教授队员正确的脚法。 （2）教练员要提醒队员，使其处于正确的身体姿势。 （3）教练员应要求队员相互呼应。 （4）如果队员出现疲劳可适当减少训练时间或者增加间歇时间。

10.使用目标设置练习方法10

适宜年龄：11~12岁。

图示：

练习器材：足球若干，标志服若干。

练习人数：12人。

练习时间：6~12分钟；每练习1分钟间歇30秒。

练习场地：中圈（通常为半径9.15米的圆形，也可根据实际情况进行调整）。

目标：让队员学会给自己设立目标。

组织方法：

（1）如图示，中圈区域外分散站6名传球队员，中圈区域内为6名参与练习的队员。

（2）参与练习的队员在中圈内不断进行无球跑动，并找寻时机接应不同传球队员。

（3）参与练习的队员进行脚内侧直接回传球练习。

（4）反复练习，记住自己完成的次数，次数最少的接受惩罚，1分钟后圈内外队员交换练习。

变化：

（1）接球后进行简单的运球再回传。

（2）接球后进行合理的转身寻找其他传球队员传球，不再回传。

教练员指导注意事项：

（1）教练员根据队员人数的多少来确定场地的大小，保证队员多接触球而不是多跑动。

（2）教练员要求队员传接球之前要不断地进行提前观察以及呼应。

（3）教练员在练习前要详细说明训练的组织安排、要求和指导要点，并做示范。

（4）在训练过程中若队员出现了比较普遍的问题，或者达不到训练目标的时候，教练员要及时纠正错误，进行指导。

11.使用目标设置练习方法11

适宜年龄：11~12岁。

图示：

练习器材：足球若干，标志盘若干。

练习人数：12人。

练习时间：6～10分钟；每练习1分钟间歇30秒。

练习场地：15米×15米的区域（可根据实际情况进行调整）。

目标：让队员学会给自己设立目标。

组织方法：

（1）如图示，在练习区域内用标志盘摆放若干个小球门。

（2）队员每人一球，在场地内进行运球练习，并不断运球通过小球门。在通过场地内所有小球门之前不能重复通过同一小球门。

（3）队员记录1分钟内自己通过小球门的次数，次数最少的接受惩罚。

变化：可以在运球过程中破坏其他队员的球。

教练员指导注意事项：

（1）教练员根据队员人数的多少来确定场地的大小，保证队员之间距离不要过远。

（2）教练员要求队员在运球过程中注意抬头观察。

（3）教练员要在队员运球过程中及时发现普遍出现的问题，进行纠错和讲解。

（4）如果队员出现疲劳可适当减少训练时间或者增加间歇时间。

12.使用目标设置练习方法12

适宜年龄：13~15岁。

图示：

练习器材：足球若干，标志服若干，标志盘若干。

练习人数：12人。

练习时间：6～10分钟；每练习2分钟后间歇至少1分钟。

练习场地：8米×8米的区域（可根据实际情况进行调整）。

目标：让队员学会给自己设立目标。

组织方法：

（1）如图示，队员分为2组练习，正方形外围有4名传球队员，中间有2名防守队员。

（2）传球队员彼此不断传球，避免防守队员抢到球。

（3）记录2分钟内防守队员抢到球的次数，2分钟后更换2名防守队员，抢到球次数最少的组合接受惩罚。

变化：

（1）限制传球次数。

（2）根据队员体能情况改变换人时间。

教练员指导注意事项：

（1）场地的面积要根据练习人数、队员的能力来确定。

（2）教练员应要求传球队员在传球过程中相互呼应，脚下要不停移动。

（3）教练员应要求防守队员在抢球过程中同样注意相互配合。

（4）教练员讲解抢球要领的时候要进行示范演示。

（5）教练员须不断观察队员训练情况，队员出现技术问题、体能下降情况时，教练员应做出相应调整。

13.使用目标设置练习方法13

适宜年龄：13~15岁。

图示：

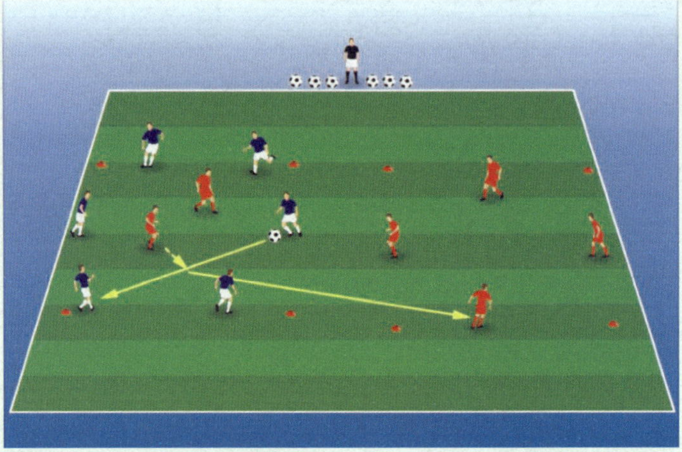

练习器材：足球若干，标志服若干，标志盘若干。
练习人数：12人。
练习时间：10~15分钟；每练习2分钟后间歇1分钟。
练习场地：25米×10米的区域（可根据实际情况进行调整）。

目标：让队员学会给自己设立目标。
组织方法：
（1）队员分为2组，如图示，用标志盘摆放2个正方形区域。
（2）6人一组，每组两两配对分别站在各自组的正方形边线上。
（3）一组先派2名队员到另一组进行抢球，抢断球后回本方区域进行传控球，此时另外一组派2名队员来抢球。
（4）反复练习，2分钟内传球次数多的一组获胜，另一组接受惩罚。
变化：
（1）将球抢断或者破坏传球都可以回本方进行传控球。
（2）限制传球次数。

教练员指导注意事项：
（1）教练员要站到两组中间且不影响练习的位置进行观察。
（2）教练员要及时传球给控球方，不要影响训练的连续性。
（3）教练员在练习前要详细说明训练的组织安排、要求和指导要点，并做示范。
（4）如果发现队员训练效果达不到要求要及时进行调整。

14.使用目标设置练习方法14

适宜年龄：11~12岁。

图示：

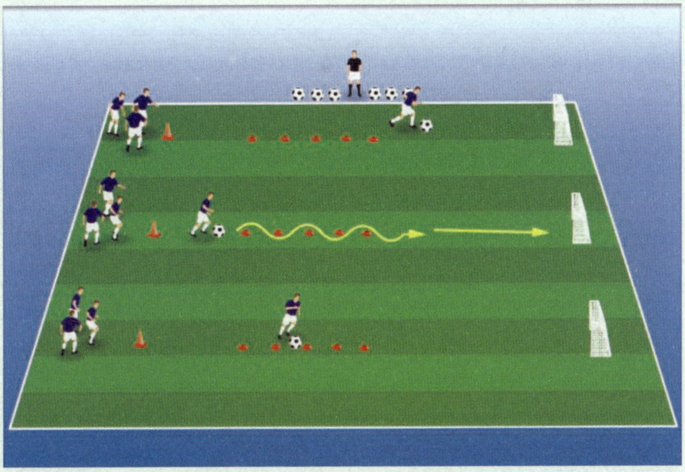

练习器材：足球若干，标志桶若干，标志盘若干，小球门3个。

练习人数：12人。

练习时间：10～15分钟不间断练习。

练习场地：25米×15米的区域（可根据实际情况进行调整）。

目标：让队员学会给自己设立目标。

组织方法：

（1）如图示布置场地，队员分为3组练习，每组4人。

（2）每人一球，从起点开始运球绕过标志盘后，用脚内侧推射远端小球门。

（3）练习时间内记录每组队员推射进入球门的次数总和，最少的一组接受惩罚。

变化：

（1）变换标志盘摆放形式。

（2）球门的位置向后移动。

教练员指导注意事项：

（1）教练员在摆放标志盘的时候要注意摆放的位置和数量，并控制好间隔。

（2）教练员应要求队员不要漏过标志盘，按要求完成运球以及射门练习。

（3）教练员做示范的时候注意运球动作和射门动作的细节，要向队员展示清晰。

（4）教练员应要求队员动作规范，不要一味追求速度。

（5）教练员可根据训练情况进行变化练习。

15.使用目标设置练习方法15

<table>
<tr><td>适宜年龄：13~15岁。</td></tr>
<tr><td>图示：
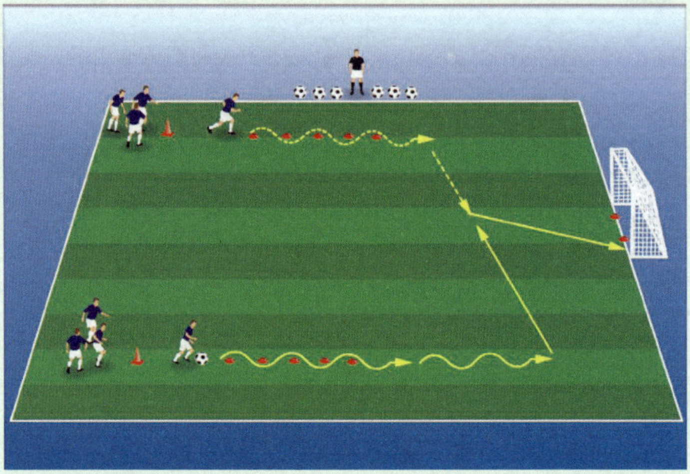</td></tr>
<tr><td>练习器材：足球若干，标志桶若干，标志盘若干，球门1个。
练习人数：8人。
练习时间：15～20分钟不间断练习。
练习场地：25米×15米的区域（可根据实际情况进行调整）。</td></tr>
<tr><td>目标：让队员学会给自己设立目标。
组织方法：
（1）如图示布置场地，2人一组，分别站在2个标志桶处，一人运球，另一人做无球跑动练习。
（2）2人同时出发，绕标志盘后运球队员将球横传到门前，无球队员迎球直接向球门边角推射。
（3）做完一次练习后交换持球队员。
（4）反复练习，记录规定时间内每组进球的次数，最少的一组接受惩罚。
变化：
（1）交换两侧队员位置。
（2）要求传球落点与球门的距离。</td></tr>
<tr><td>教练员指导注意事项：
（1）教练员在练习前要详细说明训练的组织安排、要求和指导要点，并做示范。
（2）教练员分别对两组队员进行要求，无球绕标志盘可以选择不同动作。
（3）教练员要时刻观察队员运球、传球、射门动作，发现问题及时纠正。
（4）教练员要注意观察的位置，要站在两组队员都能看到的地方。</td></tr>
</table>

16.使用目标设置练习方法16

适宜年龄：13~15岁。

图示：

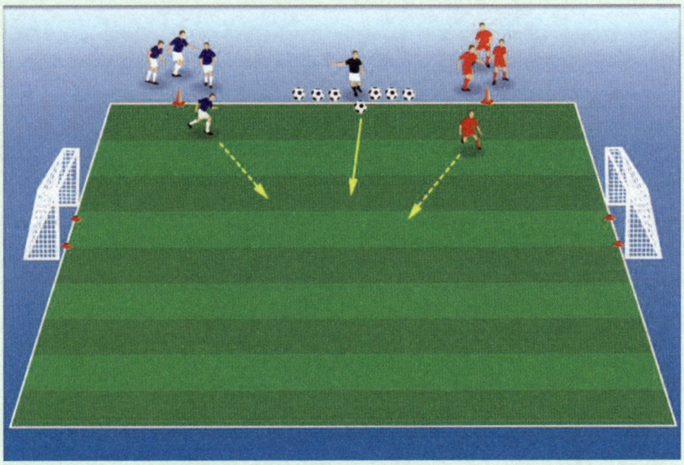

练习器材：足球若干，标志桶若干，标志盘若干，球门2个。

练习人数：8人。

练习时间：15~20分钟不间断练习。

练习场地：20米×15米的区域（可根据实际情况进行调整）。

目标：让队员学会给自己设立目标。

组织方法：

（1）如图示布置场地，队员分为2组进行1对1对抗练习。

（2）教练员将球向场地里踢出后，各组做练习的队员去抢球，抢到球后向对方球门进攻，防守队员抢下球后进行反击。

（3）进球得1分，记录规定时间内各组得分，得分最少的一组接受惩罚。

变化：

（1）与不同的对手进行练习。

（2）额外增加2个球门，即进攻队员进攻2个球门，防守队员防守2个球门。

教练员指导注意事项：

（1）教练员要在对抗练习前叮嘱队员戴好护腿板，注意防守动作。

（2）教练员要指导队员快速完成进攻，摆脱防守队员就可以射门。

（3）教练员要指导防守队员注意防守位置，断球后迅速反击。

（4）教练员要指导进攻队员球被抢断后立即反抢。

（5）教练员应注意组织不做练习的队员认真观察队友的训练情况。

17.使用目标设置练习方法17

适宜年龄：16~18岁。
图示： 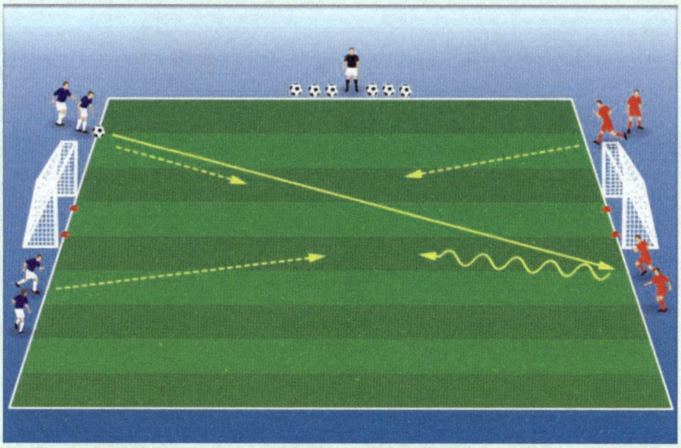
练习器材：足球若干，标志盘若干，球门2个。 **练习人数**：8人。 **练习时间**：15～20分钟不间断练习。 **练习场地**：20米×15米的区域（可根据实际情况进行调整）。
目标：让队员学会给自己设立目标。 **组织方法**： （1）如图示布置场地，队员分为2组进行2对2对抗练习。 （2）2组队员分别站在各自球门后两侧，防守队员将球传给对面进攻队员后，与自己队友上前防守，进攻队员得球后与队友进行进攻。 （3）防守队员断球后反击对方球门。 （4）进球得1分，记录规定时间内各组得分，得分最少的一组接受惩罚。 **变化**： （1）跟不同的队友和对手搭档和对抗。 （2）额外增加2个球门，即进攻队员进攻2个球门，防守队员防守2个球门。
教练员指导注意事项： （1）教练员要在对抗练习前叮嘱队员带好护腿板，注意防守动作。 （2）教练员要指导进攻队员想办法形成1对1的机会完成进攻。 （3）教练员要指导进攻队员学会利用场地宽度拉开距离并接应队友。 （4）教练员要指导防守队员学会配合防守，将对手逼到一侧完成抢断。 （5）教练员应注意组织不做练习的队员认真观察队友的训练情况。

18.使用目标设置练习方法18

适宜年龄：9~10岁。

图示：

练习器材：足球若干，标志盘若干，标志服若干。

练习人数：12人。

练习时间：15～20分钟，每练习2分钟后间歇至少1分钟。

练习场地：20米×15米的区域（可根据实际情况进行调整）。

目标：让队员学会给自己设立目标。

组织方法：

（1）如图示布置场地，队员分为3组，4人一组，进行8对4对抗练习。

（2）2组队员在区域内进行4对4对抗，另外一组作为中间人站在边线上只参与控球。

（3）每2分钟后换一组作为中间人。

（4）记录规定时间内各组防守队员被传球次数（即防守队员无法快速抢下球），被传球次数最多的那组防守队员接受惩罚。

变化：

（1）限制传球次数。

（2）将场地适当缩小，对控球人形成压力。

教练员指导注意事项：

（1）教练员要在对抗练习前叮嘱队员戴好护腿板，注意防守动作。

（2）教练员要指导进攻队员利用场地宽度，不断跑动寻找空当，不断提前观察并接应队友。

（3）教练员要指导进攻队员学会在接球之前抬头观察身边情况，选择最佳的处理球的方式。

（4）教练员要指导防守队员学会以少防多、配合防守，将对手逼到一侧完成抢断。

（5）教练员应注意观察训练情况，如果队员达不到训练要求应及时进行变化，如调整场地大小和触球次数限制。

使用目标设置的游戏——沟通跳绳

游戏器材：长绳1条。

游戏人数：10～20人。

游戏时间：20～30分钟。

游戏场地：室外。

目标：完成活动的过程中需要每名队员都将注意力放到绳子上，这有利于集中队员注意力。

组织活动：

（1）教练员邀请一名队员和自己一起摇绳，就像跳长绳一样，并请其他队员站到同一侧。

（2）第一回合，所有队员做好准备后依次跳过摇动的跳绳，每位队员都要通过才算完成。如果在这个过程中有队员没有跳过，请该队员重新再跳一次，直至跳过。

（3）第二回合，同样的游戏。但这个回合要保持连续通过的状态，如果在这个过程中有队员未完成，教练员需要请所有队员重新开始，直至所有队员全部跳过。

（4）第三回合，同样是以所有人连续跳过跳绳的状态为基础，时间为10分钟。教练员在练习开始时会给出问题（如问题为1、2、3如何计算能等于12，则每次通过跳绳的人数只能为1人、2人或最多3人。计算时将每次通过跳绳的人数相加，其数量和正好等于12，则视为成功解决问题），整个团队需要分工、计算并确定每次通过跳绳的人数，从而解决教练员提出的问题。

教练员指导注意事项：

（1）关于第三回合的问题，教练员要事先在心中预置问题答案，如问题是“1、

2、3如何计算能等于12”，则答案可以是“（1+2+3）×2”，即一个人先通过跳绳，再请另外两个人共同通过跳绳，然后请另外三个人共同通过跳绳，最后重复一次上述步骤即可得到问题的答案（即1+2+3+1+2+3=12）。问题的答案虽有多种，但队员需不断尝试才能找到答案。

（2）教练员可以视队员人数，修改所提出的问题，如1、2、3、4如何计算能等于16。

（3）这个活动需要给队员们充分的时间去做错误尝试，故教练员需要注意操作时间以及答案的复杂性。

（4）这同时也是一个相当耗费体力的活动，因为尝试过程需要整个团队连续移动跑跳，教练员安排这项游戏，需要考虑队员的体力及精神状况，或者限定尝试时间。

使用目标设置的游戏——身体语言

游戏器材：无。

游戏人数：至少10人。

游戏时间：10～20分钟。

游戏场地：室内室外皆可。

目标：发挥队员的想象力，并使队员的注意力集中于任务中。

组织方法：

（1）将队员分为2组，5～10人一组。

（2）设定一定活动区域，将2个小组分布于活动区域的两端，中间距离50米。

（3）教练员可预先设定要传达的信息内容，并写在纸上，再发给各小组。拿到信息的小组，设法用身体排列出信息内容，用最快且有效率的方式和对面小组沟通信息内容，在沟通过程中不得讲话。或者让小组自由发挥他们想要传达的信息内容。

（4）当教练员发出开始命令后，各组便开始传递信息，要记得提醒各组，虽然时间很重要，但把信息准确且有效地传达过去才更重要。

变化：

（1）各小组可以挑战在4分钟内用身体排列出由4~5个英文字母所组成的英文单词，准确传递的单词越多越好。

（2）设定每个英文字母至少要由两个人表演出来，这样可以提高队员的参与度。

使用目标设置的游戏——制高点

游戏器材：无。

游戏人数：20～40人。

游戏时间：10～15分钟。

游戏场地：室内室外皆可。

目标：让队员挑战自我，克服心理障碍，大胆尝试，完成设定的目标。

组织方法：

（1）先请队员取下身上的饰品，如手表、手镯、项链、耳环等。

（2）队伍需要挑战的任务是设法以团队的力量，碰到这个场地内个人觉得所能达到的最高地方。每个人尽可能都轮流挑战。

（3）这个游戏的两项要素：突破和安全。

（4）可以让队员尝试达到他们认为的极限，且设法引导其突破极限并强化安全。

教练员指导注意事项：教练员可以在开始前先教导队员如何徒手进行安全保护。

七、提高唤醒与放松能力

专栏小故事

2018年4月6日晚上，江苏苏宁易购队在客场凭借黄紫昌和特谢拉的进球，战胜广州富力队，完成两连胜。这是江苏足球队近10年以来，换帅后获得的最好战绩。无论是中国足球协会甲级联赛（以下简称“中甲”）的裴恩才、有“江苏足球教父”之称的奥库卡，还是韩国的崔龙洙，在执教江苏队后虽然都赢得了开门红，但都没能在各自的第二战继续高奏凯歌。然而，科斯明·奥拉罗尤成功做到了这一点。

首先，奥拉罗尤给了队员们一个放松的环境。初来乍到，他深知尽快融入新团队的重要性，亲民无疑是最快的方法。虽然训练中的要求并没有放松，但在训练之余，他试着用各种方法拉近和队员、工作人员之间的距离，球队充满了欢笑。“新教练很和蔼，人很好。”这是不少队员对奥拉罗尤的“反馈”。

奥拉罗尤常用心理暗示来改善队员的表现，黄紫昌就是一个例子。对阵广州富力队（现更名为广州城队）的上半场，司职左前卫的黄紫昌踢得并不好，但在中场休息的时候，奥拉罗尤和他说了很多。“他一直鼓励我，说我可以进球。”黄紫昌说。果然下半场开赛仅仅3分钟，黄紫昌就以一脚补射成功进球，随后又为球队赢得点球，队友特谢拉一蹴而就，锁定胜局。

赛后发布会上，奥拉罗尤对黄紫昌不吝赞美之词。“他是一名非常不错的年轻队员，有非常好的前景，平时训练十分积极卖力。上半场他打得不是太好，因为踢的不是最擅长的位置，这是我的责任。中场休息时我激励他、唤醒他，你下半场可以做得更好，可以决定比赛的结果。”奥拉罗尤说。在有些队员看来，奥拉罗尤到队后，球队最大的变化就是比以往更有激情，比赛中，奥拉罗尤一直都是站着指挥，激情满满。“作为教练员，需要把全身心投入比赛中，特别是刚到球队，我需要在比赛中给队员更多指导，要全力去帮助球队和队员。”奥拉罗尤说。

什么是唤醒？

唤醒：指有机体总的生理性激活的不同状态或不同程度。

唤醒的作用：有助于维持与改变大脑皮层的兴奋性，有助于大脑皮层保持觉醒状态，它能为注意力的保持与集中以及意识状态提供能量。

如何提高队员的唤醒水平?

（1）在训练或比赛前，通过讲话、口号进行自我肯定、自我激励等方式唤醒队员，使其达到最佳唤醒状态。

（2）通过适当的练习手段唤醒队员，使队员为训练和比赛做好充分的心理和生理准备。

（3）通过激励性的言语或动作手势唤醒队员。

（4）通过游戏提高队员的兴奋性。

什么是放松?

放松：指缓和压力，从紧张状态中脱离出来。

放松训练：以暗示语集中注意，调节呼吸，使肌肉得到充分放松，从而调节中枢神经系统兴奋性的过程。

放松训练有哪些作用?

（1）降低中枢神经系统的兴奋性。

（2）减少由情绪紧张而导致的过多能量消耗，使身心得到适当休息并加速疲劳的恢复。

（3）为进行其他心理技能训练打下基础。

如何对队员进行放松?

（1）自生放松练习：教练员通过指导语引导队员缓慢进行，使身体各个部位逐一放松，最后达到全身放松。强调呼吸调节、温暖感和沉重感。

（2）渐进放松训练：教练员通过暗示语，引导队员使其身体各部位先紧张再放松，最后达到全身放松。强调肌肉不同程度的紧张和放松的准确体验。

（3）其他放松方法：微笑，深呼吸，自我按摩，拉伸。

唤醒练习示例

1.唤醒练习1

适宜年龄： 11~12岁。

图示：

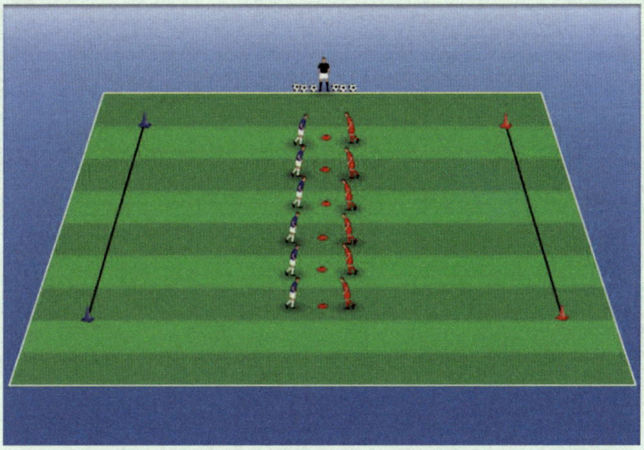

练习器材： 足球若干，标志服若干，标志桶若干，标志盘若干。

练习人数： 12人。

练习时间： 5~6分钟；每练习1分钟间歇至少30秒。

练习场地： 12米×12米的区域（可根据实际情况进行调整）。

目标： 通过神经激活练习唤醒队员，使队员进入训练状态。

组织方法：

（1）队员分为2组，如图示相对而站，相对的2人中间放1个标志盘。

（2）练习开始后，队员手抱头，教练员说身体的部位，队员去摸，听教练员哨声后相对的两人去抢中间的标志盘，抢到标志盘的队员手持标志盘快速向本方底线冲刺，未抢到标志盘的队员追赶。

得分方式： 抢到标志盘加2分，追到对手加1分。

胜负方式： 3局比赛后比较每组2名队员总得分，得分多的队员获胜。

变化：

（1）将摸身体部位变化为原地双脚交替点地、原地高抬腿或者让队员背对标志盘等。

（2）加入哨声干扰：一声哨队员不抢标志盘，继续做练习，两声哨队员抢标志盘。

教练员指导注意事项：

（1）教练员在练习过程中要组织有序，讲解清晰，要求队员注意力集中，快速反应。

（2）教练员在练习过程中要丰富身体部位的变化，不要遵循固定顺序。

（3）教练员在队员练习3次后就要变化练习形式，如利用原地双脚交替点地、原地高抬腿等来重新刺激队员，提升练习积极性，练习强度由低到高。

2.唤醒练习2

适宜年龄：9~10岁。

图示：

练习器材：足球若干，标志服若干，标志桶若干。
练习人数：12人。
练习时间：5～6分钟；每练习1分钟间歇至少30秒。
练习场地：15米×15米的区域（可根据实际情况进行调整）。

目标：通过神经激活练习唤醒队员，使队员进入训练状态。

组织方法：

（1）队员分为2人一组，如图示布置场地。

（2）练习开始后，教练员规定一组进攻、一组防守，教练员说身体部位，进攻队员去摸同组队员相应的部位，防守队员躲避。

（3）练习30秒后两组交换。

得分方式：进攻队员摸到一次得1分。

变化：

（1）教练员加入其中，可自由攻击所有队员。

（2）由规定进攻与防守变化为可自由进攻与防守，要求进攻的同时注意躲避。

教练员指导注意事项：

（1）教练员在练习过程中要组织有序，讲解清晰，要求队员注意力集中，快速反应，注意身体姿势，脚下快速移动。

（2）教练员要丰富练习的变化形式，通过自己加入练习及不规定进攻与防守来增加难度。

（3）教练员要强调触摸的方式，避免队员受伤。

3.唤醒练习3

适宜年龄：9~10岁。	
图示： 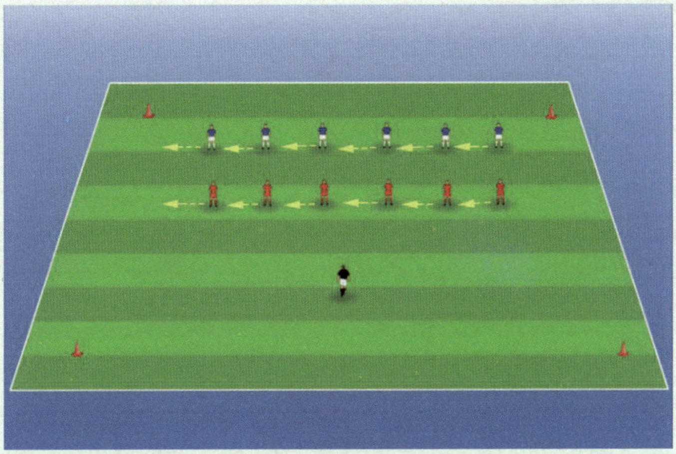	
练习器材：足球若干，标志服若干，标志桶若干。 **练习人数：**12人。 **练习时间：**3～5分钟；每练习1分钟间歇至少30秒。 **练习场地：**15米×5米的区域（可根据实际情况进行调整）。	
目标：通过身体练习与快速反应练习唤醒队员，使队员快速进入训练状态。 **组织方法：** （1）队员分为2组，如图示站立。 （2）练习开始，教练员要求队员原地双脚交替点地。教练员举左手，队员向左侧移动；教练举右手，队员向右侧移动；教练员将双手上举，队员原地跳一下；教练员双手下指，队员下蹲一次。 **变化：** （1）丰富练习形式：原地纵跳、原地小步跑、原地高抬腿等。 （2）可采用“反口令的形式”：如举左手向右移动，双手上举原地下蹲，反之亦然。	
教练员指导注意事项： （1）教练员在练习过程中要组织有序，讲解清晰，要求队员注意力集中，快速反应。 （2）教练员要控制好每次练习的时间，不宜太长，同时要求切换的频率逐渐加快。 （3）教练员要丰富练习的形式，如原地纵跳、小步跑等，不要只拘泥于练习中提到的这些形式，运用反口令练习给队员增加难度的同时让队员快速思考、决策。	

4.唤醒练习4

适宜年龄： 11~12岁。	

图示：

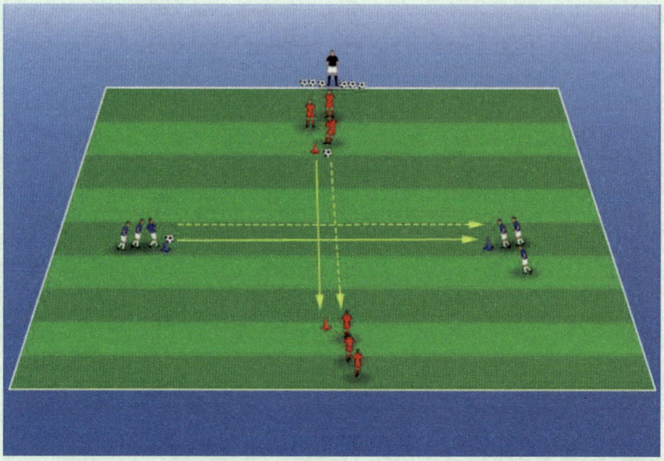

练习器材： 足球若干，标志服若干，标志桶若干。
练习人数： 12人。
练习时间： 10~12分钟；每练习2分钟间歇至少1分钟。
练习场地： 6米×6米的区域（可根据实际情况进行调整）。

目标： 通过注意力集中练习及跑动练习唤醒队员，使队员快速进入训练状态。
组织方法：
（1）队员分为2组，如图示站立。
（2）练习开始后，各组第一名队员将球传向对侧，传球后跑向对侧队尾。
（3）队员在跑动时做行进间操。
规则： 队员记录传球次数。
胜负方式： 规定时间内连续传球次数多的队伍获胜。
变化： 限制队员触球次数。

教练员指导注意事项：
（1）队员传球距离要适中，用脚内侧传地滚球的同时保证行进间操动作的次数，6~8米为宜。
（2）教练员在练习过程中要组织有序，讲解清晰，要求队员注意传球准确性，同时接传衔接要迅速，做行进间操时动作要到位。
（3）教练员在变化时要提醒队员不要相互影响，要提前观察，正确决策，同时注意传球的速度与方向，注意躲避来球。

5.唤醒练习5

适宜年龄：13~15岁。
图示： 
练习器材：足球若干，标志服若干。 **练习人数：**12人。 **练习时间：**6～8分钟；每练习1分钟间歇至少30秒。 **练习场地：**半径为5米的圆形区域（可根据实际情况进行调整）。
目标：通过快速反应与快速移动练习唤醒队员，使队员快速进入训练状态。 **组织方法：** （1）队员分为2组，如图示布置场地，一组在圈外负责抛球，另一组在圈内接球。 （2）练习开始后，接球队员迅速跑动并向抛球队员要球，抛球队员向接球队员抛球，接球队员根据球的高度停球后回传，回传后迅速找下一个抛球队员要球。 （3）练习1分钟之后两组交换角色。 **变化：** （1）要求接球队员不停球直接回传。 （2）抛球队员在抛球后喊身体部位，接球队员用相应的身体部位接球后回传，如抛球队员喊“大腿正面”，则接球队员需用大腿正面接球。
教练员指导注意事项： （1）注意场地大小适中，保证队员能迅速观察，快速反应，同时保证队员有一定的位移距离。 （2）教练员在练习过程中要组织有序，讲解清晰，要求队员快速跑动，积极要球，注意接球的合理性。 （3）教练员在变化后要提醒抛球队员注意抛球高度与所喊部位相对应，同时要求接球队员快速调整。

6.唤醒练习6

适宜年龄：6~8岁。

图示：

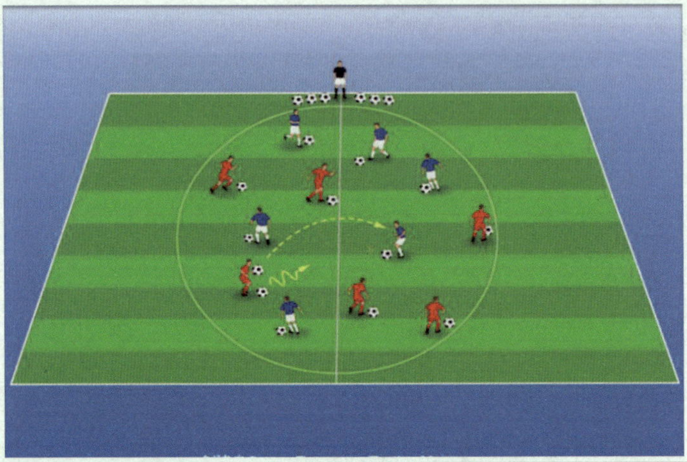

练习器材：足球若干，标志服若干，标志桶若干。
练习人数：12人。
练习时间：10～15分钟。
练习场地：中圈（通常为半径9.15米的圆形，可根据实际情况进行调整）。

目标：通过结合运控球的“抛传球”唤醒队员，使队员快速进入训练状态。
组织方法：
（1）12名队员一起参与练习，分别穿红、蓝标志服，每人一球。
（2）所有队员在中圈范围内做运控球练习。
（3）在运控球的同时，加入抛传球练习，即队员在运控球的同时用手抛传球。未成功接到球的或将球运丢的队员做前滚翻一个。
（4）每2～5分钟可暂停进行一次，做15~30秒的动态牵拉。
变化：
（1）练习可以由无球状态开始，做侧滑步、小步跑等，2～5分钟后做有球练习。
（2）教练员根据队员练习情况调整运控球难度。例如，可以依次进行脚背外侧运球、脚内侧运球、扣球变向、V字拉球、踩单车等练习，由易到难。
（3）在抛传球练习环节可以使用不同球类，如足球、网球，越小的物体对队员的手脚协调能力要求越高，可充分调动其各感觉器官。

教练员指导注意事项：
（1）教练员可以根据队员水平灵活安排场地，同等大小的练习场地，人数越多对技术要求越高。
（2）教练员要指导队员在运控球的同时抬头观察，注意躲避队友。
（3）教练员要指导队员在做假动作练习时有方向、速度的变化。
（4）教练员要提醒队员在抛传球练习环节，注意传球之前的呼应，可以进行语言或眼神交流。

7.唤醒练习7

适宜年龄： 13~15岁。

图示：

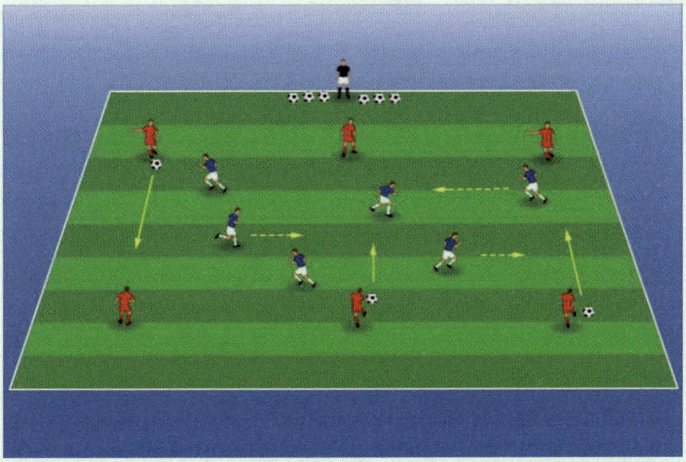

练习器材： 足球若干、标志服若干、标志桶若干、标志盘若干。

练习人数： 12人。

练习时间： 5~15分钟。

练习场地： 15米×15米的区域（根据实际情况调整场地大小）。

目标： 通过传球时机练习及“躲避”比赛唤醒队员注意力，使队员快速进入训练状态。

组织方法：

（1）12名队员共同参与练习，分为2组，分别穿红、蓝标志服。

（2）先做“传球”练习，“传球组”，2人一组自由结合，相距5米进行传球练习。另一组员为“跑动组”，在场地中间折返跑动。传球队员传球时注意不要踢到中间跑动队员。

（3）再做“击球”练习。一组队员为“击球组”，2人一组自由结合，相距5米进行传球练习。另一组为“躲避组”，在场地中间折返跑动，努力躲避，避免被两边踢来的足球击中。“击球组”努力尝试击中“躲避组”队员，被击中的队员下场休息。

轮换方式：练习5分钟后，两组交换角色。

变化： 根据练习情况从“传球”练习逐渐过渡到“击球”练习。

教练员指导注意事项：

（1）教练员可以根据队员水平灵活安排场地大小，“传球”练习场地越小练习难度越大；相反，“击球”练习场地越大难度越大。

（2）“传球”练习时，教练员要指导传球队员注意观察“跑动组”的位置，注意传球时机与传球力量的把握。当跑动队员不在传球路线上时，传球队员再进行传球。跑动队员距离传球路线较近，传球队员的传球力量可相应增大，使球速增大，快速通过通道。

（3）“击球”练习时，教练员要指导“击球组”提前进行预判，根据“躲避组”的跑动速度合理选择击球力量。“躲避组”可利用速度变化来躲避击球。

（4）教练员应告知队员以脚内侧地滚球的形式传球，避免将球踢起，注意安全。

8.唤醒练习8

适宜年龄：13~15岁。

图示：

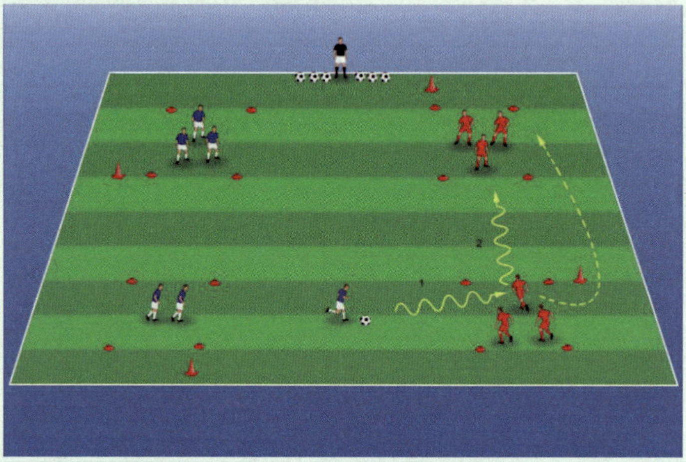

练习器材：足球若干，标志服若干，标志盘若干，标志桶若干。

练习人数：12人。

练习时间：5～15分钟。

练习场地：15米×15米的区域，场地四角分别布置2米×2米的方形区域。

目标：通过盘带练习唤醒队员身体机能，使其快速进入训练状态。

组织方法：

（1）12名队员共同参与练习。

（2）练习由一名队员带球开始，他快速从本方区域抵达下一个区域。抵达后，将球踩定交予该区域的另一名队员重复带球练习，同时自己从外侧绕过左前方标志桶全力冲刺至下一个区域。

变化：

（1）练习方向可以由“逆时针”变为“顺时针”。

（2）可以由简单的盘带开始逐渐增加难度。例如，由脚背外侧带球开始，逐渐加入“踩单车”等假动作。

（3）练习熟练后可由1个足球增加为2个足球。

教练员指导注意事项：

（1）教练员要注意对队员左右脚综合能力的训练。

（2）教练员要提醒队员注意交接球时的相互呼应。

9.唤醒练习9

适宜年龄：11~12岁。
图示： 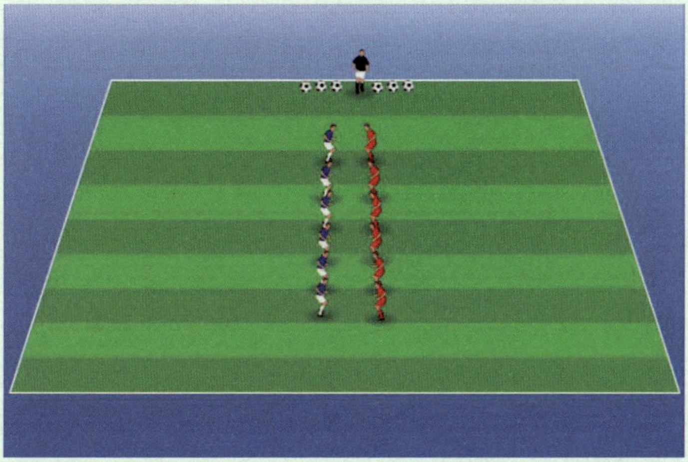
练习器材：标志服若干。 **练习人数**：12人。 **练习时间**：5~10分钟。 **练习场地**：10米×25米的区域。
目标：以快速反应类练习提高队员注意力集中度，使队员快速进入训练状态。 **组织方法**： （1）队员分为2组，每组6人，分别穿红、蓝标志服，分为两排站立在场地中间 （2）教练员下达口令，如“蓝”或“红”，被喊到的一组为抓捕组，另一组迅速逃跑，避免被抓到。逃跑的一方抵达本方边线即为获胜。被抓到的队员，将对手背回起点作为惩罚。 **变化**： （1）以“反向口令”的形式进行练习。 （2）根据练习情况逐渐增加难度。例如，队员熟悉后可改为坐下、躺下或在进行功能练习的同时做出反应。
教练员指导注意事项： （1）教练员要提醒队员注意组与组之间的间距，以免在抓捕时相互撞伤。 （2）教练员要提醒队员注意力集中，同时保持移动，随时准备做出反应。

10.唤醒练习10

适宜年龄： 9~10岁。	

图示：

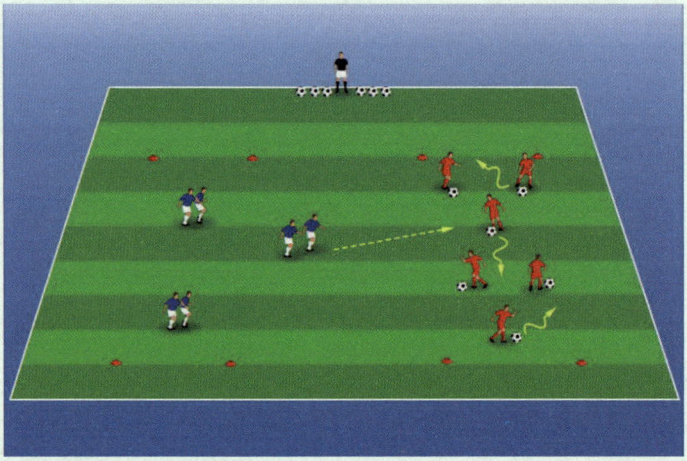

练习器材： 足球若干，标志服若干，标志盘若干。

练习人数： 12人。

练习时间： 10～15分钟。

练习场地： 16米×8米的区域（场地两侧摆放2个8米×4米的长方形区域）。

目标： 以盘带练习提高队员的神经兴奋度，唤醒身体机能，促使队员快速进入训练状态。

组织方法：

（1）队员分为2组，每组6人。

（2）一组队员进行盘带练习，另一组2人一组手拉手进行接力抓捕。抓捕的一方从本方区域迅速到达对方区域后进行抓捕，一旦完成触碰迅速返回，往返接力。

变化：

（1）可由无球的单人抓捕练习开始，逐渐过渡到有球抓捕练习。

（2）可以进行1～2分钟的比赛，在规定时间内成功抓捕次数多的一组获胜。

教练员指导注意事项：

（1）教练员要鼓励队员进行全速冲刺接力。

（2）教练员要提醒队员在2人一组实施抓捕时，注意相互交流沟通，明确抓捕对象。

唤醒游戏——定向方块

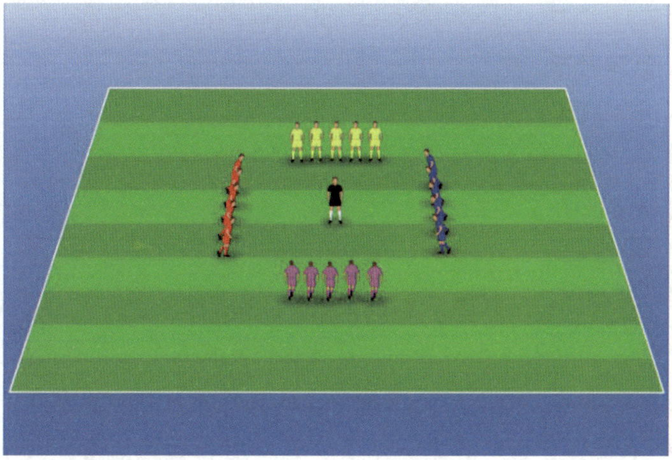

游戏器材：标志服若干。

游戏人数：20～50人。

游戏时间：5～10分钟。

游戏场地：室内室外皆可。

组织方法：

（1）队员分为4组，每组必须排成一条线，4组围成一个大正方形。

（2）教练员站在正方形的中间，要求各小组队员依序牵起旁边人的手，高举他们的双手并尽情欢呼。

（3）告诉每个小组他们应该面对教练员的哪一面。例如，红队面对教练员的前面，蓝队面对教练员的右面，粉队面对教练员的左面，蓝队面对教练员的后面。无论教练员转向哪个方向，这些组就要移动到相应的方向，即像一开始一样面对教练员身体的同一面。

（4）小组目标是成为每次重新移动方向时最快完成的组。该组队员全部就位后以最快的速度高举他们的双手，并喊出他们完成任务了。教练员确认完成后，转个身，当优胜者又呐喊时，再继续转换方向。

变化：在最后一次进行活动时，可添加些有趣的因素。例如，跑到另一个点，让各个小组跟着跑过来。

教练员指导注意事项：让队员不要奔跑，以快步走的方式做游戏。注意场地有无危险品。

唤醒游戏——以牌分组

游戏器材：纸牌若干。

游戏人数：16~20人。

游戏时间：5~10分钟。

游戏场地：室内室外皆可。

组织方法：

（1）发给每名队员一张纸牌，拿到牌之后，直接将牌放到额头上（牌面朝外），避免自己看见牌面，若有人不小心看到，就请他任意找三个人洗牌交换。

（2）依据教练员喊出的不同分组指令，队员设法找到和自己额头上牌相同的伙伴，但在过程中不可把自己的牌拿下来看，也不能告诉其他队员其额头上的牌是什么。指令可参考如下：找到相同颜色的人、找到相同花色的人、找到相同数字的人、找到相同颜色且相同数字的人两两一组。

（3）此分组活动可衔接下一个小组活动，教练员可视情况决定最后一个分组的指令。

教练员指导注意事项：

（1）此活动的优点在于教练员利用纸牌本身的花色及数字进行简单且随机的团队分组，也为队员提供了认识团队中其他伙伴的好机会。

（2）每位成员必须拿着牌找到符合指令的其他伙伴，这增加了队员之间接触的机会，使他们有更多的互动。

放松练习示例

1.放松练习1

适宜年龄： 13~15岁。

图示：

练习器材： 足球若干，标志服若干，标志桶若干，球门1个。

练习人数： 12人。

练习时间： 3~5分钟。

练习场地： 踢球线距离球门12~15米（根据队员实际水平而定）。

目标： 竞技性、无强度的小游戏使队员逐渐由兴奋状态转为放松状态。

组织方法：

（1）教练员在距球门12~15米的位置设置一条踢球线，队员每人一球在线后排队站好。

（2）游戏开始后，队员依次踢球尝试击中球门的横梁。

规则： 每人3次踢球机会，每踢中一次横梁得1分，一次未踢中者（或得分后6名），负责回收训练器材。

变化： 进阶为一脚定胜负的形式，未踢中的队员负责回收训练器材。

教练员指导注意事项：

（1）教练员要注意控制踢球的距离，根据队员的疲劳程度调整强度，防止受伤。

（2）要求队员踢中横梁后必须庆祝，否则无效。

（3）游戏结束后教练员可安排身体主要部位的放松牵拉。

（4）对于未踢中的队员，教练员除惩罚外还要适当鼓励。

2.放松练习2

适宜年龄： 11~12岁。

练习器材： 足球若干，标志服若干，标志桶若干。 **练习人数：** 16人。 **练习时间：** 3~5分钟。 **练习场地：** 10米×10米的区域。
目标： 自由传球练习使队员消除紧张的状态。 **组织方法：** （1）队员分为4组，4人一组，每组一球，每组一块区域。 （2）队员在各自区域内慢跑，自由传球。 **变化：** 对队员进行编号，让队员按一定顺序进行传球。
教练员指导注意事项： （1）练习区域不要太大，注意控制队员练习强度。 （2）教练员在练习过程中可要求队员慢跑，几次触球后进行传球，传球时要呼应。 （3）在练习结束后教练员可带队员进行放松牵拉。

3.放松练习3

适宜年龄：16~18岁。

图示：

练习器材：无。

练习人数：12人。

练习时间：3~5分钟。

练习场地：15米×15米的区域。

目标：通过转换环境与自我暗示的方法，队员逐渐进入放松的状态。

组织方法：

（1）教练员将队员带到一个区别于足球场的环境，如田径场的跑道或篮球场等，该环境中不要出现任何与训练课有关的器材。

（2）开始后，教练员先让队员以自己最舒服的姿势坐或躺。随后，教练员用语言引导队员想象："我静静地躺在海滩上，周围没有其他的人；我感到了温暖的阳光照射，触到了身下海滩上的沙子，我全身感到无比的舒适；海风轻轻地吹来，带着一丝丝海腥味．海浪在轻轻地拍打着海岸，有节奏地唱着自己的歌；我静静地躺着，静静地倾听着永恒的波浪声……"再提醒队员自我暗示"我已经放松下来了，我马上要睡着了"等。

教练员指导注意事项：

（1）要选择环境幽雅、光线柔和、气温适宜的场所，周围不应有过强的干扰刺激。

（2）教练员要注意语气、语调，节奏要逐渐变慢，引导队员配合呼吸，自己也要积极地进行情境想象，尽量想象得具体生动。

（3）在放松结束后，教练员可带队员进行放松牵拉。

4. 放松练习4

适宜年龄： 13~15岁。	
图示： 	
练习器材： 音乐播放器。 **练习人数：** 12人。 **练习时间：** 15~20分钟。 **练习场地：** 15米×15米的区域。	
目标： 通过肌肉放松的方法，队员进入放松的状态。 **组织方法：** （1）教练员要求队员围一个半圆面向自己，接着仰卧于地面，并开启音乐播放器。 （2）教练员按照如下顺序及步骤带领队员进行全身放松： ①头部放松：共分七步。 第一步，紧皱眉头，就像生气时一样。保持10秒（可匀速默念到10），然后逐渐放松。放松时注意体验与肌肉紧张时不同的感觉，即稍微发热、麻木松软的感觉。 第二步，闭上双眼，做眼球转动动作。先使两只眼球，尽量向左转，保持10秒后还原放松，再使两只眼球尽量向右转，保持10秒后还原放松。随后，使两只眼球按顺时针方向转动一周，然后放松。接着，再使眼球按逆时针方向转动一周后放松。 第三步，皱起鼻子和脸颊部肌肉（可咬紧牙关，使嘴角尽量向两边咧，鼓起两腮，似在极度痛苦状态下使劲一样），保持10秒，然后放松。 第四步，紧闭双唇，使唇部肌肉紧张，保持该姿势10秒，然后放松。 第五步，收紧下颌部肌肉，保持该姿势10秒，然后放松。 第六步，用舌头顶住上腭，使舌头前部紧张，10秒后放松。 第七步，做咽食动作以紧张舌头背部和喉部，但注意不要完全完成咽食动作，持续10秒，然后放松。	

②颈部放松：将头用力往下低，下巴抵住胸部，保持10秒，然后放松。体验放松时的感觉。
③臂部的放松：双手平放于两侧，掌心向上，握紧拳头，使双手和前臂肌肉紧张，保持10秒，然后放松。接下来，将前臂用力向上臂处弯曲，使双臂的肱二头肌紧张，10秒钟后放松。接着，双臂伸直，用力收紧并向地面施加压力，以紧张上臂肱三头肌，持续10秒钟，然后放松，每次放松时，均应注意体验肌肉松弛的感觉。
④肩部的放松：将双臂外展于头部两侧的上方，尽力使双肩向耳朵方向上提，保持该动作10秒后放松。注意体验发热和沉重的放松感觉。20秒后做下一个动作。
⑤背部的放松：向后用力弯曲背部，使胸部和腹部突出，呈桥状，坚持10秒，然后放松。20秒后扩肩，使双肩尽量合拢以紧张背部肌群，保持10秒后放松。
⑥胸部的放松：双肩向前并拢，紧张胸部肌肉，体验紧张感，保持10秒，然后放松，感到胸部有一种舒适放松的感觉。20秒后做下一个动作。
⑦腹部的放松：高抬双腿以紧张腹部四周的肌肉。与此同时，胸部压低，保持该动作10秒，然后放松。注意由紧张到放松过程中腹部感觉的变化。20秒后做下一个动作。
⑧臀部的放松：将双腿伸直平放于地，用力向下压两条小腿，使臀部肌肉紧张。保持此姿势10秒，然后放松。20秒后，将臀部用力夹紧，努力提高骨盆的位置，持续10秒后放松。这时可感到臀部肌肉开始发热，并有一种沉重的感觉。
⑨大腿的放松：绷紧双腿，使脚跟离开地面，持续10秒然后放松。20秒后，将双腿伸直并紧并双膝，如同两侧膝盖紧紧夹住一枚硬币那样，保持10秒后放松。注意体验微微发热的放松感觉。
⑩小腿的放松：双腿向上方用力伸展，使小腿肌肉紧张，保持10秒后慢慢放松。10秒后做相反动作，双腿向前下方用力弯曲，保持10秒，然后放松。
⑪脚趾的放松：将双脚脚趾慢慢向上用力伸展，其他部位不要移动，保持10秒，然后放松。20秒后做相反的动作，将双脚脚趾向下用力弯曲，保持10秒，然后放松。

教练员指导注意事项：

（1）教练员要能看到每个队员。
（2）在练习过程中，队员动作要到位。
（3）教练员应选用较为舒缓的音乐，同时在提示动作时言简意赅，语气平静，语速缓慢。
（4）该练习适用于大负荷运动后的放松。

5.放松练习5

适宜年龄： 9～10岁。
图示： 
练习器材： 足球若干，标志服若干，标志桶若干。 **练习人数：** 12人。 **练习时间：** 6～8分钟。 **练习场地：** 15米×15米的区域（根据实际情况进行调整）。
目标： 逐渐降低练习难度，让队员达到放松的状态。 **组织方法：** （1）队员每人一球，在区域里抛接球。 （2）练习开始后，队员可抛球后转身将球接住，可抛球后拍手将球接住，也可抛球后滚翻将球接住。 **变化：** （1）逐渐降低难度，直至抛球后直接接住。 （2）抛球后不用接，让球在下落过程中触碰身体不同部位，同时注意头部不要后仰，避免砸到脸部。
教练员指导注意事项： （1）教练员应要求队员注意抛球的高度与距离，注意观察，相互之间不要影响。 （2）在逐渐降低难度后，教练员可以增加练习的趣味性，如比一比谁能用身体的其他部位将球接住。

6.放松练习6

适宜年龄：13~15岁。

图示：

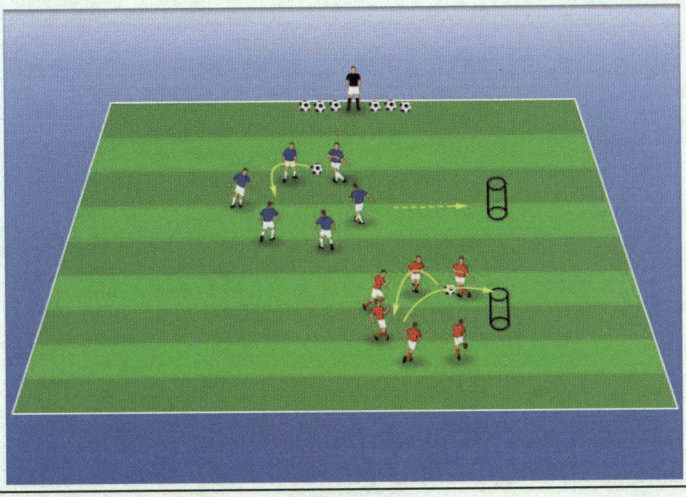

练习器材：足球若干，标志服若干，标志桶若干。

练习人数：12人。

练习时间：6~10分钟。

练习场地：5米×10米的区域（根据实际情况调整场地大小）。

目标：以团队颠球游戏的形式促进队员在紧张状态下的身心恢复。

组织方法：

（1）队员分为2组，6人一组，分别穿红、蓝标志服。

（2）每组一球，各组在练习区域内进行颠球接力游戏。

（3）6名队员围成一圈进行颠球接力行进。从场地一端开始，将球颠入另一端的“大桶”得1分。若在行进过程中球落地则不得分，需返回起点后重新开始。

变化：

（1）教练员根据队员水平调整场地大小。例如，场地越长，需颠球行进的距离越长，难度越大。

（2）队员熟悉游戏动作后，改为有奖惩的比赛。例如，比赛在规定时间内看哪组先得分。

教练员指导注意事项：

（1）教练员要提醒队员在颠球行进过程中注意相互的呼应。

（2）教练员要鼓励队员在成功得分后相互进行庆祝。

7.放松练习7

适宜年龄：11~12岁。

图示：

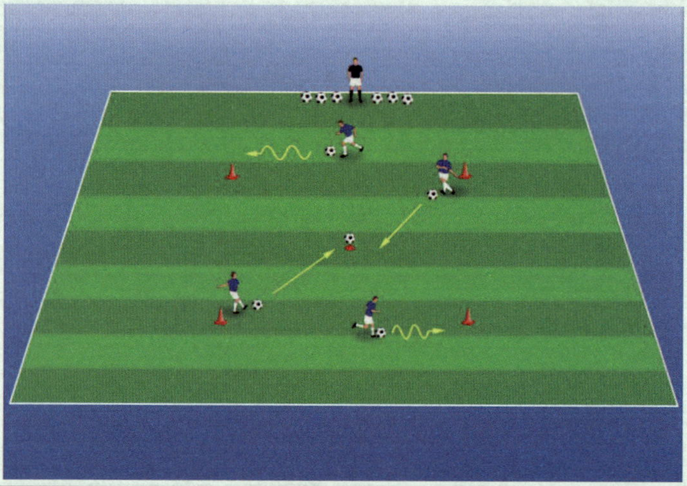

练习器材：足球若干，标志服若干，标志桶若干。

练习人数：12人。

练习时间：5~10分钟。

练习场地：8米×8米的区域，场地正中利用标志盘固定一个球作为目标物（根据实际情况调整场地大小）。

目标：通过踢准游戏促进队员在紧张状态下的身心恢复。

组织方法：

（1）队员分为3组，每组4人，每人一球。

（2）队员从自己所在标志桶处运球出发，抵达下一个标志物后踢中间的目标物，率先击中目标物的队员获胜。

变化：教练员可以根据队员的体能状况灵活调整其带球距离。

教练员指导注意事项：教练员要提醒队员在踢球前注意技术动作的稳定性，可以通过深呼吸等方式缓解由之前带球跑带来的紧张感。

8.放松练习8

适宜年龄：11~12岁。

图示：

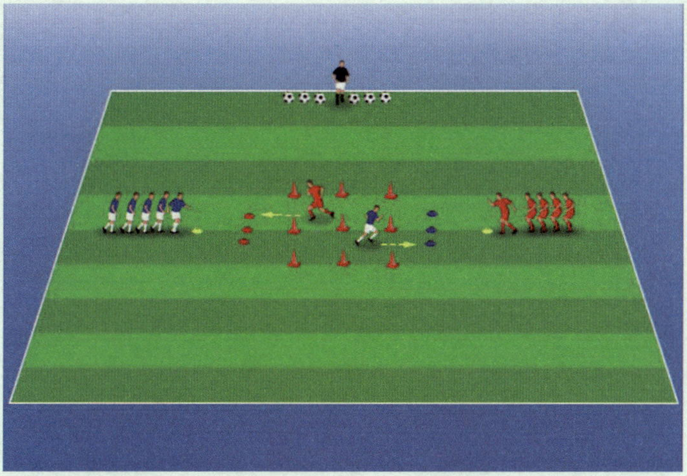

练习器材：标志服若干，标志桶若干，标志盘若干。

练习人数：12人。

练习时间：6~10分钟。

练习场地：6米×6米的区域，摆放9个标志桶，每个标志桶之间相距3米。

目标：以无球游戏的形式促进队员在紧张状态下的心理恢复与放松。

组织方法：

（1）12名队员共同参与练习，分为2组，每组6人，分别穿红、蓝标志服。

（2）练习开始时，两组队员分站于场地两侧黄色标志盘后。在教练员鸣哨后，两侧队员迅速起动去取和自己颜色相同的“棋子”（即标志盘或标志服），将所取到的“棋子”落入“棋盘”（即标志桶摆放区域，每个标志桶为一个格子），完成后返回，下一名队员接力。哪组先将三个“棋子”连接成一条直线或斜线即为获胜（若所有棋子取完仍没有连成一条直线，第四名接力的队员可以去调整场上“棋子”的位置）。

变化：

（1）可以由无球的接力转为带球的接力。

（2）队员熟悉规则后可改为有奖惩的比赛。

教练员指导注意事项：

（1）教练员要提醒队员在练习中时刻注意观察，结合本方及对方“棋子”的位置落子。

（2）教练员要指导队员：场上队员要快速思考做出决策，场下队员要与队友积极呼应。

9.放松练习9

适宜年龄：16~18岁。

图示：

练习器材：足球若干，标志服若干，标志盘若干。

练习人数：12人。

练习时间：10～15分钟。

练习场地：8米×4米的区域（根据实际情况调整场地大小）。

目标：通过网式足球比赛促进队员在紧张状态下的心理恢复与放松。

组织方法：

（1）队员分为2组，组内进行3对3的网式足球比赛，队员分别穿红、蓝标志服。

（2）未接到来球或直接将球踢出界、未过网，对手得1分。球过网后，可落地一次。队员可以选择与队友配合或直接将球踢过网。每个人接球后最多调整3次。

变化：队员熟悉规则后可改为交叉赛。如先组内计分，率先取得5分的一方获胜。之后组与组之间交换，最后计算总分。可设置一定奖惩。

教练员指导注意事项：

（1）教练员要提醒队员时刻移动，接球时保持合理的身体姿态，始终面向来球，以便为下一步行动做准备。

（2）教练员要鼓励队员注意与队友相互呼应，以便协同配合处理来球。

放松游戏——传球说话

游戏器材：1个球。

游戏人数：8～12人。

游戏时间：10～15分钟。

游戏场地：室内室外皆可。

组织方法：

（1）让队员以最舒服的方式站着或坐着，距离不要太远，至少能听到彼此声音。

（2）向大家说明此活动是分享自己的想法，规则是拿球的人才能说话。

（3）指定一名队员先拿球，当该名队员分享完，就可将球传给其他队员。

（4）活动过程中，如有队员没准备好可以暂时跳过，将球传给下一位已经准备好的队员，也可以有要球的动作。

变化：可以事先设定要分享的主题，让大家可以思考分享的内容。例如，今天最想感谢的队员或是今天印象最深的一件事等。

教练员指导注意事项：活动前，先让团队建立分享的惯例，否则在团队还未习惯分享的状态下，活动就会变成互相传球而没有人愿意分享。

放松游戏——请坐

游戏器材：无。

游戏人数：20～30人。

游戏时间：20～30分钟。

游戏场地：室内室外皆可，室外以草地为佳。

组织方法：

（1）先将队员围成一个圆，一起向右转，每位队员都将双手搭在自己前面那位队员的肩上，用温柔的方式替前面的成员按摩一下，并跟他说谢谢。

（2）接着向后转，以相同的方式按摩，当然，别忘了说谢谢。

（3）接着，请队员们搭着前面那位的肩膀，尽量靠近彼此（中间间隔越小越安全），教练员确认队员彼此间距够近后，请让他们同时往后坐，坐在后面那位队员的大腿上。

（4）确认队员都坐稳后，可以让几位队员分享当时的感觉。

（5）接着，请让大家将搭在前面队友肩上的双手向两旁张开，如同飞机的机翼般，让大家一起往圆圈外侧慢慢倾斜，接着再往圆圈内侧倾斜，直到张开的手掌碰到地面。

（6）维持这样飞翔的姿势时，教练员可以让队员呐喊，这有助于队员建立对团队的认同感和队友相互支持的感觉。

教练员指导注意事项：在活动过程中，教练员要特别注意队员间的间隔，避免队员后坐时跌倒。并在活动中随时注意紧急状况的发生。

放松游戏——人体运输机

游戏器材：无。

游戏人数：不限人数（或可分组进行）。

游戏时间：10～20分钟。

游戏场地：室内室外皆可。

目标：可以作为结束时的放松游戏。

组织方法：

（1）请队员将身上的腰带、钱包及手表等物品事先取下放在一旁，身上没有尖锐物品或者突出物。

（2）请队员肩并肩朝相同方向坐在地上，并将双腿伸直，利用双腿排列出一条长长的“运输梯”。

（3）邀请队员轮流担任体验者，平躺在这条“运输梯”上，请大家用双腿上下摆动的方式，缓缓地将体验者从一端运送到另一端。

（4）请终点的队员保护好体验者的头部，当体验者被运输到终点时，终点的队员要记得用双手保护其头颈部位，以免直接落地。

（5）活动开始前，教练员可询问队员：“你等会经过这条运输梯时，希望躺在上面有什么样的感觉？”

变化：可以分成2组进行比赛，看哪一组先将体验者送至另一端。

八、提高团队合作能力

专栏小故事

2018年的夏天，仅有30万人的北欧国家冰岛的国家队，凭借导演守门员、牙医主教练等几乎全员的业余选手，在冰岛国家队历史上的首场世界杯比赛中，逼平了由梅西领衔的夺冠热门阿根廷队。这就是团队的力量，没有球星，却都是球星，面对强队，自然更强，用4-4-2阵型整体协同作战，共进同防，水泄不通，冰岛队不是在用身体比赛，而是在用整齐划一的意志和毅力比赛。

这个北欧岛国，已经成长为世界足球版图上一支不可忽视的力量。第131位，这是冰岛国家队在十年前的世界排名。十年时间，冰岛队稳步前行，将世界排名提升至第22位，并且连续打进2016年法国欧锦赛（欧洲足球锦标赛，也称“欧洲杯”）以及2018年俄罗斯世界杯两项大赛，成为历史上打进世界杯决赛圈人口最少国家。

早在2016年法国欧锦赛中，冰岛队就已经显出了团队的战斗力。2016年，冰岛队闯进了欧洲杯八强，2∶1击败英格兰队后，冰岛队众将与球迷“维京狮吼”式的庆祝给全世界留下了深刻的印象。那一声声震撼世界的“维京狮吼”，整齐有力，令人深刻感受到这个团队的喜悦、信心及热情。

什么是团队？

团队：多指相对较小的群体，如公司、学校、合唱队、运动队等所辖的小规模人群，而不是国家、地区等所辖的大规模人群。

什么是团队凝聚力？

团队凝聚力：团队成员之间心理结合力的总和。表现在两个方面：一方面是团队成员感受到团队对其的吸引力，从而自愿参与团队的活动；另一方面是团队对其成员所具有的吸引力，从而把团队成员积极地组织到团队活动中。

团队凝聚力表现在三个方面：

（1）认同感：团队成员对重大事件及原则问题保持共同认识与评价的心理感受。

（2）归属感：团队成员在情绪上融入团队，作为团队一员，所具有的“我们”及“我们的”心理感受。

（3）力量感：团队成员依靠团队、得到支持、完成任务的信心方面的心理感受。

认同感对团队成员的认知给予知识和信心，归属感是团队成员情感上的依据，力量感则给团队成员以力量，使团队成员的活动坚持不懈。

团队凝聚力对于足球项目的作用。

足球是一项集体运动项目，足球比赛不仅仅是各球队队员之间体能的较量以及球队技、战术水平的临场发挥，而且是整个球队队员之间互相信任、互相协作的团队凝聚力的比拼。球队的团队凝聚力是一个球队的核心力量，它起到坚定球队目标，团结球队力量，维持球队稳定的作用，尤其是在球队比赛周期遇到困难时，团队凝聚力是克服困难的重要力量。

教练员如何去创编提高团队凝聚力的练习？

（1）对团队的现状认识明确（团队人数、队员年龄、组建时间、比赛成绩、队员水平等）。

（2）根据队员能力选择练习内容，让队员感觉有难度，同时有成功的体验。

（3）练习时的分组为多人一组，切记人数不要过少。

（4）练习内容应为需经过队员合作才能进行的，同时让每个人都能感到自己在团队中的作用。

（5）练习内容要有一定的趣味性，引入竞争效果更佳。

（6）练习过程中要让队员多进行沟通与交流。

（7）练习目标设置应能让每个人发挥个人能力，切勿过低或过高，让队员体会只有每个人都付出努力团队才能更好。

教练员在提高团队凝聚力练习中的注意事项

（1）在练习过程中要讲解清晰，示范明确，让队员明确练习方法、规则、目标。

（2）在练习开始前采取一些团队鼓劲、加油的方式，增强团队士气。

（3）在队员练习过程中，教练员要不断引导与激励队员，当看到队员通过沟通、合作向目标接近时，及时给予鼓励与肯定。

（4）队员通过合作完成目标后，可采取队员间拥抱等方式引导队员相互感谢。

（5）要根据队员练习的实际情况增减难度，原则是可以让每个队员都发挥个人最佳能力。

（6）要把握好练习的进行时间与间歇时间，保证练习的强度与质量。

（7）练习结束后，教练员要引导队员去回忆团队合作的过程、队员的沟通交流方式、团队达到目标时的情绪等，让队员有所感悟。

提高团队合作能力练习方法示例

1.提高团队合作能力练习1

适宜年龄：13~15岁。

图示：

练习器材：足球若干，标志服若干，标志桶若干。

练习人数：12人。

练习时间：6~10分钟，每组练习间隔至少30秒。

练习场地：25米×25米的区域（可根据实际情况进行调整）。

目标：提高队员的团队合作能力，巩固脚下技术。

组织方法：

（1）队员分为2组，分别穿红、蓝标志服，每组一球，如图所示布置场地。

（2）每组队员将球在脚下互相传递并要求每人触球至少一次，最终队员移动至各组对应的标志桶处（球不能出圈）。

得分方式：三个来回为一轮，每个来回先到起始点的一组积1分，三轮练习结束后积分多的一组获胜。

变化：

（1）从脚下传递变化为头球传递，并要求每人触球至少一次，最终移动至各组对应的标志桶处（球不能出圈）。

（2）变化移动到标志桶的次数（如增加来回次数），在长时间团队练习中提高合作能力。

教练员指导注意事项：

（1）注意场地的大小，合理安排，保证队员有充分的场地练习。

（2）教练员应要求队员完成好每个技术动作，保证在移动中的传球与停球的成功率。

（3）教练员在练习过程中要组织有序，讲解清晰，队员要互相呼应，互相鼓励，同时注意传球的准确性和提前量。

（4）当教练员发现队员练习速度与兴奋程度不高时，要立刻改变练习要求，调动队员的积极性，让队员充分体会每个人在团队中的重要性。

（5）教练员要控制好每次练习的时间，不宜过长，同时要不断观察并提醒队员，间歇期间总结练习情况并提出下一次练习的要求或示范讲解。

2.提高团队合作能力练习2

适宜年龄：13~15岁。
图示： 
练习器材：足球若干，标志服若干，标志杆若干。 **练习人数**：12人。 **练习时间**：6~10分钟，每组练习间隔至少30秒。 **练习场地**：25米×25米的区域（可根据实际情况进行调整）。
目标：提高队员的团队合作能力。 **组织方法**： （1）队员分为2组，分别穿红、蓝标志服，如图示布置场地。 （2）在规定区域内进行比赛，进球得1分，进球并且同伴从门后接到球得2分。 **得分方式**：规定时间内，得分多的一组获胜。 **变化**： （1）规定可以从门后射门得分。 （2）限制触球次数为3次。
教练员指导注意事项： （1）注意场地的大小，合理安排，保证队员有充分的场地练习。 （2）教练员应要求队员完成好每个技术动作，合理运用比赛规则寻找恰当的得分机会。 （3）教练员在练习过程中要组织有序，讲解清晰，要求队员互相呼应，各自分工，给予输的一方相应的惩罚从而提升团队荣誉感。 （4）当教练员发现队员练习速度与兴奋程度不高时，要立刻改变练习要求，调动队员的积极性，让队员充分体会每个人在团队中的重要性。 （5）教练员要控制好每次练习的时间，不宜过长，同时要不断观察并提醒队员，间歇期间总结练习情况并提出下一次练习的要求或示范讲解。

3.提高团队合作能力练习3

适宜年龄： 13~15岁。

图示：

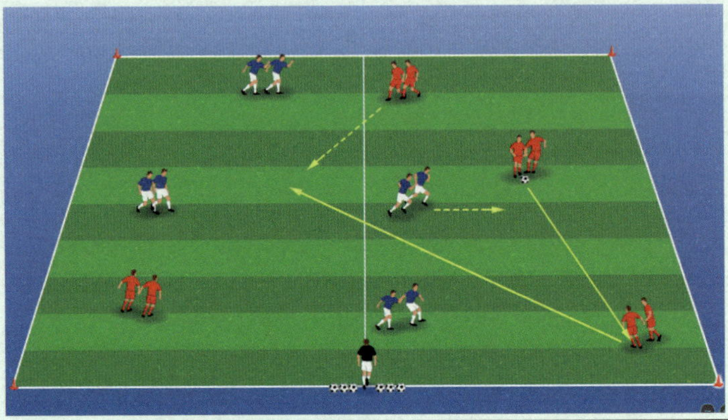

练习器材： 足球若干，标志服若干，标志桶若干。

练习人数： 16人。

练习时间： 15分钟，每约7分钟休息一次，休息时间不超过2分钟。

练习场地： 30米×25米的区域（可根据实际情况进行调整）。

目标： 提高队员的团队合作能力，加强技术练习。

组织方法：

（1）队员分为2组，分别穿红、蓝标志服，2人一组手拉手，如图示布置场地。

（2）在2人手拉手的情况下完成分队比赛，进攻方将球踩在对方的底线上且所有队员过中线即为得分。输的一方将接受做前滚翻或俯卧撑等惩罚。

变化： 将每一方的底线两侧增设2个球门进行攻门的练习（球门距离大于两人拉手距离）。

教练员指导注意事项：

（1）注意场地的大小，合理安排，保证队员有充分的场地练习。

（2）教练员要提醒队员合理运用身体，在正常对抗的情况下不要受伤，及时吹停犯规等不良行为。着重提出进攻得分时全部进攻队员要过本方半场，防守队员要全部回到本方半场，保持整体阵型。

（3）教练员在练习过程中要组织有序，讲解清晰，要求队员互相呼应，各自分工，防守与进攻相互转换，提高队员间的默契程度，让队员了解只有每一名队员都尽全力才能赢得比赛。

（4）当教练员发现队员练习速度与兴奋程度不高时，要立刻改变练习要求，调动队员的积极性，让队员充分体会每个人在团队中的重要性。

（5）教练员要控制好每次练习的时间，不宜过长，同时要不断观察并提醒队员，间歇期间总结练习情况并提出下一次练习的要求或示范讲解。

4.提高团队合作能力练习4

适宜年龄：11~12岁。

图示：

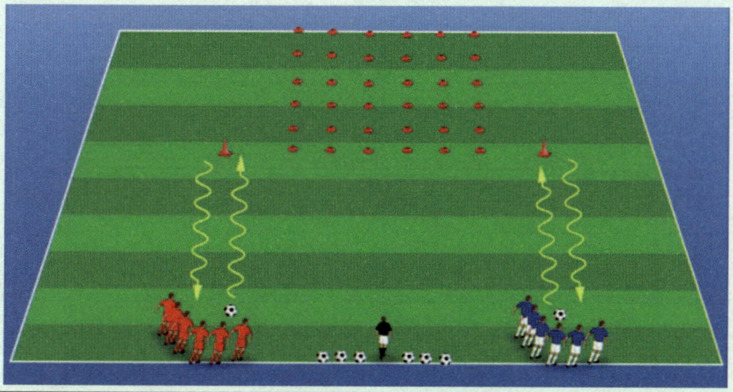

练习器材：足球若干，标志服若干，标志桶若干，标志盘若干。

练习人数：12人。

练习时间：6~10分钟，每组练习间隔至少30秒。

练习场地：25米×25米的区域（可根据实际情况进行调整）。

目标：提高队员的团队合作能力，提高队员的快速反应与决策能力。

组织方法：

（1）队员分为2组，分别穿红、蓝标志服，如图示布置场地。

（2）每组前5名出发队员各拿一件本组标志服，在原地旋转若干圈后带球到标志桶处停好球，随后快速将标志服作为棋子放在标志盘摆放的棋盘里，并将球带回来交给下名队员，没有标志服的队员在完成前面的要求后可以修改本队棋子的位置（带球回来的时候触球至少3次，且必须向前）。

（3）在不违反规则的情况下，先将5件标志服在棋盘里连成一线（横向、竖向、斜向均可）的一组获胜。

变化：

（1）将出发前的原地旋转改为每组围圈颠球，在球不落地的情况下所有队员都触碰一次球后才可出发。

（2）将变化规则为每一方有一次修改对方棋子的机会（在对方棋子落下后随时可以修改）。

教练员指导注意事项：

（1）注意场地的大小，合理安排，保证队员有充分的场地练习。

（2）教练员要求队员完成好每个技术动作，带球速度要快而且不失误，停球要稳。

（3）教练员在练习过程中要组织有序，讲解清晰，要求队员提前商量战术，互相配合，互相提醒，活跃练习气氛。

（4）当教练员发现队员练习速度与兴奋程度不高时，要立刻改变练习要求，调动队员的积极性，让队员充分体会每个人在团队中的重要性。

（5）教练员要控制好每次练习的时间，不宜过长，同时要不断观察并提醒队员，间歇期间总结练习情况并提出下一次练习的要求或示范讲解。

5.提高团队合作能力练习5

适宜年龄：13~15岁。
图示： 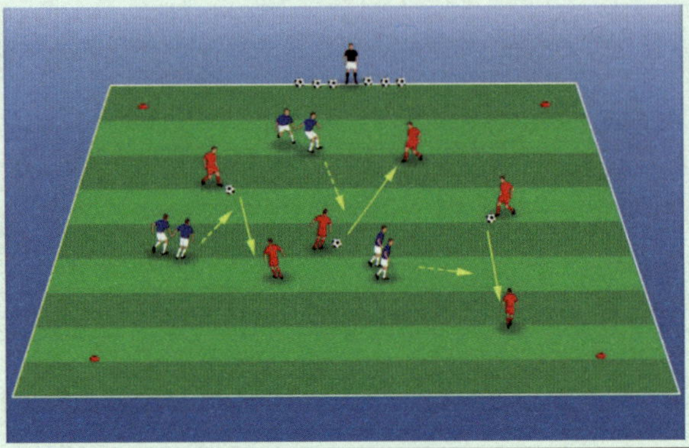
练习器材：足球若干，标志服若干，标志盘若干。 **练习人数：**12人。 **练习时间：**10分钟，每组练习间隔至少30秒。 **练习场地：**25米×25米的区域（可根据实际情况进行调整）。
目标：提高队员的团队合作能力，提高团队合作中的默契程度。 **组织方法：** （1）队员分为2组，分别穿红、蓝标志服，如图示布置场地。 （2）蓝队为“渔网”，红队为“鱼”。做“渔网”的组每2人拉手，组成3张网；做“鱼”的组有3个球可以相互传递。“渔网”组将球全部踢出界外算是胜利。然后双方交换角色。 （3）计时得分，用时较少的组获胜。 **变化：**改变结网的形式，变为3人组成一张“渔网”。
教练员指导注意事项： （1）注意场地的大小，合理安排，保证队员有充分的场地练习。 （2）教练员要求队员完成好每个技术动作，控球方要将球传好或控好，队员要相互呼应。 （3）教练员在练习过程中要组织有序，讲解清晰，要求队员提前商量战术，互相配合，互相提醒，相互信任，这样才可以很好地配合。 （4）当教练员发现队员练习速度与兴奋程度不高时，要立刻改变练习要求，调动队员的积极性，让队员充分体会每个人在团队中的重要性。 （5）教练员要控制好每次练习的时间，不宜过长，同时要不断观察并提醒队员，间歇期间总结练习情况并提出下一次练习的要求或示范讲解。

6.提高团队合作能力练习6

适宜年龄： 11~12岁。

图示：

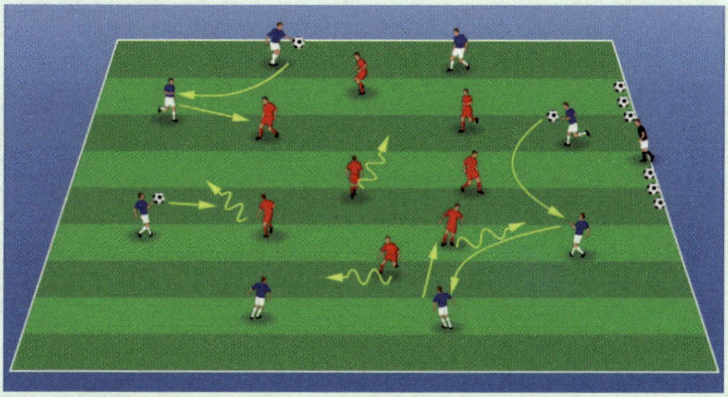

练习器材： 足球若干，标志服若干。

练习人数： 16人。

练习时间： 6~10分钟，每组练习间隔至少30秒。

练习场地： 25米×25米的区域（可根据实际情况进行调整）。

目标： 提高队员的团队合作能力，提高队员的快速反应与决策能力。

组织方法：

（1）队员分为2组，分别穿红、蓝标志服，如图示布置场地。

（2）蓝队队员在区域内围成一个圈，任意3人拿球，红队队员8人为一组在圈内任意移动，教练员发出指令并计时，蓝队队员互相用手传递足球寻找机会将球扔向红色队员任意部位。

（3）红队队员如果被足球砸中，将离开圈内等待，所有红队队员都被砸中离开圈内时教练员停止计时，两组交换角色再进行一次，用时短的一方获胜。

变化：

（1）将球的数量递减，增加难度。

（2）将用手传递改为脚下传递，用脚弓传球技术将球砸向圈内队员，得分规则不变。

教练员指导注意事项：

（1）注意场地的大小，合理安排，保证队员有充分的场地练习。

（2）教练员要求队员完成好每个技术动作。

（3）教练员在练习过程中要组织有序，讲解清晰，要求队员提前商量战术，互相配合，互相提醒，活跃本次练习的气氛。

（4）当教练员发现队员练习速度与兴奋程度不高时，要立刻改变练习要求，调动队员的积极性。

（5）教练员要控制好每次练习的时间，不宜过长，同时要不断观察并提醒队员，间歇期间总结练习情况并提出下一次练习的要求或示范讲解。

7.提高团队合作能力练习7

适宜年龄：13~15岁。

图示：

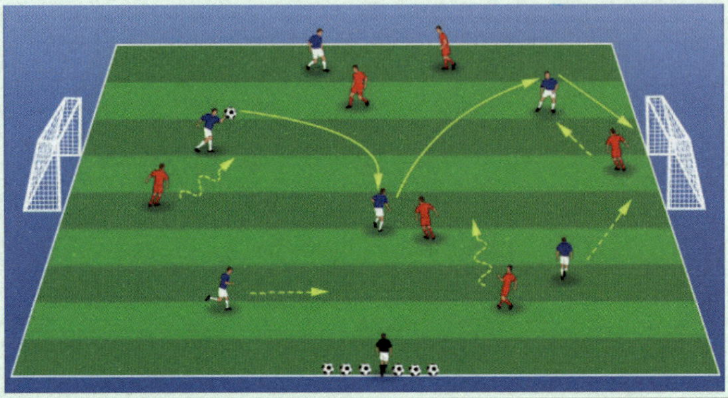

练习器材：足球若干，标志服若干，球门2个。
练习人数：12人。
练习时间：10分钟。
练习场地：25米×25米的区域（可根据实际情况进行调整）。

目标：提高队员的团队合作能力，增强队员默契程度。

组织方法：

（1）队员分为2组，分别穿红、蓝标志服，如图示布置场地。

（2）持球一方用手传递足球，要求每一名队员至少传递一次，在传递过程中被对方用手破坏（抢断、出界）或球落地都要将球权将交给给对方，任意一方每人都传递一次后才可以进攻对方球门。

（3）进攻对方球门需要一名队员将球用手扔向另一名队员，后者用头球将球打进球门，或直接扔进球门，防守队员可以用任意部位防守球门。

变化：

（1）将手球传递改为用手将球抛向自己并用脚弓在空中传球。

（2）每一方指派一名队员为守门员，得分方式改为用脚弓空中传球给队友，队友凌空射门得分。

教练员指导注意事项：

（1）注意场地的大小，合理安排，保证队员有充分的场地练习。

（2）教练员要求队员完成好每个技术动作，传球时速度要快而且不失误，接球要稳。

（3）教练员在练习过程中要组织有序，讲解清晰，要求队员提前商量战术，互相配合，互相提醒，互相呼应。

（4）当教练员发现队员练习速度与兴奋程度不高时，要立刻改变练习要求，调动队员的积极性，让队员充分体会每个人在团队中的重要性。

（5）教练员要控制好每次练习的时间，不宜过长，同时要不断观察并提醒队员，间歇期间总结练习情况并提出下一次练习的要求或示范讲解。

8.提高团队合作能力练习8

适宜年龄：13~15岁。

图示：

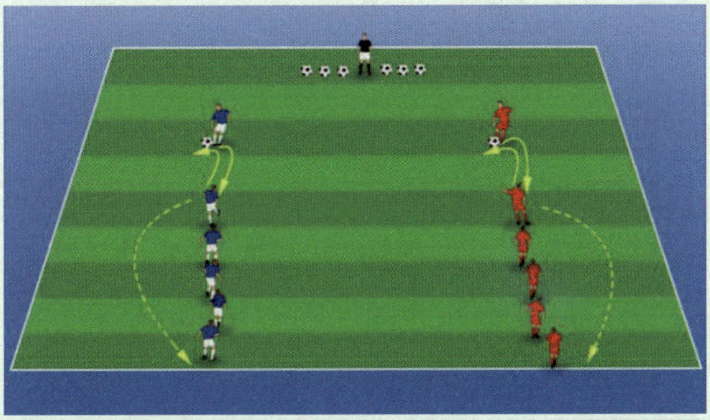

练习器材：足球若干，标志服若干。
练习人数：12人。
练习时间：6~10分钟，每组练习间隔至少30秒。
练习场地：25米×25米的区域（可根据实际情况进行调整）。

目标：提高队员团队的合作能力，增强团队荣誉感。
组织方法：
（1）队员分为2组，分别穿红、蓝标志服，如图示布置场地。
（2）每组选派1名队长对向站在队前持球，每名队员均需要与队长进行颠球传递，三脚出球，传递后到对尾排队。
（3）规定时间内传递次数多的一组获胜，次数少的组将受到惩罚（蛙跳、蹲起、俯卧撑等）。
变化：
（1）将三脚出球改为必须一脚出球（可有规定用脚弓、脚背正面等变化）。
（2）将颠球传递改为头球传递，要求用头停一次球才可传递。
（3）将传递方法改为头球“顶水漂”的方式。

教练员指导注意事项：
（1）注意场地的大小，合理安排，保证队员有充分的场地练习。
（2）教练员要求队员完成好每个技术动作。
（3）教练员在练习过程中要组织有序，讲解清晰，要求队员互相鼓励，互相配合，互相提醒，活跃本次练习的气氛。
（4）当教练员发现队员练习速度与兴奋程度不高时，要立刻改变练习要求，调动队员的积极性，让队员充分体会每个人在团队中的重要性。
（5）教练员要控制好每次练习的时间，不宜过长，同时要不断观察并提醒队员，间歇期间总结练习情况并提出下一次练习的要求或示范讲解。

9.提高团队合作能力练习9

适宜年龄：14岁及以上（有一定足球基础）。

图示：

练习器材：足球若干，标志服若干，标志盘若干，球门2个。
练习人数：10名队员，2名守门员。
练习时间：6~10分钟，每组练习间隔至少30秒。
练习场地：25米×25米的区域（可根据实际情况进行调整）。

目标：提高队员的团队合作能力。
组织方法：
（1）将练习区域分为3块，队员分为2组，分别穿红、蓝标志服，在场地两边各设置1个标准球门和1名守门员。
（2）2组在场地内进行攻防练习，射门必须在门前10米外完成，除此之外可以在场地内任何地方运球和传球。
（3）在规定时间内得分最多的队伍获胜。
变化：
（1）限制触球次数在2次以内。
（2）限定射门脚。

教练员指导注意事项：
（1）注意场地的大小，合理安排，保证队员有充分的场地练习。
（2）教练员要求队员完成好每个技术动作，传递时速度要快而且不失误，寻找其他标志盘时要提前观察并做出决策。
（3）教练员在练习过程中要组织有序，讲解清晰，要求队员提前商量战术，互相配合，互相提醒，活跃本次练习的气氛。
（4）当教练员发现队员练习速度与兴奋程度不高时，要立刻改变练习要求，调动队员的积极性并鼓励队员间相互协调好变化后的战术。
（5）教练员要控制好每次练习的时间，不宜过长，注意补水，同时要不断观察并提醒队员，间歇期间总结练习情况并提出下一次练习的要求或示范讲解。

10.提高团队合作能力练习10

适宜年龄：16~18岁及以上（有一定足球基础）。

图示：

练习器材：足球若干，标志服若干，标志桶若干。
练习人数：16人。
练习时间：15~20分钟，每组练习间隔至少30秒。
练习场地：20米×15米的区域（可根据实际情况进行调整）。

目标：提高队员团队的合作能力。
组织方法：
（1）队员分为3组，分别穿红、蓝、粉三色标志服，如图示布置场地。
（2）2组队员在区域内进行足球乒乓，由1名队员在标志桶界线上发球，每名队员都必须与同伴传递（除手外，部位不限）至少一次后才可传递过网（不限脚数），过网后球落地即得分（2块场地同时进行4对4比赛）。
（3）3组队员进行单循环比赛，每轮比赛为11分制，获胜方取3分，循环赛结束后得分最高组获胜。
变化：
（1）由1人至少传递1次变化为每组最多传递3次。
（2）将任意部位传递变为必须用头球传递，增加难度。

教练员指导注意事项：
（1）注意场地的大小，合理安排，保证队员有充分的场地练习。
（2）教练员要求队员完成好每个技术动作，注意在传递过网球时选择合适的部位，停球要稳，互相传递时要为同伴着想。
（3）教练员在练习过程中要组织有序，讲解清晰，要求队员提前商量战术，互相配合，互相提醒，活跃本次练习的气氛。
（4）当教练员发现队员练习速度与兴奋程度不高时，要立刻改变练习要求，调动队员的积极性，让队员充分体会每个人在团队中的重要性。
（5）教练员要控制好每次练习的时间，不宜过长，同时要不断观察并提醒队员，间歇期间总结练习情况并提出下一次练习的要求或示范讲解。

11.提高团队合作能力练习11

适宜年龄：13~15岁。

图示：

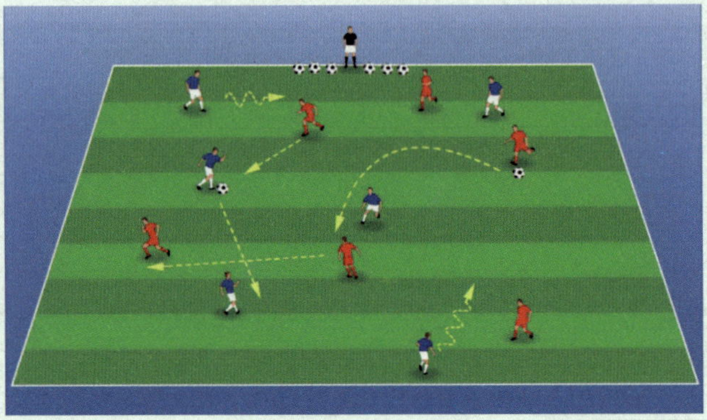

练习器材：足球若干，标志服若干，标志桶若干。

练习人数：12人。

练习时间：20分钟。

练习场地：25米×25米的区域（可根据实际情况进行调整）。

目标：提高队员的团队合作能力及集中注意力的能力。

组织方法：

（1）队员分为2组，分别穿红、蓝标志服，如图示布置场地。

（2）2组队员共同使用2个球在区域内进行分队比赛，形式和正规比赛相同。

（3）持球队员将球带过对方底线即为得分。

变化：在2条底线处增设球门。

教练员指导注意事项：

（1）注意场地的大小，合理安排，保证队员有充分的场地练习。

（2）教练员要求队员完成好每个技术动作。一方持两球进攻时，要注意人员分配，相互呼应；持一球进攻时，要相互商量防守与进攻的任务分工。

（3）教练员在练习过程中要组织有序，讲解清晰，要求队员提前商量战术，根据练习情况增设奖惩，活跃本次练习的气氛。

（4）当教练员发现队员练习速度与兴奋程度不高时，要立刻改变练习要求，调动队员的积极性，让队员充分体会每个人在团队中的重要性。

（5）教练员要控制好每次练习的时间，不宜过长，同时要不断观察并提醒队员，间歇期间总结练习情况并提出下一次练习的要求或示范讲解。

12.提高团队合作能力练习12

适宜年龄： 11~12岁。

图示：

练习器材： 足球若干，标志服若干，标志桶若干。

练习人数： 12人。

练习时间： 15~20分钟，每组练习间隔至少30秒。

练习场地： 25米×25米的区域（可根据实际情况进行调整）。

目标： 提高队员团队合作的控球能力。

组织方法：

（1）队员分为3组，分别穿红、蓝、粉三色标志服，如图示布置场地。

（2）先指定红队为防守方，2人站在中线上，2人进入蓝队控球区域进行4对2的控球练习（不限脚数），蓝队传递10次后转移到粉队区域，在此过程中如果红队抢下球，传到另一粉队区域或在中线拦截掉转移球，则蓝队立即进入粉队区域进行防守。

得分方式： 每队控球成功转移一次得1分，每队防守成功拦截一次或者抢下一次得1分，依次累计。

变化： 限制触球次数，不多于2次。

教练员指导注意事项：

（1）注意场地的大小，合理安排，保证队员有充分的场地练习。

（2）教练员要求队员完成好每个技术动作，注意传球的准确性，互相传递时要为同伴着想。

（3）教练员在练习过程中要组织有序，讲解清晰，要求队员提前商量战术，互相配合，互相提醒，活跃本次练习的气氛。

（4）当教练员发现队员练习速度与兴奋程度不高时，要立刻改变练习要求，调动队员的积极性，让队员充分体会每个人在团队中的重要性。

（5）教练员要控制好每次练习的时间，不宜过长，同时要不断观察并提醒队员，间歇期间总结练习情况并提出下一次练习的要求或示范讲解。

13.提高团队合作能力练习13

适宜年龄：13~15岁。

图示：

练习器材：足球若干，标志服若干，球门2个。
练习人数：12名队员，2名守门员。
练习时间：15~20分钟，每组练习间隔至少30秒。
练习场地：25米×25米的区域（可根据实际情况进行调整）。

目标：提高队员的团队合作能力和传接球能力。

组织方法：

（1）队员分为3组，分别穿红、蓝、粉三色标志服，每组4人，如图示布置场地。

（2）规定每组对抗时间为2分钟，进攻队员可利用底线2名第三组队员进行配合。进球后由进球方守门员再次发球。如果球出界则由对方守门员发球，2分钟后进球多的一组与第三组轮换，如果进球数量相同则控球方轮换。

（3）在规定的总训练时间内，哪一组进球数量多，哪一组获胜。

变化：

（1）限制触球次数为3次。

（2）限制底线队员触球次数为1次。

教练员指导注意事项：

（1）注意场地的大小，合理安排，保证队员有充分的场地练习。

（2）教练员要求队员完成好每个技术动作，传球给合适的同伴，提高传球的速度，提前观察防守队员的空当。

（3）教练员在练习过程中要组织有序，讲解清晰，要求队员提前商量战术，互相配合，互相提醒，活跃本次练习的气氛。

（4）当教练员发现队员练习速度与兴奋程度不高时，要立刻改变练习要求，调动队员的积极性，让队员充分体会每个人在团队中的重要性。

（5）教练员要控制好每次练习的时间，不宜过长，同时要不断观察并提醒队员，间歇期间总结练习情况并提出下一次练习的要求或示范讲解。

14.提高团队合作能力练习14

<table>
<tr><td>适宜年龄：16~18岁。</td></tr>
<tr><td>图示：
</td></tr>
<tr><td>练习器材：足球若干，标志服若干，标志盘若干，球门2个。
练习人数：10人。
练习时间：15~20分钟，每组练习间隔至少30秒。
练习场地：25米×25米的区域（可根据实际情况进行调整）。</td></tr>
<tr><td>目标：提高队员的团队合作、有球配合及无球配合的能力。
组织方法：
（1）队员分为2组，分别穿红、蓝标志服，如图示布置场地。
（2）2名进攻队员在第一区域内突破1名防守队员，另一名防守队员可以选择进入这一区域形成2对2局势，此时，进攻方可以将球传给另一区域内无人盯防的队员。每组结束后攻守互换。
（3）在第一区域进球得1分，在第二区域进球得2分。
变化：难度升级，增加进攻人数和防守人数。</td></tr>
<tr><td>教练员指导注意事项：
（1）注意场地的大小，合理安排，保证队员有充分的场地练习。
（2）教练员要求完成好每个技术动作，充分利用场地优势，进行双区的转移。
（3）教练员在练习过程中要组织有序，讲解清晰，要求队员提前商量战术，并注意抬头观察同伴及对方的位置，找准时机进行传球及合作。
（4）当教练员发现队员练习速度与兴奋程度不高时，要立刻改变练习要求，调动队员的积极性，让队员充分体会每个人在团队中的重要性。
（5）教练员要控制好每次练习的时间，不宜过长，同时要不断观察并提醒队员，间歇期间总结练习情况并提出下一次练习的要求或示范讲解。</td></tr>
</table>

15.提高团队合作能力练习15

适宜年龄：15~18岁。
图示： 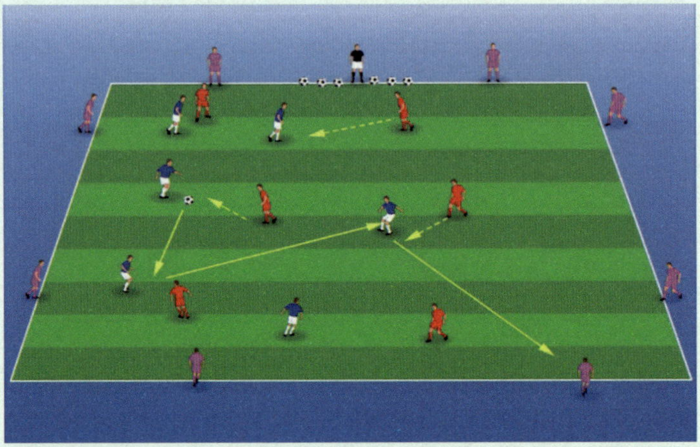
练习器材：足球若干，标志服若干。 **练习人数**：18人。 **练习时间**：20~25分钟，每组练习间隔至少30秒。 **练习场地**：10米×15米的区域（可根据实际情况进行调整）。
目标：提高队员的团队合作、有球配合及无球跑动的能力。 **组织方法**： （1）队员分为2组，分别穿红、蓝、粉三色标志服，如图示布置场地。 （2）每组规定时间5分钟，红、蓝两组先进行传抢练习，控球方在传球过程中可以通过区域外围的粉色组进行过渡，但不算传球次数，控球方传球10次后将球传给粉色组并与其交换，区域内两组再次进行传抢练习。 **得分方式**：在规定的5分钟时间内，成功传球10次后得1分，得分最多的一组获胜。 **变化**： （1）限制区域内触球次数为2次。 （2）增加形成得分的传球次数。
教练员指导注意事项： （1）注意场地的大小，合理安排，保证队员有充分的场地练习。 （2）教练员要求队员注意抬头观察同伴、对方的位置，找准时机进行传球及合作。 （3）教练员在练习过程中要组织有序，讲解清晰，要求队员持球时积极进行呼应沟通，寻求合作。 （4）当教练员发现队员练习速度与兴奋程度不高时，要立刻改变练习要求，调动队员的积极性，让队员充分体会每个人在团队中的重要性。 （5）教练员要控制好每次练习的时间，不宜过长，同时要不断观察并提醒队员，间歇期间总结练习情况并提出下一次练习的要求或示范讲解。

16.提高团队合作能力练习16

适宜年龄：11~12岁。	

图示：

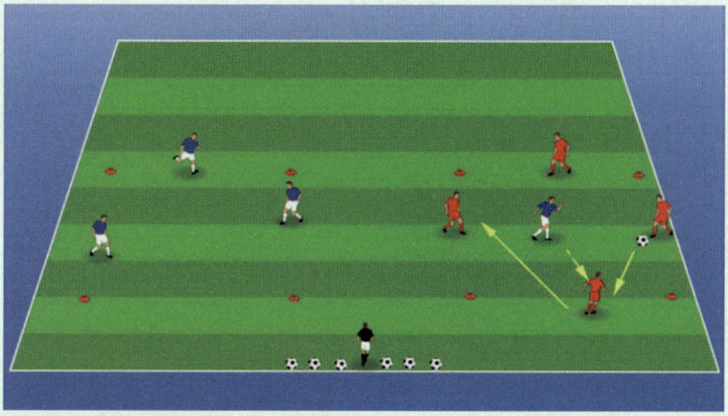

练习器材：足球若干，标志服若干，标志盘若干。
练习人数：8人。
练习时间：15~20分钟，每组练习间隔至少30秒。
练习场地：10米×15米的区域（可根据实际情况进行调整）。

目标：提高队员的传接球配合能力。
组织方法：
（1）队员分为2组，分别穿红、蓝标志服，如图示布置场地。
（2）一组先传球，另一组1名队员上前抢球，传球10次得1分（不限制触球次数），如未抢断，再加1人防守重新开始，直到抢断后，抢球方将球传回本方区域开始传球。
（3）在规定时间内得分多的队获胜。
变化：限制每人的触球次数。

教练员指导注意事项：
（1）注意场地的大小，合理安排，保证队员有充分的场地练习。
（2）教练员要求队员完成好每个技术动作，注意传球选择的隐蔽性，不可盲目失球。在同一区域内，队友可以相互传递，当发现临近区域的队友出现空当时，迅速传球通过。
（3）教练员在练习过程中要组织有序，讲解清晰，提醒队员抬头观察同伴、对方的位置，找准时机进行传球及合作。
（4）当教练员发现队员练习速度与兴奋程度不高时，要立刻改变练习要求，调动队员的积极性，让队员充分体会每个人在团队中的重要性。
（5）教练员要控制好每次练习的时间，不宜过长，同时要不断观察并提醒队员，间歇期间总结练习情况并提出下一次练习的要求或示范讲解。

17.提高团队合作能力练习17

适宜年龄：11~12岁。

图示：

练习器材：足球若干，标志服若干，标志桶若干，标志盘若干。

练习人数：8人。

练习时间：15~20分钟，每组练习间隔至少30秒。

练习场地：25米×25米的区域（两块场地，可根据实际情况进行调整）。

目标：提高队员的团队合作能力。

组织方法：

（1）将队员分为2组，分别穿红、蓝标志服，如图所示，用标志桶在四条边线中间位置各摆出1个小球门。

（2）每组4人，同组队员区域内传接球，找机会运球通过位于四条边线中间的小球门，另一组积极防守。

（3）一队传球次数达到8次得1分，运球通过小球门也得1分。

变化：场外增加2名自由人，协助传球一队传球，从而增加传球次数，自由人不得进入场区。

教练员指导注意事项：

（1）注意场地的大小，合理安排，保证队员有充分的场地练习。

（2）教练员要求队员完成好每个技术动作，注意抬头观察同伴、对方的位置，找准时机进行传球及合作。

（3）教练员在练习过程中要组织有序，讲解清晰，要求队员提前商量战术，互相配合，互相提醒，活跃本次练习的气氛。

（4）当教练员发现队员练习速度与兴奋程度不高时，要立刻改变练习要求，调动队员的积极性，让队员充分体会每个人在团队中的重要性。

（5）教练员要控制好每次练习的时间，不宜过长，同时要不断观察并提醒队员，间歇期间总结练习情况并提出下一次练习的要求或示范讲解。

18.提高团队合作能力练习18

适宜年龄：15~18岁。

图示：

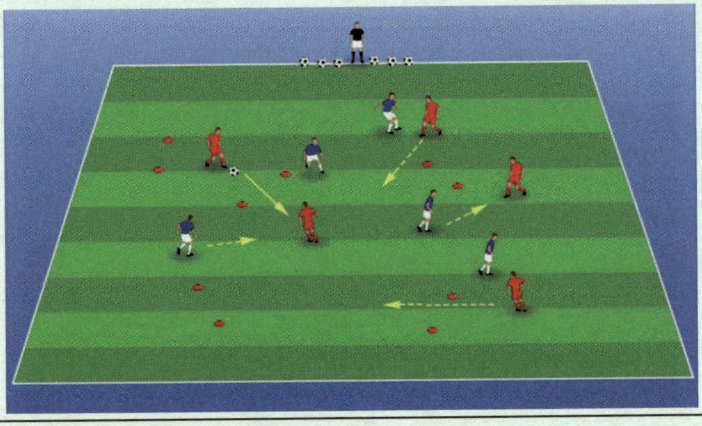

练习器材：足球若干，标志服若干，标志盘若干。

练习人数：10人。

练习时间：15~20分钟，每组练习间隔至少30秒。

练习场地：25米×25米的区域（可根据实际情况进行调整）。

目标：提高队员的团队合作能力。

组织方法：

（1）队员分为2组，分别穿红、蓝标志服，如图示布置场地。

（2）场地内用标志盘摆成5个小球门，标志盘间距2~3米。在场地中央开球，进攻一方成功传球10次得1分，传球通过小球门并被队友控制得1分，任意小球门都有效，但连续通过同一个小球门无效。防守方抢断后转换为进攻方。

（3）规定时间内，得分多的一组获胜。

变化：

（1）减少人数。

（2）限制触球次数为3次。

教练员指导注意事项：

（1）注意场地的大小，合理安排，保证队员有充分的场地练习。

（2）教练员要求队员完成好每个技术动作，注意寻找得分的空当，不可盲目失球。

（3）教练员在练习过程中要组织有序，讲解清晰，要求队员用脚内侧传球，同伴之间要相互呼应。

（4）当教练员发现队员练习速度与兴奋程度不高时，要立刻改变练习要求，调动队员的积极性，让队员充分体会每个人在团队中的重要性。

（5）教练员要控制好每次练习的时间，不宜过长，同时要不断观察并提醒队员，间歇期间总结练习情况并提出下一次练习的要求或示范讲解。

19.提高团队合作能力练习19

适宜年龄：11~12岁。

图示：

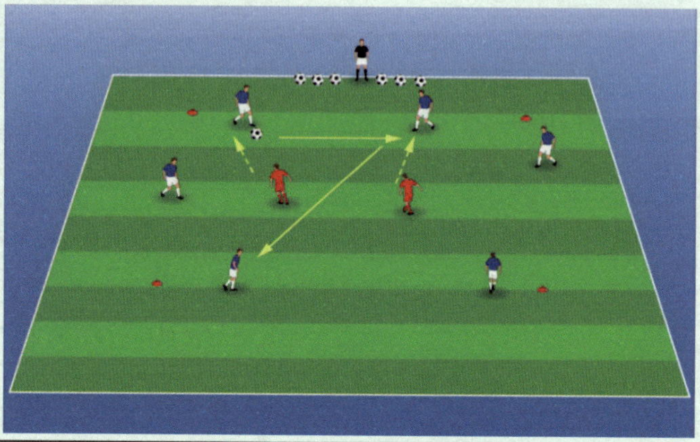

练习器材：足球若干，标志服若干，标志盘若干。

练习人数：8人。

练习时间：15~20分钟，每组练习间隔至少30秒。

练习场地：15米×15米的区域（可根据实际情况进行调整）。

目标：提高队员的团队合作能力，以及传球和无球跑动的能力。

组织方法：

（1）队员分为2组，分别穿红、蓝标志服，如图示布置场地。

（2）6人围成一个圆圈相互传球，2人抢球，只能踢地滚球。防守的2个人抢到球后将球立刻交还给对方，2分钟后换人防守，每人都要防守一次。

（3）传球的人每传够8次得1分，将球从2名防守者中间传过得1分。防守者每断一次传球或将球踢出界得1分，从防守者脚下抢到球得1分。

变化：规定传球人员的触球次数。

教练员指导注意事项：

（1）注意场地的大小，合理安排，保证队员有充分的场地练习。

（2）教练员要求队员完成好每个技术动作。

（3）教练员在练习过程中要组织有序，讲解清晰，要求队员在同伴持球时积极进行呼应沟通，寻求合作，同时注意传球的隐蔽性，避免盲目失球，要持续不断地给同伴提供合作的机会，包括传完球之后，帮助同伴做出更好的选择。

（4）当教练员发现队员练习速度与兴奋程度不高时，要立刻改变练习要求，调动队员的积极性，让队员充分体会每个人在团队中的重要性。

（5）教练员要控制好每次练习的时间，不宜过长，同时要不断观察并提醒队员，间歇期间总结练习情况并提出下一次练习的要求或示范讲解。

20.提高团队合作能力练习20

适宜年龄： 11~12岁。

图示：

练习器材： 足球若干，标志服若干，标志盘若干。
练习人数： 12人。
练习时间： 15~20分钟，每组练习间隔至少30秒。
练习场地： 25米×25米的区域（可根据实际情况进行调整）。

目标： 提高队员的团队合作及传球能力。

组织方法：

（1）队员分为2组，分别穿红、蓝标志服，如图示布置场地。

（2）2人一组，持球队员先运球再传球，无球队员跑位接球，传球队员从2个标志盘之间传过。刚开始可以慢速通过，熟练后进行快速传接球。

（3）2组同时进行，完成的队员将球传给下一名队员，下一名队员才可开始，哪一组先做完哪一组获胜。

变化：

（1）限制触球次数为2次。

（2）缩短标志盘之间的距离，提升传球准确性。

教练员指导注意事项：

（1）注意场地的大小，合理安排，保证队员有充分的场地练习。

（2）教练员要求队员完成好每个技术动作，注意在运球时将球控制在脚下以便更快地传球。

（3）教练员在练习过程中要组织有序，讲解清晰，要求队员相互鼓励，传球失误不要相互埋怨。

（4）当教练员发现队员练习速度与兴奋程度不高时，要立刻改变练习要求，调动队员的积极性，让队员充分体会每个人在团队中的重要性。

（5）教练员要控制好每次练习的时间，不宜过长，同时要不断观察并提醒队员，间歇期间总结练习情况并提出下一次练习的要求或示范讲解。

（6）教练员要注意两组队员的分配，保证两组整体实力相当。

提高团队合作能力的游戏——月球

游戏器材：足球若干。

游戏人数：8~12人。

游戏时间：15~20分钟。

游戏场地：室内室外皆可。

组织方法：

（1）用手拍球，保持球在空中，不能让球掉到地上，同一个人不能连续拍打2次，计算保持的时长，坚持时间长的一组获胜。

（2）一旦球掉落到地上或同一个人连续拍球2次，就要重新开始计时。

变化：可改用其他部位触球，如用头顶球或者脚踢球。

教练员指导注意事项：

（1）因为拍球过程中可能有跑、跳的动作，所以活动场地不能有危险的障碍物，地面不能湿滑。

（2）提醒队员除了注意球的方向，游戏过程中也要注意避免和其他队员相撞。

提高团队合作能力的游戏——意大利高尔夫

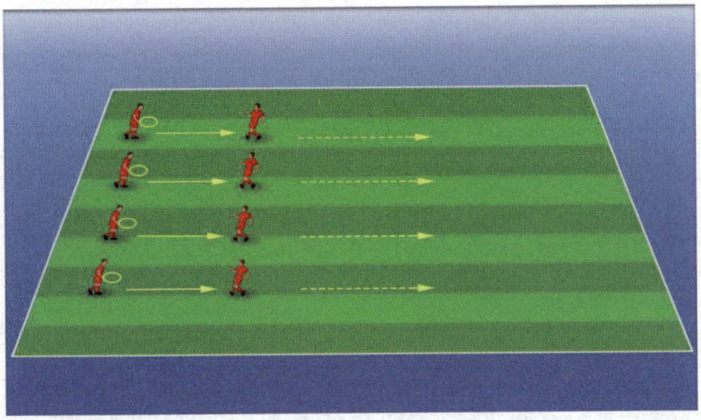

游戏器材：灵敏圈若干。

游戏人数：8～12人。

游戏时间：10～15分钟。

游戏场地：室外场地为佳，室内场地要有足够的高度。

组织方法：

（1）将队员分为2人一组，一组一个灵敏圈。

（2）让每组练习掷灵敏圈，一个人尝试掷，另外一个人以手臂套进灵敏圈的方式接，随后尝试用脚尖接灵敏圈；进而练习当成员掷出灵敏圈时，接灵敏圈的队员必须先转身一圈再用手臂去接。

（3）可设定一段距离，各组要用上面的三种练习方式，依照顺序从出发点出发，行进到终点，只要途中有漏接或是灵敏圈掉在地上，就必须回到起点重来。可设计一些较有挑战性的线路。

变化：可蒙上一名队员的眼睛，以增加难度。各组自行决定谁先蒙眼，到目的地后，两人互换回到起点。

教练员指导注意事项：

（1）提醒队员注意判断灵敏圈飞出的线路，不要被砸到。

（2）活动场地不能有其他危险的障碍物。

提高团队合作能力的游戏——一体成形

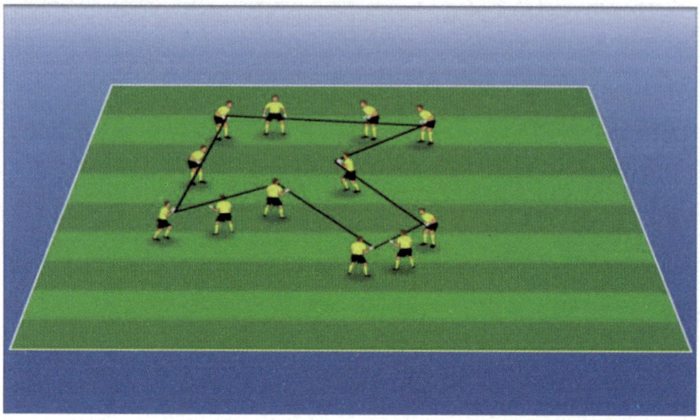

游戏器材：长绳1条。

游戏人数：12～16人。

游戏时间：20～30分钟。

游戏场地：室外。

组织方式：

（1）请队伍中所有队员双手握住绳子，设法用最快的速度将绳子形成简单的不同图形（如某个英文字母、方形、三角形等）。在整个游戏过程中，队员的手不得松开绳子，只能在绳子上滑动调整。

（2）第二阶段可以挑战其他相对复杂的图形，如箭头、松树、金字塔等。

变化：

（1）对于年龄较小的孩子，可用简单的指令加以指示，如形成数字等。

（2）此游戏也可用在活动结束后，让队员用不同的图形表达当天发生的事。

教练员指导注意事项：此游戏除了需要团队沟通外，也可激发队员的创造力。

提高团队合作能力的游戏——星际穿越

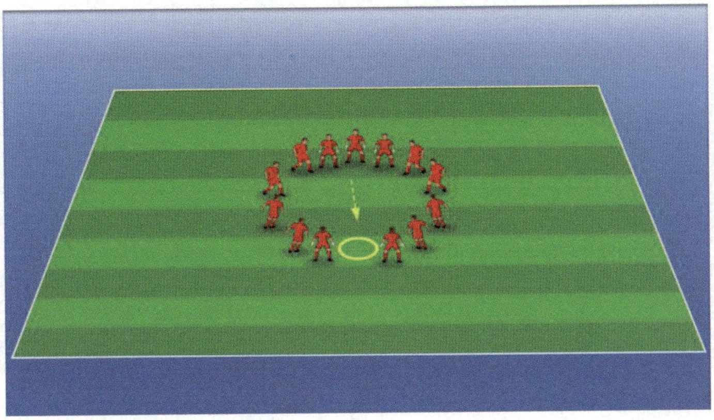

游戏器材：1个呼啦圈、1个秒表。

游戏人数：8~12人。

游戏时间：20~30分钟。

游戏场地：室内室外皆可。

组织方式：

（1）所有队员手牵手围成一个圆圈。让团队中某两个相邻的队员拿呼啦圈，这两人各用一手拿着呼啦圈，而这两个人在队伍中每一回合活动中都不能更换。

（2）要求队员在身体不触碰呼啦圈的情况下，整个团队必须手拉手穿过呼啦圈，包括手拿呼啦圈的人。在活动过程中，所有人的手都不能放开。

（3）除了手拿呼啦圈的两人外，其他人在任何时间都不能触碰呼啦圈，一旦有人触碰，整个团队必须重来。拿呼啦圈的两个人在穿越呼啦圈时，除了拿呼啦圈的手，身体其他部分碰到呼啦圈仍算是犯规，必须重来。

变化：

（1）当团队达成目标后，可让团队尝试更小的呼啦圈，挑战更高的难度。

（2）开始前，可让团队设定目标时间，借由时间限制，提高团队合作效率。

（3）可让几个团队成员蒙眼进行活动，增加活动的挑战性。

教练员指导注意事项：如果团队一直重复地犯规并且重来，可以先暂停活动，给团队一些时间来讨论策略。

提高团队合作能力的游戏——物换星移

游戏器材：标志服若干。

游戏人数：8人。

游戏时间：20～30分钟。

游戏场地：室内室外皆可。

组织方式：

（1）队员分为2组，每组4人，分别穿红、蓝标志服。

（2）让所有队员面向教练员，肩并肩排成一列，并且形成“红蓝”交错站位。向队员说明活动目标：通过移动使相同小组的队员依次排列在一起。队员要以最少的移动次数（最少是4次）完成这个目标。

（3）所有移动都必须是一对成员一起移动，而且是要是相邻的那个人（左右都可以）。

（4）当一对成员移动后，他们留下来的空格必须马上被其他队员填满，不可以在结束时留下一个空缺。

（5）所有团队成员都必须全程保持面向教练员，此活动具有一定的挑战性，故教练员可视团队状况结束此活动，不一定要团队完成任务才结束活动。

变化：

（1）当团队成员遇到挫折时，建议给他们一个移动提示，至少给他们一些帮助。

（2）当团队人数为奇数时，也可以让一位成员站在团队前面，指挥团队移动。

教练员指导注意事项：因为此活动需要较强的问题解决能力，同时也会给团队带来较大的挫折感，故进行此活动前，须考虑团队的阶段水平，此活动较不适合尚未成熟的团队。

提高团队合作能力的游戏——团队动能圈

游戏器材：无，如要做变化则需要一条静力绳（视团队人数而决定长度）。

游戏人数：8~12人。

游戏时间：10~15分钟。

游戏场地：室内室外皆可。

组织方式：

（1）如图所示，让团队站着围成一个大圆圈，相邻的队员手拉着手，并间隔约一个手臂的距离。

（2）让队员“一、二、一、二……”地报数。一代表要往前倾斜的队员；二代表要往后仰的队员。

（3）教练员指示喊“一”的队员往前倾，喊“二”的队员往后仰，直至所有队员完成指示，并且保持圆圈的形状。

（4）队员倾斜是为了保持圆圈的形状，越多人往前倾或往后仰，就会有越大的力量出现，每个人也就需要越谨慎，当大家的力量均衡时，此圆圈就会平衡。

变化：

可用静力绳代替手拉手，将静力绳稳固系成一个圈，摆在团队中央，以团队成员每个人双手都握住为原则。请让团队成员每个人都握住绳子，取得团队平衡就可以了。接下来就跟着教练员的指令一步一步地做（如一起坐下、站起来）。

教练员指导注意事项：确保场地没有可能造成伤害的物品。在团队进行时，请教练员专注于团队成员的安全，避免发生意外。

提高团队合作能力的游戏——团队跳绳

游戏器材：1根跳绳。

游戏人数：8～12人。

游戏时间：10～15分钟。

游戏场地：室内室外皆可。

组织方式：

（1）如图所示，2名队员在两边摇绳，其他队员一起站在绳子的某一边。

（2）当大家一起数到三，摇绳子的人就开始摇动绳子，队员要一个接一个地跳绳。假如全部的人都跳过去没有被勾住，就算成功完成任务；如果在过程中有成员没有跳过去，就必须重新开始。

（3）假如团队中有人很难成功地跳过去，鼓励队员讨论和尝试新的策略，如改变他们的位置或队形。

变化：

（1）可设定时间限制，看队员在规定时间内最多可以跳几下。

（2）持续摇动绳子，队员一个接一个地跳进绳子中央，直到所有人都在绳圈中。

教练员指导注意事项：

（1）提醒队员无论在摇绳还是跳绳的过程中，都应注意自己和同伴的安全。

（2）摇绳者请勿太用力或者激烈地甩动绳子。

提高团队合作能力的游戏——抢旗子

游戏器材：标志盘20个，足球若干，标志桶2个。

游戏人数：不限。

游戏时间：20～30分钟。

游戏场地：室内室外皆可。

组织方式：

（1）如图所示，把队员分为2组，并且把场地平分为两大区域，分别当作各自的领土。

（2）给每组1个标志桶和10个标志盘，请队员将它们放置在其领土的最后方，标志盘全部放在标志桶上，此外也将足球平均分给各组。

（3）每组的目标是在规定的时间内进入对方的领土，拿回对方的标志盘并放在自己的标志桶上，队员可以用足球攻击另一组的人，避免他们过来拿标志盘。

（4）每个人每次只能拿走1个标志盘，最先取得对方10个标志盘的组获胜。

规则：在对方的领土被对方的成员碰到、在自己的领土被对方用足球击中的队员，则被淘汰；如果已经拿到标志盘但在将其放到组内的标志桶前就被对方击中或碰到，则需立即把标志盘放下并淘汰。

变化：

（1）为了让学员可以持续参加，可以规定被淘汰者需要到场地周围待1～2分钟，然后再回到游戏中。

（2）可以在双方的领土设立“拘留所”区域，被淘汰者必须进到对方的“拘留所”里面，等待同组的伙伴来救援，当同组伙伴碰到“拘留所”的人时，他才可以重新回到游戏中。

教练员指导注意事项：主要观察犯规的队员，并提醒队员要遵守游戏规则。

提高团队合作能力的游戏——360度翻转

游戏器材：无。

游戏人数：6~40人。

游戏时间：15~30分钟。

游戏场地：室内室外皆可。

组织方式：

（1）把队员分为6~8人一组，队员们需要取下身上饰品，如手表、手镯、项链、耳环等。

（2）说明这项活动需要的两项要素：挑战突破以及安全。

（3）队员需要挑战的任务：设法以团队的力量，将团队其中几个人，以正向、背向翻转360度，但不能以侧向翻转。

（4）说明自发性选择挑战的原则。

（5）提醒特别需要保护的部位：头、颈椎、腰椎。

（6）准备被翻的人，可以摘下眼镜，去除身上和口袋中会因翻转而掉落的东西。

变化：

（1）通常队员会挑选身材相对矮小的同伴，教练员可以让队员设法翻转体形最大的同伴。

（2）可以请被翻转的人手拿装着水的杯子，并在翻转过程中尽量保持平稳，不让水溢出，最后比较哪组杯中所剩水量多。

教练员指导注意事项：

（1）教练员要在活动开始前教队员如何徒手来进行安全保护。

（2）人数越少，强化团队力量的效果越好，但不能少于教练员所评估的安全人数。

（3）人数多，则需要分组，让小组内的人都有机会参与和负责。

提高团队合作能力的游戏——按摩床

游戏器材：无。

游戏人数：12人。

游戏时间：15～20分钟。

游戏场地：室外的草地。

组织方式：

（1）将队员分为2组，每组有1人为躺下者，其他5人志愿当“按摩床”。

（2）当“按摩床”的队员要双腿跪地，双手撑地，5个人肩膀碰肩膀，形成一张床，另一组队员在旁边保护躺下者的安全。

（3）当“按摩床”定位，躺下者由另一组队员扶持躺在“按摩床”上，躺下者可以要求“按摩床”上下起伏。

变化：

（1）躺下者可以要求“按摩床”适当增加起伏的角度和方向。

（2）做完一组时，躺下者可以与当“按摩床”的队员互换，轮流体验。

教练员指导注意事项：

（1）场地应为室外的草地。

（2）当“按摩床”的人数要按照每个人不同的体形而调整。

（3）教练员在练习过程中要组织有序，讲解清晰，提醒队员避免有太激烈的摇动出现。

（4）当教练员发现队员较多时，应分组进行，但是要确保“按摩床”的两旁至少各有1名队员进行保护。

（5）教练员要控制好每次练习的时间，不宜过长，同时要不断观察并提醒队员，间歇期间总结练习情况并提出下一次练习的要求或讲解。

提高团队合作能力的游戏——步步为营

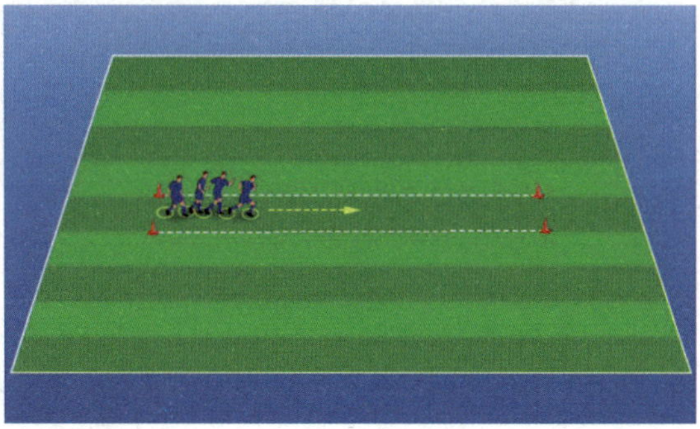

游戏器材：巧拼15块左右（视人数及难度而定）、绳子（标示起点和终点）2条、彩色笔和自黏性便条纸若干。

游戏人数：8～12人。

游戏时间：20～30分钟。

游戏场地：室内室外皆可。

组织方式：

（1）用绳子标示出大约30米长的距离，发给每个队员1块巧拼。

（2）让队员思考使团队表现得更好的策略或增进团队凝聚力的方法，一两分钟后让其将自己的想法写在便条纸上并贴在巧拼上。

（3）所有队员排成一列从起点开始，把巧拼铺在地面上，队员踩在巧拼上，不断铺设巧拼，直至所有队员踩着巧拼通过终点。

（4）活动中，队员的脚不可以直接触碰地面，一旦有人触碰地面，该队员或所有人都回到起点（根据实际情况可进行调整）。

（5）过程中，巧拼必须一直与人体有所接触，巧拼一旦离开人体任何部位就在活动中失去作用（组织者要没收巧拼）。

变化：

（1）可以减少巧拼的数量，以增加难度和激励团队思考。

（2）可在队伍行进过程中摆些障碍物，让团队穿越或者跨越，但是不能碰到障碍物，碰到要重新开始。

教练员指导注意事项：

（1）避免在光滑的地面上进行，以防发生滑倒。

（2）注意避免队员发生脚扭伤或因背部过度弯曲而受伤的情况。

提高团队合作能力类的游戏——车站运输站

游戏器材：巧拼若干，眼罩若干。

游戏人数：15~30人。

游戏时间：30~40分钟。

游戏场地：室内室外皆可。

组织方式：

（1）教练员将团队分为3组，每组3名队员，3组分别穿红、黄、蓝标志服，每组一个眼罩，3组距离中央的巧拼大概6米，如图示布置场地。

（2）每组都是一台火车，每组的起点都是车站，中央的拼图区域是运输站，要求队员以最短的时间通过运输站，到达其他的车站。

（3）3人一排，第一名队员需要戴眼罩，第二名队员不能说话，第三名成员没有限制，后面的队员把手搭在前一人的肩上，在游戏过程中至少有一名队员的脚踩到巧拼上才算通过。用时最短的组可得1分。

规则：在火车行进当中，不能碰到其他火车，否则重新开始。

变化：

（1）可以将巧拼面积缩小，即缩小运输站的区域。

（2）在通过运输站的时候，由原来的至少一名成员增加到每个成员都必须踩到拼图才算通过。

（3）将原来的犯规改为增加秒数的方式。

教练员指导注意事项：

（1）注意场地要足够平坦，保证队员的安全。

（2）教练员应要求队员必须走着进行，不能跑。

（3）教练员在练习过程中要组织有序，讲解清晰。要求每组第一名成员保持手放在胸前的姿势。

（4）当教练员发现队员练习的状态下降时，要立刻变换练习要求，可通过让所有队员都踩到拼图上，集中其注意力。

（5）教练员要控制好每次练习的时间，不宜过长，同时要不断观察并提醒队员，间歇期间总结练习情况并提出下一次练习的要求或讲解。

提高团队合作能力的游戏——翻叶子

游戏器材：帆布1块，大小依人数多少而定。

游戏人数：8～12人。

游戏时间：30～40分钟。

游戏场地：室内室外皆可。

组织方式：

（1）如图所示，教练员先将准备好的帆布平铺在地上，让所有的队员站在帆布上。

（2）此活动的目标就是在所有人没有离开帆布的前提下，大家合力将帆布翻面。

（3）在活动过程中，所有人都必须在帆布的范围内，只要有任何一名队员离开帆布或是身体任何部位碰触地面，活动就要重新开始。

变化：帆布可用的面积越小，翻转的困难度越高。

教练员指导注意事项：在活动过程中，或许会出现背人或抱人的情况，请在安全允许的状况下执行，而教练员也必须特别注意队员的状况，如果需要，可调整规则。

提高团队合作能力的游戏——空中追月

游戏器材：数个绳圈或呼啦圈、1个海滩球。

游戏人数：8~12人。

游戏时间：30~40分钟。

游戏场地：室内室外皆可，但需要较宽阔的空间，在室内的话要注意天花板的高度。

组织方式：

（1）在活动开始前，教练员先在地上用绳子圈成几个圆圈形状，绳圈之间的距离约50厘米，如图所示。

（2）将整个团队分成3~4个小组，每小组2~3人，各小组的队员站在各自组的圈内或至少有一只脚站在圈内。

（3）整个团队用一个球，共同完成空中传球的任务。开始后，其中一组将海滩球向空中抛起并推向相邻小组的圈内，该小组接到传球后继续将球推向下一相邻小组的圈内，依次往返进行。

（4）每个小组在传递过程中只能触球一次，海滩球一旦落地就必须重新开始。

（5）当教练员发出交换绳圈的指令，持球小组中的队员继续将海滩球推击向空中，并在组内完成依次传递；无球小组必须在十秒内完成交换绳圈，交换完成后继续进行组间传递。

变化：

（1）调整绳圈的大小，大小可按人数及难度做出调整，也可以按难度调整为任何形状。

（2）让每小组最少要有2名队员拍打过海滩球，减少绳圈数目或增加每个绳圈内的指定人数。

（3）每个队员的两只脚均需站于绳圈内，以增加活动难度。

教练员指导注意事项：

（1）活动前要确保活动区域没有其他障碍物。

（2）此活动应在较宽阔的地方进行，以免队员发生碰撞危险。

九、表象训练

专栏小故事

贝克汉姆把足球放在草坪上。足球的白色部分在翠绿色的草坪表面显得很突出。草上的水露把球弄得有点湿滑。他转动足球，把红色的徽标正对着他想把球踢进的方向。他站起身来，脸上感到一阵清风。他注视着守门员，那鲜黄的足球衫在巨大的球门下显得很小。他看到了球网的背面在风中拂动着。他在反复想象着：他的球会绕过人墙并在空中画出一道靓丽的弧线，最终进入球网。他瞥一眼身着黑色服装的裁判，裁判举起了口哨，吹响了哨声。他开始助跑，一脚射出，球旋转着绕过人墙，从守门员身边一擦而过，球进了——1：0。

什么是表象训练？

表象训练是在暗示语的指导下，在头脑中反复想象某种运动动作或运动情境，从而提高运动技能和情绪控制能力的过程。

表象训练具有两大作用：

（1）有利于建立和巩固正确动作的动力定型，有助于加快熟练动作和加深动作记忆。

（2）训练前或比赛前对于成功动作表象的体验将起到动员作用，使队员充满必胜的信心，达到最佳竞技状态。

教练员如何进行表象训练？

（1）教练员要知道，对于初学者来说，模仿非常关键。

（2）教练员要为队员建立正确的影像。

（3）教练员对正确影像进行还原和示范非常重要。

（4）可借助视频、图片等工具协助队员进行训练。

（5）引导队员去观察事物的核心部分。

（6）引导队员在比赛之前预想未来的比赛，使其根据自己的位置和实际情况进行想象。

队员如何应用表象训练？

使想象尽可能“真实”。

需要想象与自身表现紧密相关的方方面面的感觉。能感觉到自己脚上的球、球的材质和球的重量吗？（在头脑中）感觉在踢球时腿部和臀部的力量。感觉当球离脚瞬间体验到的刺激和满足。感觉一下球场的气味、球的气味和自己的气味。感觉一下嘴里的味道、观众的欢呼、裁判的哨声和身边其他人的耳语声。

——需要练习把对声音、气味、味道、视觉、触碰和最重要的感觉融入表象法训练中。

——表象训练应该以质量为中心，而非以数量为中心。

——通过观看自己踢球的录像可以增强表象训练的效果。观看自己理想的或是近乎理想的表现将在表象训练中帮自己创造一种有效的形象。

在什么情况下使用表象法？

（1）演练战术和解决问题——在比赛前想象几场比赛将帮助你把这些战术存储在记忆中，并进一步促使你清楚和熟悉自己的角色。

（2）增强自信心——通过想象以前成功的表现，你将以一种更加积极和自信的心态去面对竞赛。在表现不佳时，想象以前成功的表现将带给你动机和自信，以便你能重复相同的技巧。

（3）回忆并训练完美的动作——在大脑中再建并回忆一项准确无误的技能，将能帮你强化将来成功完成该项任务的思维蓝图。

（4）改进或练习技巧——在改进一项运动技巧之后，想象这种正确的技巧将会强化这种信息。把身体训练和思维训练结合起来对提升一项技能是最有效的方法。

（5）为球场表现做准备——想象自己在许多情况下表现良好的方法是很有用的，这些情况包括恶劣的天气、强硬的对手、裁判的判罚等。这样你就会对意外的情况有所准备。

（6）在疲劳时——在你无法进行体力训练时，想象你曾经的射门、抢断、铲球、运球的成功表现和战术，都将有助于你保持清醒的头脑。

（7）作为射门前套路的组成部分——想象自己能准确地完成某项技能，比如成功的射门——将有助于在面临压力的情况下仍能不断射门。这种方法在罚点球或任意球之前使用特别理想；当然也可以用于虚拟一些情况，比如在1对1中突破对方的防守，然后射门。

（8）控制焦虑和情绪——在比赛前想象一些轻松的场面能够放松你的神经。试着想象看到了你的国旗、听到的你的国歌，这样可以激励你的士气。你可以自己决定是否需要降低或提高你的情绪级别。

（9）对表现进行回顾和分析——如果你能使用想象看到自己的强项和弱项，这将有助于你对以前的表现进行评价。

（10）在晚上睡觉以前使用表象训练，这时你非常放松。这一想象过程可以持续10～15分钟。

十、损伤预防与促进伤后恢复

专栏小故事

“肾斗士”克拉什尼奇出生于德国汉堡。1997年，他从德国乙级联赛的圣保利队开始职业生涯，四个赛季里，他在95场比赛中为圣保利攻入26球。2001年夏天，他加盟了德国甲级联赛（以下简称“德甲”）云达不来梅队（以下简称“不来梅”）。2003—2004赛季，他与埃尔顿在锋线上的搭档无坚不摧，29场联赛中，他攻入13球，助攻10次。赛季倒数第三轮客场对拜仁慕尼黑队（以下简称“拜仁”）的比赛中，在主场63 000名观众面前，克拉什尼奇在第19分钟破门，为不来梅吹响了胜利的号角，不来梅3∶1力克拜仁，提前夺取德甲冠军。此后，不来梅还在德国杯比赛中称雄，实现了“双冠王”的伟业。

2007年1月，他被查出肾功能衰竭，在成功换肾后，克拉什尼奇保住了性命。人们认为克拉什尼奇将与绿茵场告别，可他奇迹般地回来了。2007年11月24日，在对科特布斯的比赛中，他下半场替补登场，成为世界足坛第一个重返赛场的“换肾人”，事实证明，换肾并没有影响他竞技水平。2007—2008赛季，16场联赛，他依然有7个进球和2次助攻的出色表现。

会造成队员受伤的心理相关的因素

1.应激反应

预测运动损伤的核心因素是队员的应激反应。一个潜在的运动应激情境（如竞赛、重要的训练或不佳的运动表现等），要求队员对任务要求、自身应变能力和可能的后果进行充分的评估。如果队员认为情境要求超过了自己的应变能力，应激反应就会很明显。相反，如果队员认为自己的应变能力超过情境的要求，应激反应就会非常小。

任何导致应激反应的认知评估都会使队员面对受伤的危险。若队员缺乏应对技能和社会支持时，经历重大生活变迁，受伤风险就会变得更大。

应激反应造成下列两种结果，可导致队员受伤：

（1）注意力瓦解：应激会缩小队员注意范围，使其看不到周围的危险因素，从而导致受伤。

（2）肌肉紧张度增加：高应激可能伴随着相当程度的肌肉紧张，妨碍正常的协调性，增加受伤的可能性。

2.人格特征

人格特征是一种能使人的行为倾向表现持久性、稳定性、一致性的心理结构。人格因素不是致伤的直接因素，但会与其他因素相互作用，影响队员对应激刺激做出的反应。

人格因素包括意志的坚忍性、焦虑、内部动机以及自我观念等。通常，意志脆弱、敏感的队员比自信的队员易受伤，性格孤僻和固执的队员也较易受伤。

（1）应激源史——过去受伤的经历。

①队员怎样调整自己对过去受伤的反应，将决定其在以后的应激运动情境中做出什么样的反应。

②担心再次受伤，或担心自己尚未从上次受伤中彻底恢复的队员，更容易再次受伤。

③如果队员伤愈后重返赛场时没有做好充分的心理准备，就很可能对潜在的应激情境做出消极的认知评估。

④如果队员汲取了过去受伤的教训，并在训练中加以借鉴，就会降低未来受伤的可能。

（2）应对资源——可用于应对应激的方式、手段、工具。

①应对行为：有助于对付应激情境的行为。完善的应对行为有助于减少队员的应激反应，从而降低运动损伤的频率和程度。

②社会支持：有助于减小压力反应带来的不利影响（社会支持主要来自父母、兄弟、朋友、教练员、队友或社团组织等）。

③应激管理：应对和控制应激反应的策略，缓和应激反应的影响。

④注意技能：队员集中注意的心理技能，是防止注意紊乱和注意分散的有效方法。

⑤药物作用：促蛋白合成类固醇等药物，副作用包括攻击性、抑郁、焦虑和社会退缩等，可能会削弱队员的应对资源。另外，药物本身可使肌肉和韧带变脆，从而导致受伤。

⑥心理准备：主动地使自己的心理和生理状态处于适宜的兴奋水平。

教练员如何帮助队员降低受伤的可能性?

（1）在训练中加强对队员的应激反应训练，使其在处理各种应激情境时更加从容自然，降低应激反应。

（2）给予性格孤僻、固执、敏感、内向、意志脆弱的队员多些注意、关心与支持。

（3）教练员应尝试多去关心队员的日常生活，了解他们近期所经历的生活应激和困扰，并给予一定的帮助，如倾听、理解、建议、关心等，确保队员在穿上球鞋走进足球场的一刻，完全进入球员的身份状态，不去挂念训练或比赛以外的事。

（4）引导队员正确看待受伤，受伤也是足球运动的一部分，很多球星都曾有过受伤的经历，重要的是汲取受伤的教训，从伤病中走出来，而不是被伤病打败。

（5）给予队员充分连续的社会支持。

（6）不因过分追求成绩，而让队员使用违禁药物，承受药物带来的伤害。

（7）教练员在日常训练中教会队员更多的应对行为、应激管理和心理技能，引导队员学会合理应激。

（8）教练员应在强调刻苦训练的同时，注意保护队员的健康，引导队员重视自我保护，合理激发动机。

（9）教练员应教导队员明确区分训练中正常的不适感（疼痛）与一些极度的或无法忍受的痛苦。定期与队员讨论伤病与不适感的关系。

（10）引导队员在训练或比赛时做好充分的心理准备。

队员受伤后会产生怎样的心理反应?

1.伤后心理反应的不同阶段（5个阶段的悲伤反应过程）

否认：队员受伤后常以否认为保护手段，拒绝承认身体出了问题。长久地否认有悖于现实，以致影响康复。

愤怒：由于受伤已成为事实，队员由“不是我”的否认态度，转到“为何是我”的质问态度，愤怒的同时常伴有恐慌，这也是受伤队员特别需要关心和支持的时候。

讨价还价：希望如果情境一旦变化，自己的生活和行为就会改变等。或者允诺一些无法实现的愿望。

抑郁：当队员最终认识到无法立即解决伤痛或肌肉、骨骼、关节的损伤问题，就会变得孤僻、自我怜悯，回避同教练员或队友的接触，产生消沉等负面情绪。

接受与改造：当队员承认并接受自己已经受伤的事实并开始计划怎样成功地重返运动场时，实际上的心理恢复过程也就开始了。

2.伤后情绪反应

不安、犹豫不决、空虚、孤立、与世隔绝、震惊、怀疑、否定、自我怜悯、高度恐惧和焦虑，担心自己能否完全康复，担心如果再次受伤是否被人永远取而代之。不能训练导致受伤队员有大量时间为此担忧。

3.伤后其他反应

受伤队员会将注意力集中在伤痛上，通过各种渠道了解受伤程度、受伤原因以及受伤后果，包括短期后果和长期后果。

丧失信心，导致动机下降，丧失自我认同感，甚至导致进一步受伤。

期待自己重新恢复到受伤前的水平。

如何运用心理学的方法促进队员的伤后恢复?

1.与受伤队员建立亲密关系

（1）让受伤的人感到有人在情感上支持他们并和他们在一起是很重要的。

（2）建立亲密关系时，要持积极肯定的态度，并强调团队的帮助，同时，应注意不要表现出对队员的迅速康复过于乐观（这是一个难过的时期，你必须面对它，克服它，但我会在这里陪你，我们一起帮你恢复）。

2.传授损伤与康复过程的知识

（1）队员初次受伤时，告诉他在康复过程中应该期待什么是很重要的，让他以通俗的方式来理解伤势。

（2）对康复过程进行概述，这一点也很重要。

3.教会队员特殊的心理应对技能

（1）目标设置：①受伤的队员设置个人运动表现的目标，对缩短其康复时间特别有帮助。②设置重返比赛的日期、每周参加治疗性练习的次数、每次康复性练习中所有动作、力量和耐力练习的组数等。③坚持严格遵守目标设置的计划，不要因为某一天自己感觉好，就超过规定的负荷，而导致再度受伤。

（2）自我谈话策略：①对于控制受伤后自信心的减弱十分重要。②队员应学会阻断消极思维，将其替换为可信的、积极的思维（如将“我永远不会好转”替换为“我今天虽然情绪处于低潮，但好在没有脱离康复计划的目标；我只是需要耐心，我会找回良好的感觉的”）。

（3）表象练习：①受伤队员可以在头脑中“看到”自己在比赛中的表现，这有助于运动技能的保持和尽快重返赛场。②想象自己受伤组织的消除以及健康组织的新生。③做放松训练，有助于减轻疼痛和应激，促进睡眠，并减轻一般性的紧张。

4.教会队员以积极的心态应对伤病的复发

（1）在建立亲密关系的阶段就提醒受伤队员：伤病可能随时复发。同时激励队员对康复保持积极的态度：复发是正常的，不必惊慌或气馁。

（2）帮助队员定期评估和修改康复目标。

（3）鼓励队员在伤病复发时告诉他人。

（4）通过与他人讨论自己的感受，获得必要的社会支持。

5.给予队员充分的支持

（1）受伤队员需要社会支持，需要感受到教练员和队友的关心，需要有人倾听他们所关心的事情而不是批评他们，需要了解别人是怎么从类似的伤病中恢复的。

（2）要特别注意在康复过程中社会支持的渐进性和连续性，在日后的康复过程中社会支持不能变得越来越少。

十一、减少运动中的伤害性攻击行为

专栏小故事

在2014年世界杯上，与意大利队的比赛成了乌拉圭队的生死之战，谁都没想到苏亚雷斯竟然在这场比赛之中一战成名。当苏亚雷斯在外线和意大利队员基耶利尼对抗时，苏亚雷斯趁着主裁判不注意的时候，一口咬住了基耶利尼的肩膀，以此行为来表达自己的不满。随后基耶利尼脱了衣服去找主裁判申诉，要求判罚苏亚雷斯，可是主裁判并没看到苏亚雷斯咬人的一幕，按照球场的规定无法进行判罚。而苏亚雷斯堪称足坛影帝，咬完人之后的他马上捂着自己的嘴巴顺势倒在了地上，制造出基耶利尼用肩膀撞伤他的假象。后来，基耶利尼也没收到来自苏亚雷斯的道歉，不过国际足球联合会对苏亚雷斯做出禁赛9场、禁止从事一切与足球有关的活动4个月及罚款10万瑞士法郎的处罚。而苏亚雷斯在球场上咬人并非第一次。

什么是伤害性攻击行为?

攻击：以损害或伤害另一个生物体为直接目的的任何形式的行为。

体育运动中的伤害性攻击行为可以理解为：有意识地使他人身体和心理受到伤害的行为。

暴力：指极端的、严重的伤害性攻击行为。

如何判别伤害性攻击行为?

伤害性攻击行为包括以下几种：

（1）伤害性攻击行为包括语言的（出言不逊、威胁恐吓、侮辱谩骂等），也包括身体的（殴打、袭击、踩踏等）。

（2）有伤害性的行为：对攻击对象身体或心理造成或可能造成伤害的行为。

（3）指向一个有生命的个体：如门将丢球后懊恼地将球狠狠踢入球网，并不被视为攻击行为。

（4）故意的行为：含有明显的伤害意图。

伤害性攻击行为是如何分类的?

（1）敌意性攻击：以伤害对手为直接目的，使受害者饱受痛苦和折磨，攻击者常常伴有愤怒的情绪。

（2）工具性攻击：为实现某些外在目的而采取的攻击行为。

①为了获取某种利益（如胜利、金钱等）而伤害他人，或以造成对手在日后比赛中对自己的恐惧为目的。

②攻击者未必具有愤怒情绪。

③伤害行为可能并未超出竞赛规则的限制。

教练员要尤其注意，果敢行为是指比赛中为了赢得胜利而不顾受伤或伤人的危险，用合理行动，奋勇拼搏的行为，不属于伤害性攻击行为。

伤害性攻击行为会造成哪些危害?

1.社会危害

（1）造成大规模的殴斗、体育暴力、惨重的人员伤害和财产损失。

（2）攻击行为往往会被涉世未深、道德判断力尚处于发展之中的青少年所模仿，破坏文明的社会风气。

2.对项目本身的危害

如果某个项目的运动员经常因为对手的攻击而受伤，从事这一运动的人数就会减少，进而影响该项目的普及和发展，影响训练，影响父母家庭对孩子从事该项运动的支持。

队员为什么会产生伤害性攻击行为?

1.挫折诱发

（1）挫折是引发伤害性攻击行为的可能原因，但并不是唯一原因。

（2）挫折通过提高人的唤醒水平或增加人的愤怒情绪，提供了“攻击的准备”。

（3）伤害性攻击行为实际发生，必须有某些与其相联系的刺激因素。

（4）与挫折相联系的消极情绪是诱发伤害性攻击行为倾向的基本原因。

（5）愤怒是伤害性攻击行为的根源。

（6）抑郁是诱发伤害性攻击行为的消极情绪。

2.比赛的结构导致

（1）分数差距：随着比赛分数差距的拉大，落后方会更具攻击性。

（2）主场比赛或客场比赛：球队在客场比赛时，更具攻击性。

（3）比赛结果：输球的球队比赢球的球队更具攻击性。

（4）联赛排名：球队排名越靠后，该队队员产生伤害性攻击行为的倾向越高。

（5）比赛阶段：随着比赛的进行，攻击行为会陡增，伤害性攻击行为出现的可能也会越大。

影响青少年足球运动员心理的外在因素

一、家庭因素

家庭是社会最小的单元，在个体不同的发展阶段发挥不同的作用。家庭在青少年心理健康发展过程中的作用并不是单一存在的，而是多方面因素的综合体现。通过调查发现，家庭因素是青少年参加竞技体育训练最重要的原因。受访者对于自身参加竞技体育的影响因素中，家庭因素排在第一位。可见家庭因素对于青少年参加竞技体育的影响程度是最大的。

家庭环境

家庭环境是个体成长的重要环境，对我们每个人各个方面的发展都有不可忽视的影响。人在孩提时所接受的教育和影响以及形成的习惯，终生都会起作用。家庭是青少年生长的重要环境，奠定了青少年参加竞技体育训练的基础。在家庭中，家长教给孩子一些生活常识和简单的生活技能，培养基本道德品质与初步的社会化等。父母的言行举止、情感态度对孩子都有着有形和无形的影响。体育教育是家庭教育的一个方面，青少年的体育锻炼意识、技能与习惯也是从孩提时培养形成的。家庭教育中，对孩子体育行为、体育意识、体育兴趣等的培养是一项不容忽视的工作。

家庭环境主要指家庭成员之间的关系和家庭内部状况，有研究者指出，对青少年队员参加竞技体育的引导、态度、要求以及青少年队员是否为独生子女、家庭居住地、父母职业、父母文化程度、家庭经济收入的情况这几个方面对青少年参加竞技体育影响较大。

家庭结构主要是指家庭成员的构成和数量，如是否是完整家庭、是否有父母以外的养育者等。在不同结构的家庭环境下成长的儿童青少年，其行为、情绪等方面存在差异。例如，有研究者对两代和三代人家庭的儿童青少年进行研究，发现与生活在三代人家庭的孩子相比，生活在两代人家庭的孩子在独立性、自制力、自尊心、行为习惯等方面发展更好。在比赛成绩方面，完整家庭的队员比赛成绩显著高于离异家庭的队员。离异家庭的队员其父亲情感温暖与其平时成绩有显著正相关，与比赛成绩无显著相关，父母的严厉惩罚及父亲的不认可则与比赛成绩和平时成绩均有显著负相关。

大量独生子女是我国发展过程中的特有现象。作为独生子女的队员会得到家人更多的呵护，但可能也娇生惯养，父母可能不愿意子女从事竞技体育训练这样繁重的活动。而非独生子女的青少年队员在独立性、自主性上更强，对自身的能力培养更为注重，对家庭的依赖较小。因而，非独生子女的青少年队员在参加竞技体育训练时更具有吃苦耐劳的精神。

家庭社会经济地位不会直接影响个体的发展，但会通过影响父母的教养方式、亲子关系、学习环境等间接作用于孩子的发展。如有研究发现，在家庭社会经济水平较低的家庭中，父母更倾向于采用专制型的教养方式，对子女表现出更多消极的看法，与孩子的关系更差，从而影响孩子的心理健康水平的发展。家庭经济条件一般的队员从小物质生活能得到基本满足，无生活压力，依赖性较强，思想上较放松，善于与人交往，自信、乐观，情绪稳定，易产生“优势心理”和自傲。经济条件不好的队员受到家庭经济压力的影响，与周围条件较好的朋友相比易产生自卑心理，但更独立、意志力较强、吃苦耐劳，与队友和教练员相处时易被一些敏感的话语影响情绪和心情。

家庭活动会影响人们对家庭的满意度和家庭功能知觉，从而影响个体的身心健康发展。研究发现，家庭休闲活动（如旅游、冒险活动、户外活动、水上活动等）的频率越高、每次的时间越长，父母和孩子对家庭生活的满意度越高。

在家庭所处的地理环境、社会文化传统、风俗习惯及社会关系、风气等方面，也会给队员的表现带来一定的影响。

家庭教养方式

家庭教养方式是指父母在养育、培养、教育孩子的过程中，与孩子进行互动的活动中所通常采用的方式方法，这种方式是一种行为、观念和风格，具有相对的稳定性，是对父母采取的各种教养方式的特征的总结和概括。

家庭教养方式对儿童青少年的发展具有重要的影响。有学者将家庭教养方式划分为权威型、专制型、放任型、不作为型。权威型教养方式是一种灵活、民主、温暖、接纳性的教养方式，父母尊重孩子的意见和观点，并给予一定的自主。专制型教养方式是一种限制性的教养方式，父母会通过设置许多规则和限制试图控制孩子，强迫孩子服从。放任型教养方式是一种接纳而不控制的教养方式，对孩子的要求和控制较少。不作为型教养方式是指低接纳性、低控制性的教养方式，是冷漠且过度放任的教养方式。家庭教养方式是家庭相对稳定的教养观念、行为及情感表现，从多个方面影响孩子的心理健康。国内外诸多研究表明，家庭教养方式及家庭环境会影响孩子的人格特征，良好的家庭教养方式和家庭环境促进孩子人格正常发育，不良的教养方式导致孩子人格偏离，产生各种行为问题。

青少年时期，个体的生理和心理均处于快速成长时期，在遭遇各种不良事件时易产生焦虑、抑郁等心理问题和自我伤害行为，因此青少年心理健康一直是社会高度关注的问题。有研究将队员比赛成绩、平时成绩与家庭教养方式做相关分析，发现队员父母的严厉惩罚及父亲的拒绝否认与队员的比赛成绩和平时成绩均有显著负相关。父母惩罚越严厉，队员成绩越差。这是由于严厉惩罚是公认的家庭教养方式中的负面因素。对队员而言，最关键的负面影响就是自信心的下降以及在比赛时的心理稳定性降低，严厉的惩罚除了使队员在平时更容易感到焦虑外，赛前他们也会因缺乏自信而感到更焦虑。

因为家庭环境的不同，队员对父母教养方式的承受能力也不同。队员有一个完整的家庭，其家庭教养方式一般不会出现过于极端的情况，但是对于离异家庭的子女而言，他们所经历的家庭变化导致他们的心理状态变化要更加激烈，人也更加敏感，父母同样的态度与方式，对他们产生的影响要比处于完整家庭的队员大。这一点也体现在情感温暖上，有些离异家庭的孩子较少体验其单亲父亲或母亲的情感温暖和理解，因此这一方面的影响同样被放大。由于情感交流多在日常进行，因此这一方面的影响主要体现在平时的成绩上。

越来越多的教育者开始意识到家庭教养方式在孩子成长过程中的重要作用，但在青少年队员的实际生活和训练中，家长和教练员却尚未真正认识到它的重要性，即使在科研中也仅在少量文献中提到在培养基本运动能力时应根据家庭教养环境、父母人格特征等差异，给予必要的心理教育和干预。

虽然许多研究成果中并未直接涉及家庭教养方式与运动成绩的关系，但家庭教养方式会直接影响学生对体育运动的投入，目前尚未见家庭教养方式与运动成绩关系的直接研究，但我们有理由设想他们之间会有一些内在关联，并期望在今后的研究中能有所发现，以有利于更好地选材。

父亲对孩子的成长至关重要，在影响子女的发展方面扮演着十分重要的角色，是孩子理想的榜样。因此，父亲对孩子所选择的爱好或活动加以支持，将更有助于激发孩子的运动潜能。

家庭支持动机

来自家庭的支持动机与青少年运动行为具有与生俱来的联系并持续影响青少年参与运动的过程。运动训练相关研究成果揭示，影响青少年队员训练参与的家庭支持动机可分为内部驱力及外部驱力。前者可细分为兴趣态度、习惯养成、认知方法等方面；而后者可分为政策经济、课业压力、家长职业性质等方面。因此，青少年参与足球训练受到家庭支持动机的制约，且受各类内部、外部因素，如青少年个人特征、家庭成员特征、家庭对训练参与的态度、政府主导因素及足球推广活动等的影响。内部驱力主要表现在以青少年为中心的家庭环境上。青少年自身和父母在足球训练参与这一事件上表现出不尽相同的态度。青少年可能纯粹出于兴趣参与足球训练，父母可能因为体育经历或对足球的兴趣，认同足球训练对子女身心发展的积极性，但更担心专业化的训练过程可能给青少年学习带来影响。外部驱力主要表现在青少年与家长对外界条件的反应不同。无论学历、收入的高低，父母对青少年假期参与足球训练的支持条件较多且限制相对较少，而对平日读书时期参与足球训练的支持条件较少且干涉较多。父母与青少年对文化教育的紧迫感程度不同是导致支持因素趋于复杂的直接原因。

青少年参与足球训练离不开家庭的支持，支持动机的存在是其参与训练的前提与动力。多种支持动机会影响参与过程，主要表现在健身健康、兴趣爱好、运动天赋三个方面。具体支持动机受多种因素影响，各类因素作用存在交叉性及层次性。从更深层面来讲，对足球形成传承，足球文化进入家庭意义重大，而且只有建立在家庭层面的足球文化才是根基最牢的足球文化。

综上，可以看出，家庭在各个层面对青少年队员的发展产生至关重要的影响。竞技体育后备人才的储备是一项复杂的工程，需要时间以及整个社会的投入才可能成功。但竞技体育人才的储备有其自身的特点和规律，其中也必然存在着一些相互制约、相互影响的因素。而家庭环境作为影响青少年参与竞技体育的关键因素，更应受到关注。以家庭背景的视角解读青少年队员的成长历程，有助于深化青少年体育训练领域的研究。

二、运动队因素

教练员的影响

教练员是运动训练中直接负责培养和训练队员的重要成员。在运动队里，教练员与队员的接触是最为密切的，教练员对队员的思想、身体、技术等要全面负责，须具有专项运动的理论知识和较高的技术水平，掌握先进的教学和训练方法，对于队员心理发展的影响也是最为深刻的。

教练员领导行为是教练员在带领团队成员组织目标达成的过程中的行为表现。良好的教练员领导行为对团队凝聚力有显著的影响，好的团队凝聚力能产生好的运动成绩；反之，好的运动成绩有助于提升团队凝聚力，而好的团队凝聚力又可以促进教练员领导行为。作为一支足球队的领导者和决策者，教练员在球队凝聚力的形成过程中起着巨大的作用，因为他们是所有沟通的核心。因此，拥有可以使事情发生或改变的权利和威信的教练员必须具有领导风范，并成为受队员尊重、能够激励队员的精神领袖，他能为球队找到鼓舞人心的长期目标，并能在团队中创造出一种人人乐于奉献、乐于与同伴合作的氛围。专制型教练员领导行为对团队冲突发生原因、消极性冲突处理方式有直接的影响力；反之，对积极性的冲突处理方式则无直接的影响力。非专制型教练员领导行为对团队冲突发生原因、消极性冲突处理方式及积极性冲突处理方式均有直接的影响力。换言之，教练员领导行为确实有可能是团队内部冲突的导火线，同时其对于队员冲突处理方式的选择也有影响。另一方面，专制型的教练员领导行为虽对团队凝聚力有影响，但并非是其主要影响力。未来，体育教练员要增强团队凝聚力，必须采取非专制型的领导行为，以提升队员的满意度。

教练员的各种决策风格的类型，如专制型、协商型、委托型、民主型都会对团队的凝聚力造成影响。教练员倾向于民主型风格时，会与团队队员商量，共同制定决策。一个好的教练员可以把团队成员拧成一股绳，充分发挥每一个人的作用；反之，团队就会一盘散沙，造成无法挽救的后果。

教练员与领队、队员和其他工作人员良好的沟通对足球队团队的成功和队员满意度有重要作用。教练员如果不能很好地处理与领导的关系，则球队发展所需要的财物支持、社会支持就可能受影响；如果教练员与队员不能建立相互交流、相互尊重、相互欣赏的关系，则很难有团队的合力。在相互共容的教练员与队员的双方关系中，教练员应不断地奖励队员做出的努力和取得的成绩，形成良性互动，增强团队的凝聚力；如果教练员不能跟其他工作人员保持良好的沟通和联系，则球队的食宿、交通、训练装备等后勤保障工作将会受阻。

近年来，作为新型的领导理论——魅力型领导理论常用于国内的企业与社会组织，但针对高校运动团队教练员的实证研究很少，更缺乏与团队凝聚力（团队个人与成员之间相互吸引、紧密团结，为追求共同目标而达成团队一致性）的相关性研究。根据魅力型领导理论，将教练员魅力领导行为概括为教练员用魅力或行为上独有的特征，构建科学发展愿景，赢取队员的信任与忠诚，激励队员主动训练，实现或超越训练目标的过程。教练员魅力领导行为与团队凝聚力在整体及各维度之间均呈正相关，是相互影响和相互促进的关系；除教练员个人魅力之外，较高的魅力领导行为能够促进团队凝聚力的发展。教练员良好的德行是队员学习、效仿的行为标杆，能使队员形成“遵从”心理，有助于提升团队凝聚力。教练员的沟通和关怀行为能帮助队员及时了解、理解团队任务和训练方法，为队员排忧解难，消除双方隔阂，有助于队员将注意力集中在共享任务目标上，并促使队员对共享目标进行投入，从而促进凝聚力的提高。高绩效的训练提高了队员训练比赛满意度和自信效能，并在团队中形成了一种积极氛围，促使队员之间的交往、交流更积极，改善了团队内部的社交关系，促进了团队凝聚力的良性发展。

另外，教练员应重视开展沟通和个性化关怀工作。教练员是队员训练和团队领导的核心，教练员要用心揣摩魅力领导的整合与运用，积极开展沟通活动，帮助队员了解愿景，激励队员将团队愿景化为自己的实际行动；积极开展针对队员个人的人文关怀，解决队员在训练、学习、生活中遇到的困难和问题，鼓舞、激励队员奋发向上、不断提升训练绩效；积极促进队员间紧密合作，强化团队认同感。

团队目标

运动队的愿景代表了教练员和队员的才智、能力和核心价值观，是全体教练员、队员的共同目标，它造就队员的成就感和归属感，能促进团队的稳步发展，是形成团队凝聚力的关键。

目标的达成使队员对团队产生自豪感，凝聚力强的团队，为成员的成长与发展、自我价值的实现提供了便利的条件，领导者和其他的成员都愿意为自身及他人的发展付出。自豪感就是队员以团队为荣，认为自己的团队有令人羡慕的对社会的贡献、良好的声誉、美好的形象和可观的收入而产生的荣耀心理。这种积极的心理毫无疑问能激发训练和比赛的欲望，使队员在训练和工作中处于较好的精神状态，并有互相帮助的意识。

队友关系

人际关系是人与人之间通过交往与相互作用而形成的直接的心理关系。不同的群体人际关系各有不同，运动队人际关系也具有其自身的特点。调查发现，我国关于运动队中人际关系和交往的研究中，主要以成年运动员或成年队为主，青少年运动员或青少年运动队的研究还是一个盲点。青少年时期，个体在生理、心理上日趋成熟，是人生观和个性形成的关键阶段，也是运动能力形成的决定时期。良好的人际关系有利于青少年形成正确的自我评价，加快社会化的速度，也是青少年保持心理平衡和完善个性的有效方式。

在足球运动中，个人的成功不能决定集体的成功，而集体的成功却能成就个人的伟大。队员与队友之间的关系对于团队发展至关重要。队员个性特征、认知方式、能力水平等都会影响与队友之间的关系。

三、学校因素

队员的运动生命是有限的，每一位队员都会面临退役、就学、择业等问题，而队员文化素质的高低又直接影响着队员退役后的就学与择业。长期以来，如何加强队员的文化素质教育的问题一直备受党和国家领导人、体育部门领导人的重视。青少年时期是知识技能飞速增长的时期，无论是生理发育、心理发展还是智力增长，青少年时期都是关键阶段。相较普通在校生，青少年队员不仅要应对学业压力、师生关系和同学关系，同时还需要解决学训矛盾，文化课教师员与教练员关系，同学关系与训练队伙伴关系等更为复杂的同伴关系。

师生关系

师生关系是学生在学校生活中面对的一种主要且典型的人际关系，对于青少年队员来而言，师生关系有其独特性。一方面，青少年队员经常参加训练与比赛，文化知识学习时间受到一定影响，所学知识不够系统，可能会在一定程度上影响学习成绩；另一方面，教师常常由于工作量较大、教学绩效压力、对队员成绩期许不高等原因，对队员的学习成绩、心理状况等方面关注不够或过于关注。

师生关系在教育学领域是一个值得长期研究的话题。青少年队员在学校中是一个特殊的学生群体，他们是队员，训练与比赛可以说是生活中的常事，同时他们又是普通的学生，同样需要接受文化素质教育。青少年队员需要将有限的资源分配到项目训练和文化学习中，而且队员不得不面对巨大的体力消耗，课业压力和训练压力都可能导致队员产生无助感，而教师要起到调节作用。对于青少年队员的心理发展来说，教师既可能是心理问题的发现者、疏导者，也可能是心理压力的来源之一。

因此，在面对青少年队员时，教师需要理解他们特殊的学习环境，公平对待青少年队员与其他在校学生。当青少年队员出现课业困难时，教师需要更加耐心地进行引导、讲解，并且鼓励他们多思考、多提问。同时，当学生的心理出现问题时，教师的态度也非常重要，适时地建议或陪同学生进行心理咨询，科学地缓解学生的心理压力，帮助学生顺利地解决问题并重新进行正常的学习和训练，这些都是教师在青少年队员心理上可以产生的积极影响。

同学关系

除了师生关系之外，对于学生群体来讲另一个重要的关系是同学关系。同学关系正向可以发展为朋友关系，但同时它也可以朝着负向发展，比如心理学研究中经常提到的同伴侵害中，来自身边同学的侵害并不罕见。从儿童时期开始，同伴关系就已经开始对个体产生影响，随着年龄的增长，青少年对于父母的依赖会逐渐递减，但同伴影响会日益凸显。青少年时期，同学关系的影响甚至强于父母和教师。

青少年队员需要处理的同伴关系主要是队友关系与同学关系，毋庸置疑的是青少年队员在班级中的运动能力会好于普通学生，在体能方面，青少年队员也有着独特的优势。但由于各种原因，青少年队员的文化课成绩在班级的表现通常不如运动能力那么优秀。

青少年时期，同伴关系通常在一定规模的团体范围内发生，但同学关系产生的班级，却是一个非自发形成的团体。青少年队员在班级中如何调整自己的位置与自身的心态，对于队员的发展也尤为重要。毕竟我们可以想见，某一位在运动队运动成绩优异的队员，在班级当中却可能因为文化课成绩而产生自卑感，进而对心理产生一些消极影响，这些影响又可能对文化学习甚至运动表现产生消极影响。

青少年会依据同伴的看法和反应来反思自我，甚至重新对自己进行定义和评价。同时，由于学业压力的增加，青少年生活中出现的自卑感、依赖感与孤独感同样与日俱增，对于青少年来讲，他们需要从同伴关系中寻求安慰和支持。青少年时期是执行功能快速发展的重要时期，发展过程中消极经历会对执行功能产生消极影响。在同学关系方面，如何避免青少年队员产生消极心理是有重要意义的。

青少年队员在处理同学关系时，需要提升自己的自尊水平和自信心，这有助于他们的心理发展和正常学习。青少年队员不应当仅仅关注学业成绩，繁重的训练任务甚至比赛任务或多或少都会影响队员的学业成绩，所以他们本来就无需因此而自卑。同时，需要关注的另一个问题是，队员在学业中表现的自我效能感和自我期待也普遍较低，所以需要避免其产生“队员在学业方面就是不如普通学生”的刻板印象，甚至出现对学业成绩的“习得性无助”，更要避免这种无助感迁移到其运动表现领域。

最后，针对可能出现的侵害问题，队员本身由于体能优势和自身较为激烈的情绪影响，让他们更容易成为“施暴者”，但由于其所处群体的相对特殊性，他们又可能在班级中被同学甚至教师边缘化，成为冷暴力的受害者。这就需要教师、教练员等成年人对队员的情绪给予更多的关注，鼓励他们在班级中建立无差别的社交关系，以减少上述的消极影响出现。

学业问题

学业领域的适应与发展是青少年最重要的发展任务，学业成绩不良及学业压力大是这一时期两种常见的学业适应问题。学业成绩不良是指学业成绩的落后，主要表现就是学业水平无法达到基本的学业要求，在现实中，这点也可以扩展为学业水平没有达到自己或重要他人（如父母、教师）的要求。学业压力则是指由于考试、学业失败等问题所带来的心理困扰。

近年来，学业压力问题越来越受到各方面的关注，因为学业压力进而可以导致青少年的严重心理问题，包括一系列行为问题，如抑郁、焦虑、情绪问题、睡眠障碍，严重者可能导致自杀等严重的心理和精神问题。同时，学业压力的影响存在性别差异，女生受到的影响高于男生，这也提醒我们在面对学业压力时，需要特别考虑其对女生的影响。

相比较普通学生的课业压力，青少年队员由于个人和社会的期许均较低，所以这方面的影响也相对较低。如此看来，由此造成的心理影响更是无从谈起，但必须重视的是，从长远的角度来看，如果青少年队员不能有效调动对文化课程的学习积极性，不能完成基本的文化学业，队员今后的个人发展以及退役后的学习与择业，都会受到限制。

我国一直倡导加强队员的文化素质建设，但现状依然是青少年队员的学习质量不高、时间不足、学训矛盾尖锐等问题层出不穷。这些学业问题短期看来可能对青少年队员心理影响并不大，但是其远期影响却不容忽视。虽然，有关运动员退役的保障政策已备受重视，但是文化基础薄弱又势必造成运动员的转型困难。事实上，很多人都知道，青少年队员中有相当一部分人在今后不会从事专职球员的职业，因此，他们未来的学习及就业更需要文化知识作为基础和保障。

从智商来看，高水平的队员通常拥有较高的智商，而青少年队员的操作智商普遍优于普通学生，其智力分数也与普通学生无任何差别，这就表明很多青少年队员的学业成绩较差并不是先天原因造成的，而是在学习中出现了一些问题。在现实生活中，我们很难要求青少年队员达到普通学生所达到的上课时间与听课质量，也不可能让他们减少训练或参赛，但我们可以帮助青少年队员适度提升自己的自我效能感，让他们知道文化课并没有想象中那么困难，帮助他们完成基础学业的同时，又要保证学业问题不会成为他们新的压力来源。

网络课程

作为新兴事物，目前网络已经是比较成熟的学习媒介之一，尽管外界对于网络褒贬不一，但其作为学习媒介的高效性与便捷性是毋庸置疑的。目前国内有很多的主流教育机构都推出了自己的网络课程。一些高校也开始将部分课程放在网上以供学习，甚至一些中小学都已经尝试“空中课堂”的教育方式。对于青少年队员来说，紧张的训练与比赛经常会让他们没有时间在课堂上进行文化课的学习，网络课程的出现或许可以作为一种补充，至少是一种可行的尝试，以加强他们的文化学习，帮助他们完成基本的学业。

学校是青少年队员文化课程学习的主要场所，也是与他们接触最为密切的场所之一，学校教育是提升队员文化素质必不可少的途径，而帮助队员正确的处理以学校为来源的心理压力，如师生关系问题、同学关系问题及学业问题等，对青少年队员们非常必要，这不仅关乎他们的学业需要，更关乎他们适应社会发展的需要。

附　件

附件1：心理训练问卷

一、教练员和队员的交流

1. 你和教练员能否很好地进行交流?

2. 你和教练员是怎样进行交流的呢?

3. 教练员会听取队员的意见吗?

4. 在日常训练时，希望教练员做什么？或者希望他不做什么?

5. 进入比赛调整期时，希望教练员做什么？或者希望他不要做什么?

6. 赛前希望教练员做什么？或者希望他不要做什么?

7. 比赛中希望教练员做什么？或者希望他不要做什么?

8. 比赛结束后（取得胜利）希望教练员做什么？或者希望他不要做什么?

9. 比赛结束后（输了比赛）希望教练员做什么？或者希望他不要做什么?

10. 针对下一场比赛希望教练员做什么？或者希望他不要做什么?

11. 为了你自己取得进步、取得胜利、实现梦想，希望教练员做什么？或者希望他不要做什么?

12. 为了整个队伍取得进步、取得胜利、实现梦想，希望教练员做什么？或者希望他不要做什么?

13. 即使你对教练员述说了批评或不满，你认为教练员针对这些制订相应对策了吗？或者他会有什么样的反应呢?

14. 你会很诚恳地接受教练员的批评或不满吗？然后针对这些制订相应对策并积极进取吗?

15. 你会不会认为对教练员说什么都没用?

16. 面对教练员你是否无论什么时候就只会说“是！好的！”

17. 对教练员有疑问时，你会怎么办?

18. 你尊敬自己的教练员吗？是否也想试着接受其他教练员的指导呢?

19. 你是否相信自己的教练员能够引导你，使你的能力达到最高水平？你认为怎么样才能让自己的能力得到最高水平的发挥?

20. 你和你的教练员是不是都抱着赢得比赛的想法呢?

二、队员赛前的检查问卷

比赛名称：×××××××

	最差	差	普通	好	最好
1.睡得好吗?	1	2	3	4	5
2.晚上的自我调整如何?	1	2	3	4	5
3.早晨睡醒时，心情是否轻松?	1	2	3	4	5
4.早晨的自我调整如何?	1	2	3	4	5
5.早晨的想象训练如何?	1	2	3	4	5
6.早晨的自我暗示如何?	1	2	3	4	5
7.早饭吃得如何?	1	2	3	4	5
8.身体状态如何?	1	2	3	4	5
9.心理状态如何?	1	2	3	4	5
10.是否有自信达到这次比赛的目标?	1	2	3	4	5
11.放松的程度如何?	1	2	3	4	5
12.兴奋程度如何?	1	2	3	4	5
13.是否达到自己心理理想状态的程度?	1	2	3	4	5
14.针对比赛的积极想象如何?	1	2	3	4	5
15.专注力如何?	1	2	3	4	5
16.积极思维程度如何?	1	2	3	4	5
17.积极的自我暗示如何?	1	2	3	4	5
18.与教练员的正面沟通如何?	1	2	3	4	5
19.自己是最棒的吗?	1	2	3	4	5
20.是否急不可耐地想参加比赛?	1	2	3	4	5
21.是否非常期待比赛?	1	2	3	4	5

三、队员赛后的检查问卷

比赛名称：×××××××

1.这次比赛的目标是什么？目标达到何种程度？
2.这次比赛的成绩、记录、取得名次？
3.对于比赛结果你有哪些满意或不满意之处？
4.对于比赛结果教练员表现了怎样的态度、言语、情绪？
5.心理情况如何？哪些方面做得充分，哪些方面不足？
6.身体状况如何？哪些方面做得充分，哪些方面不足？
7.技术上哪些方面做得充分，哪些方面不足？
8.自己的体能如何？哪些方面做得充分，哪些方面不足？
9.放松和兴奋，是否达到了自己的理想状态？
10.放松、提高兴奋性的成效如何？
11.表象训练的成效如何？
12.是否用平常心调控了自己的心态？
13.赛前有什么不安？
14.对于自己的专注力有哪些满意和不满意的地方？
15.对于心理的调整、身体的调整满意度如何？
16.感觉自己的能力发挥了几成？
17.有多少自信？
18.有哪些地方超水平发挥？
19.赛前的心理准备有哪些方面做得很好？
20.有多少干劲？
21.比赛开始之前你都想了些什么？
22.在比赛中，是否有从强势转变为弱势的场面？其结果又如何？
23.在比赛中，是否有出乎预料的事情发生？
24.是否有观众和教练员的妨碍等让你烦心的事情？
25.对比赛有所期待吗？
26.请写出对比赛的感想。
27.从上次的比赛反思中，你认为哪些地方应该怎么做，才能使你更为上进、获取胜利、实现梦想呢？

四、心理层面的训练观问卷

1.你是否喜欢自己所从事的项目?
2.这项运动的哪些方面有吸引力，让你喜欢?
3.这项运动的哪些方面让你感到快乐?
4.这项运动的哪些方面让你感到趣味无穷?
5.喜欢参加比赛吗?
6.足球比赛的哪些方面吸引你，让你喜欢?
7.足球比赛的哪些方面让你感到快乐?
8.足球比赛的哪些方面让你感到趣味无穷?
9.你喜欢训练吗?
10.训练的哪些方面吸引你，让你喜欢?
11.训练的哪些方面让你感到快乐?
12.训练的哪些方面让你感到趣味无穷?
13.回答完以上问题后，我想你会有些想法、会注意到一些东西。那么，你有什么想法?注意到了什么?今后想做什么?是否认为这是必须要做的事情呢?

附件2：训练日记

今天的目标：

检查项目	评价	备注
1.今天的目标是否达成?		
2.心理状况如何?		
3.身体状况如何?		
4.练习内容是什么?		
5.教练员的指导如何?		
6.运动队的状态如何?		
7.饮食如何?		
8.学习情况（读书、信息收集等）如何?		
9.训练之外的生活		
10.其他		

明天的目标：

检查事项：用1～5的5级进行评价（1.最差；2.差；3.普通；4.良好；5.优秀）。

项目	备注
1.	
2	
3.	
4.	
5.	

附件3：心理技能训练计划

一、心理技能训练阶段性计划

足球运动员心理技能训练的七个阶段

阶段	阶段目标	持续时间
第一阶段 分析比赛	分析足球比赛特点，包括个人比赛特点和球队比赛特点	随时
第二阶段 评价队员	用问卷评价自己心理技能状态，选择训练计划	2天
第三阶段 准备	熟悉掌握心理技能训练的必要知识	1周
第四阶段 训练实施	实施实际心理技能训练	12周
第五阶段 评价心理技能	评价心理技能状态后调整训练计划	2天至12周
第六阶段 比赛应用	训练和比赛中实际应用	1周
第七阶段 训练评价	评价整个心理训练效果，重新制订计划	3天

二、心理技能训练计划示例

关于心理技能训练相关问题的回答

问	答
1.何时开始心理训练?	没有比赛期间（准备期）
2.选择何种心理技能?	目标设置、表象训练、放松、注意集中、自信心等
3.练多长时间?	练习前后10~15分钟，3~5次/周
4.谁来指导?	运动心理专家或教练员
5.掌握新的心理技能需要多长时间?	大约3~6个月
6.持续到何时为止?	只要进行身体训练和参加比赛就继续

心理技能训练计划示例

<table>
<tr><th></th><th>星期一</th><th>星期三</th><th>星期五</th></tr>
<tr><td>第一周</td><td>放松（30分钟）</td><td>放松（30分钟）</td><td>放松（30分钟）</td></tr>
<tr><td>第二周</td><td>放松（20分钟）
唤醒调节（10分钟）</td><td>放松（20分钟）
唤醒调节（10分钟）</td><td>放松（20分钟）
唤醒调节（10分钟）</td></tr>
<tr><td>第三周</td><td>放松（10分钟）
唤醒调节（10分钟）
注意集中（10分钟）</td><td>放松（10分钟）
唤醒调节（10分钟）
注意集中（10分钟）</td><td>放松（10分钟）
唤醒调节（10分钟）
注意集中（10分钟）</td></tr>
<tr><td>第四周</td><td>放松（5分钟）
注意集中（10分钟）
表象（15分钟）</td><td>放松（5分钟）
注意集中（10分钟）
表象（15分钟）</td><td>放松（5分钟）
注意集中（10分钟）
表象（15分钟）</td></tr>
<tr><td>第五周</td><td>放松（5分钟）
注意集中（10分钟）
表象（10分钟）</td><td>放松（5分钟）
注意集中（10分钟）
表象（10分钟）</td><td>放松（5分钟）
注意集中（10分钟）
表象（10分钟）</td></tr>
<tr><td>第六周</td><td>放松（5分钟）
自信心（10分钟）
目标设置（10分钟）</td><td>放松（5分钟）
自信心（10分钟）
目标设置（10分钟）</td><td>放松（5分钟）
自信心（10分钟）
目标设置（10分钟）</td></tr>
<tr><td>第七周</td><td>放松（5分钟）
目标设置（10分钟）</td><td>放松（5分钟）
目标设置（10分钟）</td><td>放松（5分钟）
目标设置（10分钟）</td></tr>
<tr><td>第八周</td><td>放松（5分钟）
唤醒调节（5分钟）
注意集中（5分钟）
表象（5分钟）</td><td>自信心（10分钟）
目标设置（10分钟）</td><td>放松（5分钟）
唤醒调节（5分钟）
注意集中（5分钟）
表象（5分钟）</td></tr>
<tr><td>第九周</td><td>自信心（10分钟）
目标设置（10分钟）</td><td>放松（5分钟）
唤醒调节（5分钟）
注意调节（5分钟）
表象（5分钟）</td><td>自信心（10分钟）
目标设置（10分钟）</td></tr>
<tr><td>第十周</td><td colspan="3" rowspan="3">实施放松（5分钟）和唤醒调节（5分钟）训练之后，根据不同位置从注意集中（5分钟）、表象（5分钟）、自信心（5分钟）、目标设置（5分钟）训练中选择自己薄弱的两个方面进行训练</td></tr>
<tr><td>第十一周</td></tr>
<tr><td>第十二周</td></tr>
</table>